中国滨海旅游度假区发展及影响因素

刘 俊 著

科学出版社
北 京

内 容 简 介

20世纪80年代至90年代，中国滨海旅游度假区快速发展，但暴露出形态规划研究滞后、制度性瓶颈突出等问题。面对国内新一轮滨海旅游度假区发展热潮，迫切需要在理论层面进行总结和反思，进而在滨海旅游度假区的规划控制、体制管理、项目招商、政策导引等方面做出适应性调整。本书以三亚亚龙湾和北海银滩国家旅游度假区为研究案例，对中国滨海旅游度假区发展历程及影响因素进行了探索性研究。研究结论对于促进我国滨海旅游度假区在新时期良性健康发展有较强的理论及实践意义。

本书适用于国内从事旅游研究的高校教师、专家学者、硕博士研究生及高年级本科生，国内滨海旅游目的地各级政府及旅游主管部门官员，从事滨海旅游开发的企业及滨海旅游规划管理人员，同时对于国内外其他类型旅游度假区的规划开发管理人员也有较强的参考价值。

图书在版编目(CIP)数据

中国滨海旅游度假区发展及影响因素 / 刘俊著. —北京：科学出版社，2012
ISBN 978-7-03-035546-1

Ⅰ. ①中… Ⅱ. ①刘… Ⅲ. ①旅游区-旅游业发展-研究-中国 Ⅳ. ①F592.3
中国版本图书馆CIP数据核字（2012）第216740号

责任编辑：朱海燕　陈婷婷 / 责任校对：张怡君
责任印制：徐晓晨 / 封面设计：王　浩

科 学 出 版 社 出版
北京东黄城根北街16号
邮政编码：100717
http://www.sciencep.com

北京厚诚则铭印刷科技有限公司 印刷
科学出版社发行　各地新华书店经销

*

2012年11月第　一　版　开本：787×1092 1/16
2018年 3 月第四次印刷　印张：13 3/4
字数：280 000

定价：98.00元
（如有印装质量问题，我社负责调换）

序

中国有约一万八千公里的海岸线，理应是一个海洋大国，也应该是一个滨海度假产业发达的大国。但中国似乎总是以一个内陆国家，以及一个以内陆为中心的国家的形象而出现，海南岛最南端被称为"天涯海角"即是明证。

相应地，滨海度假在中国出现的很晚，可是其规划建设刚刚起步就发生了巨大偏差。中国的滨海度假区开发曾出现过两次热潮，一次由20世纪80年代中期开始；另一次则以2010年海南国际旅游岛建设为标志。

无论是哪一次开发热潮，客观上都推动了中国滨海度假区的建设，特别是第二次开发热潮，在海南出现了相当多的国际顶级度假酒店。但同时这两次开发热潮，无论是在物质规划层面，还是在制度管理层面，特别是在处理征地农民的问题上，都有相当多值得反思和研究的内容。比如第一轮的开发热在需求不足的情况下，很多投资来自政府各部门，规划设计者多是从事城市规划和城市商务宾馆设计的专家，鲜有对滨海度假区规划有经验的专业人员，又没有邀请国际上的行家参与，因此像三亚大东海这样世界一流的海滩却被建设成了三流的度假区；又如在第二轮的开发热潮中，海南大量卖地建房地产项目，将2001年世界旅游组织做规划时规定不能开发的大量滨海用地也卖了，同时针对失地农民的扶持政策又没有跟上，因而带来了并将继续带来严重的社会问题，譬如失地农民的再贫困问题。

刘俊博士是国内比较早研究滨海度假区的学者之一，他选择三亚亚龙湾和北海银滩作为典型案例研究中国海滨旅游度假区发展历程及影响因素，是迄今中国滨海度假区研究中学术贡献较大的。刘俊的这些研究成果对目前全国性的滨海度假区开发热有非常好的借鉴意义。历史是何等惊人的相似，20世纪在北海银滩发生的房地产虚假热潮造成的北海银滩的生态性灾难，似乎又极有可能在今天的海南重现。是由于我们容易健忘，还是体制性的问题惯性，只要一有相应的开发"借口"，我们又会"重蹈覆辙"？

世界旅游组织帮助印度尼西亚巴厘岛所做的规划，指导并引导了巴厘岛旅游的可持续发展，而同是世界旅游组织，做的海南旅游发展总体规划，可能除了我们这些评审专家还记得外，其规划文本极有可能早已静静地躺在某个办公室的角落里落满了尘埃。

本书作为一项对比研究，如果能进一步对比国外的案例，如之前提到的巴厘岛，还有泰国的布吉岛，那么将可能得到更多有价值的研究成果。希望刘俊能将此项研究继续下去。

保继刚
2012 年 7 月 13 日于广州康乐园

前　言

20世纪80到90年代中国滨海旅游经历了一次全国范围内的开发热潮,滨海旅游度假区建设快速蔓延,但也暴露出形态规划研究滞后、制度性瓶颈突出等问题。规划者鲜有深入研究和分析滨海旅游度假区土地利用固有的经济性特征,规划成果套用城市规划和景区规划的痕迹较重。同时,以地方政府为主导的度假区开发管理体制愈益显现出种种弊端,越来越不适应新时期滨海旅游度假区高水平开发管理的要求。国内滨海旅游理论研究的相对薄弱也进一步制约了滨海旅游开发水平的提升,各地滨海旅游开发大多停留在低层次、同质化的海水游乐阶段,不少滨海旅游度假区经过短暂的发展热潮之后便迅速进入停滞时期,有的甚至表现出显著的衰退迹象。

三亚亚龙湾和北海银滩是中国滨海旅游度假区发展的典型案例。两者都是国务院首批设立的国家级旅游度假区,但发展历程和开发绩效却截然不同,对其进行深入比较研究有助于揭示中国滨海旅游度假区发展及影响因素的一般规律。亚龙湾度假区开发逐步走上正轨,喜来登、丽兹卡尔顿、希尔顿、假日、万豪等一批国际顶尖品牌的度假酒店陆续在度假区内建成开业,亚龙湾已成为国内消费档次最高、设施环境最好、高星级酒店数量最密集、国际著名酒店品牌最多的滨海旅游度假区。而银滩度假区的发展历程则颇具戏剧性。在北海地产热潮的推动下,银滩度假区在开发初期狂飙突进,成为国内旅游度假区开发建设的领头羊。北海地产热潮的迅速消退给银滩度假区的繁荣划上了休止符,缺乏科学规划的盲目开发也给银滩度假区带来了深重的生态灾难。

基于数百份与研究案例相关的历史档案资料,以及对38位重要信息提供者的深度访谈,还原出两处研究案例发展历程及相关重要事件的历史信息。采用历时态比较研究发现,三亚亚龙湾度假区是企业主导下市场化开发的结果,企业化主导开发的亚龙湾模式取得了巨大的成功,其核心特征可概括为企业主导开发,政府有限介入,政企沟通合作。北海银滩度假区则是国内众多地方政府主导下滨海旅游度假区发展的典型案例,抽象掉北海地产热潮等一些特殊因素,银滩度假区就是在滨海度假市场需求和供给尚不足以支撑度假区快速发展的背景下,包括地方政府在内的各种行政力量过度介入,以非市场化手段推动银滩度假区在短期内过度超前发展,是非市场化的虚假繁荣。

基于典型案例比较研究还发现,中国滨海旅游度假区发展的影响因素包括一个必要条件和两个限制条件。必要条件是旅游目的地能够提供滨海旅游度假区运营所需要的门槛需求量,没有足够的滨海旅游需求支撑,任何滨海旅游度假区都不可能在市场化环境中生存发展。滨海旅游需求规模和水平是目的地滨海旅游资源禀赋、区位交通条件、社会经济基础、滨海旅游市场发育程度、区域合作竞争等因素综合作用的结果。限制条件包括科学合理的滨海度假区形态规划和度假区治理结构。前者从技术层面为滨海度假区开发提供技术规范,影响滨海旅游度假区的环境和开发效益;后者从制度层面为海滨度假区形态规划的贯彻实施提供制度保障,关系到滨海旅游度假区的规划控制和战略目标的实现。

　　本书是在2006年6月答辩通过的中山大学博士学位论文"中国滨海旅游度假区发展历程及影响因素比较研究——三亚亚龙湾和北海银滩度假区案例"的基础上,在国家自然科学基金项目"滨海旅游度假区形态及治理结构优化研究"(批准号:70703012)和教育部人文社科规划项目"国际旅游岛开发背景下海南少数民族边缘化研究"(批准号:11YJAZH059)资助下,进一步深化补充完善而成。全书共分9章。第1章为绪论,主要交代研究背景、研究案例、研究过程和研究意义。第2章在研读大量国内外相关文献的基础上,对滨海旅游度假区相关研究议题的研究进展进行了较为深入而系统的评述,廓清研究的创新点和学术贡献。第3章和第4章分别对三亚亚龙湾和北海银滩度假区的发展历程进行描述性研究。在此基础上,第5章对两处研究案例的发展轨迹及发展阶段、政府介入程度及方式、地产热对度假区开发的影响、度假区土地开发管理、招商引资及项目开发、基础设施建设及客源市场结构等进行了较为全面的比较研究,充分揭示出三亚亚龙湾和北海银滩度假区在发展历程中表现出的差异性。第6章、第7章和第8章分别从滨海旅游目的地的气候特征、滨海旅游度假区的形态规划及旅游度假区的治理结构角度,对两处研究案例迥异的发展历程进行理论解释。第9章结论部分归纳出三亚亚龙湾和北海银滩度假区的性质特征,并进一步提炼出中国滨海旅游度假区发展的影响因素模型;讨论部分对中国旅游度假区的发展进行了回顾和反思,并试探性提出旅游度假区治理结构优化的可能路径选择。

目　录

序

前言

第1章　绪论 ·· 1

　　1.1　研究背景 ··· 1

　　1.2　研究案例 ··· 4

　　1.3　研究过程 ··· 8

　　1.4　研究意义 ··· 13

第2章　研究述评 ·· 15

　　2.1　国外相关研究 ··· 15

　　2.2　国内相关研究 ··· 39

　　2.3　研究创新点 ··· 43

第3章　三亚亚龙湾度假区发展历程 ·· 45

　　3.1　筹划和小规模开发阶段 ··· 45

　　3.2　以三亚市政府为主体的国有亚龙湾公司开发阶段 ··························· 46

　　3.3　中粮集团控股的亚龙湾公司开发阶段 ··· 56

第4章　北海银滩度假区发展历程 ·· 69

　　4.1　北海地产泡沫 ··· 69

　　4.2　地产泡沫中的北海银滩 ··· 73

　　4.3　银滩环境危机与改造运动 ··· 85

第5章　亚龙湾和银滩度假区发展历程及开发绩效比较 ································ 91

　　5.1　发展轨迹及发展阶段 ··· 91

　　5.2　政府介入程度及方式 ··· 92

　　5.3　地产热对度假区开发的影响 ··· 95

　　5.4　度假区土地开发管理 ··· 97

　　5.5　招商引资及项目开发 ··· 102

　　5.6　基础设施建设 ··· 106

　　5.7　客源市场结构 ··· 109

  5.8 小结 ··· 110

第6章 气候因素对于滨海旅游度假区发展的影响 ······················· 112
  6.1 滨海旅游目的地的气候 ·· 112
  6.2 三亚气候条件的特殊性 ·· 113
  6.3 若干证据 ·· 113
  6.4 小结 ··· 118

第7章 形态规划对于滨海旅游度假区发展的影响 ······················· 119
  7.1 滨海旅游度假地的形态规划 ··· 119
  7.2 滨海旅游度假区形态模型 ··· 120
  7.3 亚龙湾与银滩度假区形态比较 ·· 124
  7.4 三亚滨海旅游度假区形态比较 ·· 134
  7.5 三亚亚龙湾与印尼努沙杜阿度假区形态比较 ························ 146
  7.6 小结 ··· 152

第8章 治理结构对于旅游度假区发展的影响 ······························· 154
  8.1 旅游度假区管理体制 ·· 154
  8.2 度假区治理结构 ··· 154
  8.3 度假区产权结构模型 ·· 162
  8.4 排他性授权 ·· 164
  8.5 经营管理者的选择和退出 ··· 166
  8.6 经营管理者的激励和约束 ··· 167
  8.7 小结 ··· 174

第9章 结论和讨论 ··· 175
  9.1 案例研究结论 ·· 175
  9.2 中国滨海旅游度假区发展影响因素 ····································· 177
  9.3 中国旅游度假区发展反思 ··· 178
  9.4 旅游度假区治理结构优化的路径选择 ································· 180

参考文献 ·· 185
附录Ⅰ 三亚亚龙湾国家旅游度假区重点人物访谈提纲 ··················· 191
附录Ⅱ 北海银滩国家旅游度假区重点人物访谈提纲 ······················ 194
附录Ⅲ 与案例相关的文件档案资料 ·· 196
后记 ·· 210

第 1 章　绪　　论

1.1　研究背景

1.1.1　国内旅游度假区发展呈现整体颓势

旅游度假区的设立与开发，是 20 世纪 90 年代中国旅游业发展的重要事件。1992年，国务院设立了首批 12 个国家级旅游度假区，拉开了新时期我国度假旅游发展及度假区开发建设的序幕。在中央政府的政策引导和地方政府的积极参与下，国内旅游度假区初期建设如火如荼，一时间在全国范围内掀起了旅游度假区开发热潮。然而，进入 20 世纪 90 年代中后期，各地度假区开发普遍遭遇了市场寒流，开发热度骤然下降，不同程度的出现了招商困难、签约项目不到位、建设资金难以为继的窘境，国内旅游度假区发展呈现整体颓势。

时至今日，首批设立的国家级旅游度假区大部分已面目全非，房地产、游乐园，甚至工农业等社会生产活动充斥其中，度假功能发生严重偏离。还有一些度假区已经与行政区合并，回归到传统的行政体制框架下。国外旅游度假区综合开发的成功模式在国内发展为何遭遇艰辛坎坷？国内旅游度假区开发遇挫的原因究竟为何？新世纪我国旅游度假区发展何去何从？如何才能引导国内旅游度假区走上良性发展轨道？这些问题迫切需要理论研究给予解答。

1.1.2　国内滨海旅游度假区开发水平普遍较低

我国拥有 18000km 陆地海岸线和 14000km 海岛岸线，滨海旅游资源无论是总量还是类型都极为丰富。20 世纪 80 年代至 90 年代中期，各地滨海旅游开发的热情空前高涨，滨海度假区建设快速蔓延，形成了全国范围内的滨海旅游开发热潮。首批设立的 12 个国家级旅游度假区中，有 5 个是滨海型，自北至南分别是大连金石滩国家旅游度假区、青岛石老人国家旅游度假区、福建湄洲岛国家旅游度假区、北海银滩国家旅游度假区和三亚亚龙湾国家旅游度假区。以滨海旅游资源大省山东为例，除青岛石老人国家级旅游度假区外，23 个省级旅游度假区中，以滨海资源为主的就有 12 个。广东全省 572km 滨海沙滩中,也已建成 30 多处滨海旅游度假区[①]。一时间,国内滨海旅游度假区开发蔚然成风。

然而,绝大多数滨海旅游度假区开发只是对滨海旅游资源的简单利用,产品开发大多停留在低层次的海水游乐阶段,旅游设施仅限于小型旅馆、遮阳伞、小型更衣间等,且趋同现象十分严重。这种初级、粗放式的开发模式显然与现代滨海度假旅游产品的内涵要求相去甚远。不合理的盲目开发造成了对滨海旅游资源的极大破坏和浪费,也使得一些滨海旅游度假区发展经历短暂高潮后进入停滞,甚至衰退(陈烈等,2004;刘俊,2006)。

国内滨海旅游度假区开发走过的弯路值得规划者和研究者深思。中国滨海旅游度假区发展面临众多客观因素的制约,缺少必要的形态规划控制已成为各方共识。滨海旅游度假区开发究竟应遵循怎样的形态规律?如何才能保证科学的规划措施得以实施?对于这些问题,国内学界还未给出令人信服的答案。

1.1.3　国内传统滨海旅游度假区日渐衰落

传统滨海旅游度假区,是指在计划经济体制下形成的福利性休疗养基地,由中央及各部委投资兴建的各类疗养院是我国滨海旅游度假区的早期形态,北戴河、青岛八大关景区等是其典型代表。改革开放以后,随着中央地方财政分权和行政分权改革的日益深入,地方政府的投资能力大大增强,出现了从单一的中央政府投资向多元化的地方政府、各部门投资转变。20 世纪 90 年代初,国有资金大规模介入北海银滩度假区开发就是其典型。政府投资、系统内部福利性消费的非市场化供给和需求模式,是中国传统滨海旅游度假区发展的核心特征(刘俊,2006)。

20 世纪 90 年代中期以来,随着国内市场化改革的逐步深入,福利性疗养院模式越来越不适应市场机制的要求,我国传统滨海旅游度假区面临结构转型危机,不同程度地陷入衰退。2003 年 7 月,党中央和国务院决定暑期不再到北戴河办公,北戴河作为"中国夏都"的辉煌渐渐远去。曾经火爆一时的北海银滩也不得不壮士断腕,彻底拆除了当年仓促上马的临海建筑,为不科学的盲目开发付出了沉重的生态账单。

一个显而易见的事实是,中国传统滨海旅游度假区的复兴必须摆脱行政经济的禁锢,走向市场化发展的道路。然而,如何实现和推进这一改革进程?政府在滨海旅游度假区再开发中的角色和地位该如何调整和转换?此方面的理论研究仍是空白。

---

① 《广东滨海旅游开发战略》,2000 年。

1.1.4　三亚亚龙湾旅游度假区异军突起

世纪之交，三亚亚龙湾旅游度假区迅速崛起，在中国滨海旅游度假区发展一片颓势的背景下显得格外抢眼。2000年以来，国内明星企业和国际一流的酒店管理集团纷纷抢滩登陆亚龙湾，喜来登、丽兹卡尔顿、希尔顿、假日、万豪等一批国际顶尖品牌的度假酒店陆续建成开业，亚龙湾已成为国内消费档次最高、设施环境最好、高星级酒店数量最密集、国际著名酒店品牌最多的滨海旅游度假区。高水平开发带来了巨大的经济效益。以2003年初建成营业的亚龙湾喜来登度假酒店为例，2004年该酒店营业收入就突破了2亿元，并连续两年成为"世界小姐"组委会指定入住酒店。2005年，亚龙湾内的喜来登度假酒店、红树林度假酒店和假日度假酒店，一起入选了《21世纪经济报道》评选的"国内十大最受欢迎度假酒店"。亚龙湾毋庸置疑地成为了国内最具标志性意义的旗舰式滨海旅游度假区。

为什么亚龙湾度假区能够在国内滨海旅游发展普遍萧条的背景下逆市而上，创造出一个又一个不俗的业绩？是什么因素驱动了亚龙湾度假区的快速发展？亚龙湾的成功开发说明了什么？能否将亚龙湾的成功经验移植到国内其他度假区？这些问题的结论对于促进新时期中国滨海旅游度假区健康发展意义重大。

1.1.5　国内滨海旅游理论研究亟待加强

国际范围内的滨海旅游发展已有两百多年历史，大致经历了三个时期，分别是以欧洲大陆滨海城镇为代表的传统滨海旅游度假地发展时期、滨海旅游度假地快速城市化时期，以及近半个世纪以来兴起的综合型滨海旅游度假区发展时期。国外学者在滨海旅游度假区发展演化、形态特征、影响因素、度假区与目的地社会经济关系等方面积累了大量研究成果。国内滨海旅游开发只有短短数十年时间，研究成果的数量规模和理论深度与西方相比都显得不足。过往的中国滨海旅游理论研究普遍关注各地滨海旅游开发本身，且大多囿于开发现状、存在问题、发展对策的传统研究套路，对国外相关文献和理论成果的重视程度不够，研究规范、理论深度和学术贡献都有待加强。大多数研究对于目前国内滨海旅游发展存在问题的分析大多流于表面，没有抓住转型时期中国滨海旅游发展的深层次矛盾和特征，得出的研究结论要么治标不治本，要么简单移植套用国外相关研究结论而水土不服，学术贡献和对实践的指导作用难以得到充分体现。

进入21世纪，世界范围内滨海旅游需求发展态势依然迅猛，在可预见的未来很有可能继续引领世界休闲活动的潮流。具体到我国，真正意义上的滨海旅游度假活动才刚刚兴起，新一代滨海旅游度假区正崭露头角。与此同时，我国滨海旅游度假区发育水平也逐步与国际接轨，一些滨海旅游度假区发展的标志性现象，如统一规划的滨海旅游度假区综合体（coastal resort complex）、滨海旅游度假区城市化（coastal urbanization）、滨海旅游度假区线性形态（linear morphology）等，在我国已经出现。在这样的背景下，中国滨海旅游度假区理论研究亟待加强，同时需进一步拓宽滨海旅游理论研究的国际化视野。这不仅可以及时掌握国外滨海旅游理论研究的最新成果，指导国内滨海旅游度假区发展少走弯路，也有利于积极推进滨海旅游本土化研究，搭建起中外学术交流的平台。

1.2 研究案例

1.2.1 三亚亚龙湾国家旅游度假区

亚龙湾，旧称琊琅湾、牙笼湾、牙龙湾，是根据黎语音译而来。其称谓最早见于文字是在清康熙年间。清光绪二十六年（1900年）编纂的《崖州志》中，记录了琊琅湾的地理位置和自然状况："琊琅湾，在榆林港东五十里，内多礁石，浪甚险"。到了现代，1992年以前多以"牙龙湾"见诸各种文件资料中。1992年6月，亚龙湾开发股份有限公司（以下简称亚龙湾公司）成立后，正式申报将"牙龙湾"更名为"亚龙湾"。①

亚龙湾位于海南省三亚市东南约20km处，东、北、西三面环山，往南呈月牙形向南海敞开（图1.1）。陆地规划面积18.6km²。亚龙湾属低纬度热带季风区海洋性气候，全年长夏无冬，春秋季节不明显，年平均气温25.5℃，平均日照时数7.1h，年平均海水温度25.1℃，最低水温22℃，堪称我国最佳的滨海避寒度假旅游胜地。

1992年，国务院批复设立亚龙湾国家旅游度假区，陆地规划面积18.6km²。同年，三亚市成立了亚龙湾公司，由市政府授权其对亚龙湾度假区进行统一开发、统一规划、统一征地、统一招商、统一建设。这是唯一采用公司化运作模式的国家级旅游度假区。开发初期，由于受到宏观经济波动及度假区管理决策失误的不利影响，亚龙湾度假区开发建设相对缓慢。1995年，中粮集团通过增资扩股，成功入主亚龙湾公司，亚龙湾度假区开发进入快车道。"96中国度假休闲游"开幕式在亚龙湾中心广场成功举行，1996年中国第一座五星级滨海度假酒店——凯莱酒店在亚龙湾建成营业，这成为中国滨海度假旅游发展的里程碑。尤其是2000年以后，国际一流的酒店管理集团陆续抢滩登陆亚龙湾，喜来登、希尔顿、丽兹卡尔顿、假日、万豪等一批国际顶尖的度假酒店

---

① 为尊重历史，书中"牙龙湾"和"亚龙湾"称谓的不同，依据所引用的不同时期文献资料而定。

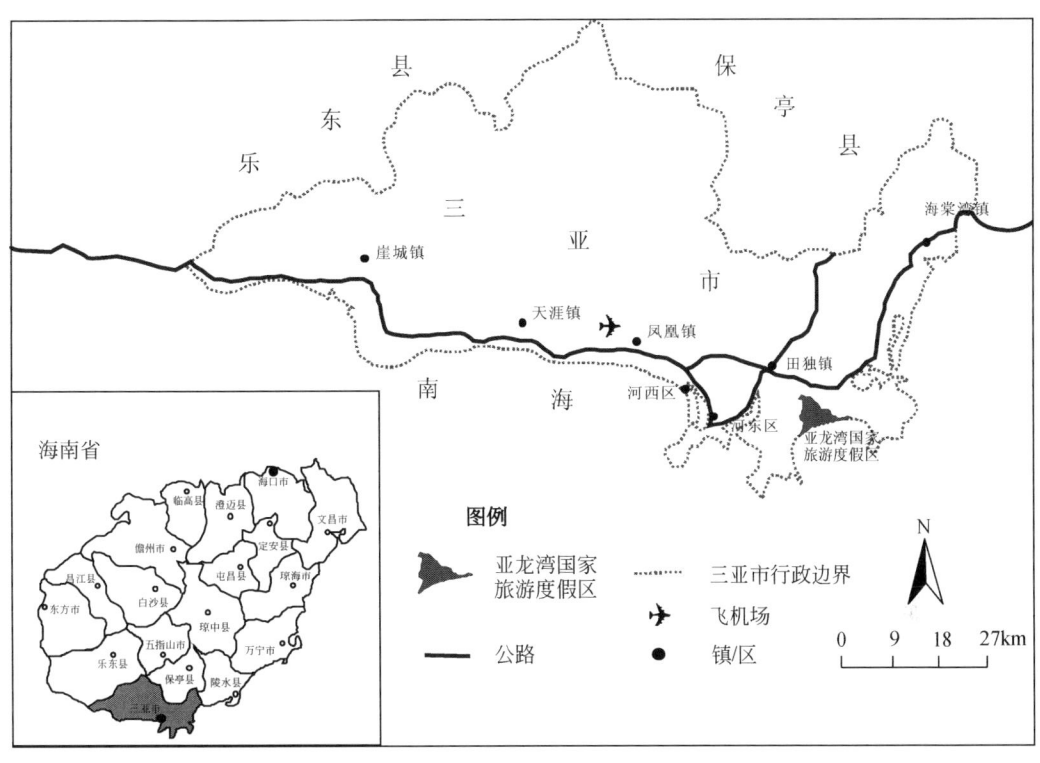

图 1.1 三亚亚龙湾度假区区位示意图

纷纷在亚龙湾内建成开业（表 1.1），亚龙湾已成为国内旗舰式的豪华滨海旅游度假区。

表 1.1 亚龙湾度假区内主要度假酒店开发情况一览表

酒店名称	投资方	占地面积/hm²	客房数	星级	开业时间
凯莱度假酒店	香港鹏利集团	10	403	五星	1996-08
寰岛海底世界酒店	中国寰岛集团	1	68	三星	1997-01
仙人掌度假酒店	亚龙湾开发股份有限公司	5.8	585	四星	1998-01
天域度假酒店（一期）	三亚银泰城市开发有限公司	5	359	五星	1998
假日度假酒店	亚龙湾海景国际有限公司	3.3	358	五星	2001-01
金棕榈度假酒店	中科联控股集团有限公司	1.3	244	四星	2001-01
环球城大酒店	海南星华实业投资有限公司	0.6	208	四星	2001-12
喜来登度假酒店	三亚盈湾旅业有限公司	10.6	511	五星	2003-01
家化万豪度假酒店	三亚家化旅游有限公司	10.8	456	五星	2004-07
红树林度假酒店	北京今典集团	10	502	五星	2005-01
华宇皇冠假日酒店	山西华宇集团	10.9	451	待评五星	2005-12
金茂三亚希尔顿大酒店	上海金茂集团	10	501	五星	2006-01
天域度假酒店（二期）	三亚银泰城市开发有限公司	5.7	250	五星	2006-01
亚龙湾 5 号度假别墅酒店	三亚志明置业有限公司	13.3	400	待评五星	2006
丽兹卡尔顿度假酒店	中国金茂集团	不详	450	待评五星	2008
铂尔曼度假酒店	亚龙湾开发股份有限公司	9	192	待评五星	2008

数据来源：三亚市旅游产业发展局，数据截止到 2009 年 11 月。

1.2.2 北海银滩国家旅游度假区

北海银滩国家旅游度假区位于北海半岛东南部,距北海市中心约8km。整个银滩旅游区范围为北海市区南部海岸带,即西起冠头岭,东到大冠沙,北以金海岸大道为界,南至大海所围合的地区以及沿岸近海海域。银滩旅游区海岸线东西长约24km,陆域总面积约34km²。开发前的银滩以"滩长平,沙细柔,浪平静"而著称。沙滩平均宽度800m,最宽处达3000m,面积超过大连、烟台、青岛、厦门和北戴河滨海浴场沙滩的总和,而平均坡度仅为1.5°。最令人称道的是银滩的沙质,属于高品位石英砂,沙丘砂的SiO_2含量高达98%以上,质地均一,色白细腻。

北海银滩旅游区整体规划分为三个区,即西区、中区和东区(图1.2)。其中,中区和东区属于银滩国家旅游度假区规划范围,规划面积分别为7.7km²和16km²。东区从冯家江至大冠沙一带由寰岛、中信、华骏三家企业实行分片开发。从侨港镇到冯家江的中区开发强度最大,旅游设施相对完善,是目前吸引游客的主要区域。自20世纪90年代初以来,银滩中区一直是旅游投资开发的重点区域,与旅游相关的项目建设和更新改造都集中在中区进行,是银滩旅游发展的缩影和代表性区域。因此,本研究主要针对银滩中区。

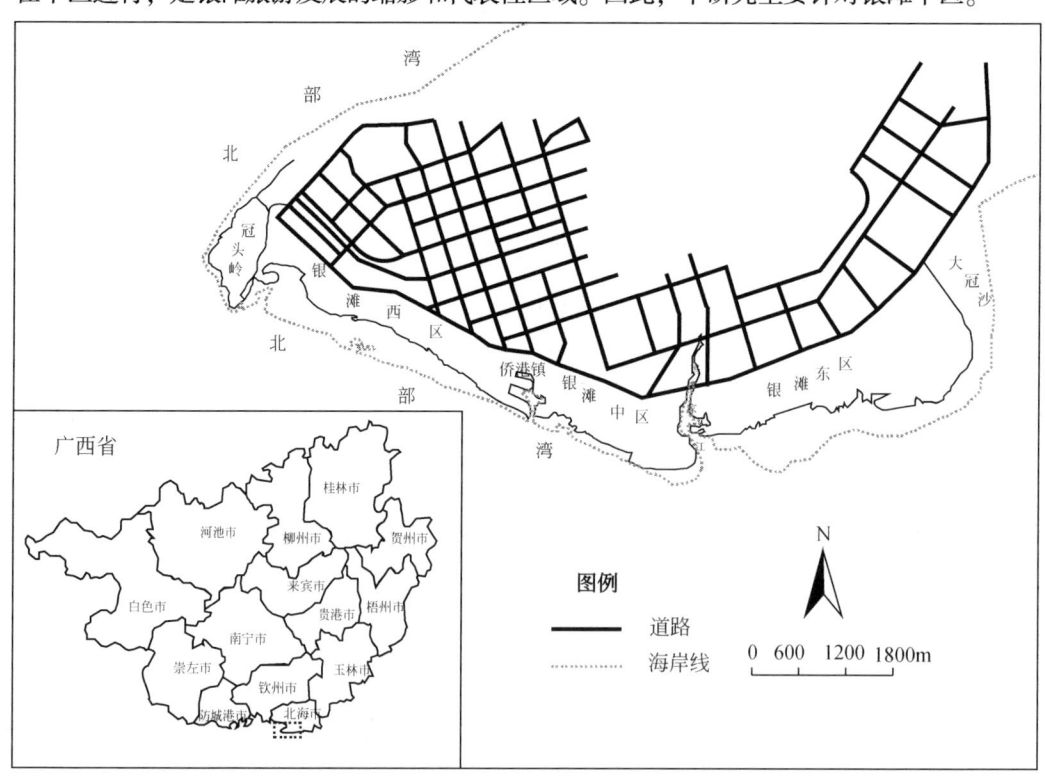

图1.2 北海银滩度假区区位示意图

银滩中区的开发历程颇具戏剧性。20世纪90年代初，银滩在国内度假区开发中率先起步，短短两三年内先后建成了银滩公园、海滩公园两大度假单元，亚洲最大的滨海度假项目——恒利海洋运动娱乐度假中心也初具规模。在北海地产热的带动下，国内外资金纷纷在银滩抢滩登陆，银滩度假区呈现出一片欣欣向荣的景象，成为国内旅游度假区开发建设的领头羊。然而，北海地产神话的破灭给银滩度假区的繁荣画上了休止符，银滩度假区开发骤然降温，留下大片已转让但未开发土地和一栋栋破败的烂尾楼。银滩度假区的衰落还不仅仅是这些，当年缺乏科学规划的盲目开发给银滩带来了深重的生态灾难。大片原生防风林遭到砍伐，大量人工设施建在沙滩上，大量生活污水未经处理直接排入大海。在人类不合理资源开发的重压之下，银滩度假区渐渐失去了往日风采，旅游开发长期处于停滞状态。

　　为了彻底拯救银滩，恢复银滩本来面目，广西壮族自治区和北海市政府痛下决心，从2002年开始斥巨资全面实施银滩中区改造工程，拆除建于银滩公园、海滩公园内的39幢建筑（图1.3），还海滩于自然；拆除1800m长的防浪堤，恢复自然岸线；拆除公园围墙，免费开放，营造大众化滨海浴场。银滩度假区为当年不科学的盲目开发付出了沉重的生态账单。

图1.3　北海银滩度假区（中区）改造前后景观对比

数据来源：北海城市规划局

1.2.3　研究案例的典型性

　　三亚亚龙湾和北海银滩是中国滨海旅游度假区发展的典型案例，对其进行深入比较研究，有助于揭示中国滨海旅游度假区发展历程及影响因素的一般规律。

　　首先，相对于国内大多滨海旅游度假区的常态化发展，两处案例都表现出显著的反常性特征。亚龙湾是国内唯一一个开发相对成熟的国家级滨海旅游度假区，银滩旅游度假区开发则经历了戏剧性的兴衰巨变。对于此类个案对象，案例选择往往突出极端性标准，即以最反常的个案作为研究对象（王宁，2002）。

其次，两处案例包含了众多可能对中国滨海旅游度假区发展产生重要影响的属性，例如度假区开发管理体制、滨海气候资源条件、滨海度假区形态规划、度假区与社区空间关系等。亚龙湾是唯一一个采用企业化开发管理模式的国家级旅游度假区，包括银滩在内的其余国家级旅游度假区均采取地方政府主导的度假区开发管理体制。因此，亚龙湾和银滩成为研究度假区管理体制对于中国滨海旅游度假区发展影响的典型案例。亚龙湾是国内首屈一指的热带滨海旅游度假区，银滩则位于亚热带地区，滨海气候资源条件可能对中国滨海旅游度假区发展产生重要影响。亚龙湾是国内第一个真正意义上的综合型滨海旅游度假区（integrated coastal resort），较好地遵循了综合型滨海旅游度假区形态规划的要求，而银滩度假区形态规划的合理性则存在较多值得商榷之处。亚龙湾度假区内的原住民村落早在开发初期就已经整体搬迁，度假区与社区实现了整体分离，而银滩则始终是度假区与社区混合在一起。两处案例集中了滨海旅游度假区影响因素的众多重要属性，达到了理论抽样的数据饱和，因此认为两处案例具有典型性。

1.3　研究过程

1.3.1　技术路线

两处研究案例在发展历程和开发绩效方面表现出的巨大差异，成为本研究的逻辑起点（图1.4）。为了发掘出现象背后隐藏着的深层原因，首先从可观察到的研究对象的差异性入手。这些属性包括：案例地所处的地理区位、滨海气候资源条件、游客的来源及消费层次、滨海旅游度假区形态规划、滨海旅游度假区与社区的空间关系以及旅游度假区开发管理体制等。此外，还有可能存在一些尚不容易观察到的差异属性。无论如何，导致研究对象不同开发绩效的影响因素必定或多或少地与这些属性相关。

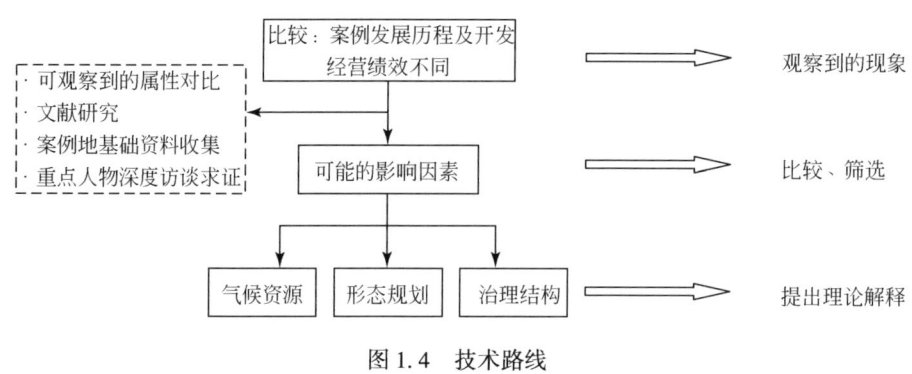

图1.4　技术路线

接下来，通过对国内外相关文献的梳理，总结现有文献关于滨海旅游度假区发展影响因素的研究成果。并将中外研究进行比较，归纳筛选出中国滨海旅游度假区发展可能的影响因素集。为了进一步缩小研究范围并确定研究重点，作者在系统收集案例地资料的基础上，对相关重点人物（key information provider）进行深度访谈，对得到的影响因素集进行求证。这些访谈主要包括：作者借参加 2005 年 6 月在青岛举行的国家级旅游度假区联席会议之际，对各度假区负责人进行的访谈；对青岛大学旅游学院院长马波教授的访谈[1]；对时任三亚亚龙湾开发股份有限公司副总裁俞峰先生的访谈[2]；对时任三亚市旅游局副局长李柏青先生的访谈；对时任北海银滩度假区管委会副主任陈承雄先生的访谈。通过对这些重点人物的深度访谈和反复求证，最终确定了研究重点和研究思路。

1.3.2 调研过程

现场调研时间跨度长达 17 个月，累计现场工作时间约 95 天。调研工作大致分为三个阶段（表 1.2）：一是选题论证和准备阶段，作者考察了广东省内的梅州、珠海、东莞等地的度假区或度假酒店，以及对亚龙湾度假区的初次踏勘；二是深入调研和数据收集阶段，作者经过充分的案头准备工作，对亚龙湾和银滩度假区进行了系统深入的调研，收集了大量一手和二手研究资料；三是补充调研和结论检验阶段，初步研究结论形成后，作者一方面将初稿反馈给研究案例的关键信息提供者征求意见，另一方面再次前往山东，补充北方滨海旅游度假区研究案例支撑材料，并对研究结论进行检验和深化。

表 1.2 调研过程

阶段	起止日期	天数/天	调研地点	调研目标和重点
第一阶段：选题论证和准备阶段	2004-07-02～2004-07-03	2	广东梅州	雁南飞度假区和雁鸣湖度假区，初步确立度假区研究选题
	2004-07-15	1	广东珠海	珠海度假村和御温泉度假村
	2004-10-26～2004-11-10	16	海南	海南东线滨海旅游度假区发展系统踏勘，亚龙湾度假区第一次现场踏勘
	2004-11-29～2004-11-30	2	广东东莞	御景湾度假酒店
	2005-01-25～2005-02-01	8	山东青岛	青岛石老人度假区发展情况

---

[1] 作者在青岛和广州与马波教授的两次讨论对本书有重要贡献，特此致谢！
[2] 亚龙湾公司俞峰先生对于本书观点的形成提供了极大帮助，特此致谢！

续表

阶段	起止日期	天数/天	调研地点	调研目标和重点
第二阶段：深入调研和数据收集阶段	2005-06-04～2005-06-12	9	海南三亚	亚龙湾度假区第二次考察，考察重点是亚龙湾周边社区状况
	2005-06-14～2005-06-19	6	山东青岛	参加国家级度假联席会议，对相关度假区负责人进行访谈
	2005-07-24～2005-08-25	33	海南三亚	亚龙湾度假区第三次考察，对亚龙湾发展相关信息进行深入系统调查，初步形成研究思路和写作提纲
	2005-10-11～2005-10-20	10	广西北海	对北海银滩度假区进行深入系统调查，进一步完善研究思路，形成比较完整系统的研究结论
第三阶段：补充调研和结论检验阶段	2005-11-02～2005-11-09	8	山东日照、青岛、烟台	补充考察山东滨海旅游度假区，检验初步形成的研究结论，拟定最终写作提纲

1.3.3 研究数据

调查获得的研究数据包括一手和二手资料。其中，一手资料主要是作者对关键信息提供者进行的深度访谈（表1.3～表1.5）；二手资料则包括作者在调研过程中获得的各种纸制和数字资料，如政府文件、研究报告、统计数据、各种图表等，以及作者在网络上检索到的研究区域相关资料。本研究所获取的研究区域相关数据真实可靠。一手数据均来自作者对于研究区域关键信息提供者的深度访谈。为了尽量避免由于被访者主观原因造成访谈信息失真，访谈的重点放在还原历史事件本身，而不在于获得被访者的主观判断。且对于同一历史事件，尽可能从不同的被访者处获得信息，相互印证。从最初研究思路的提出到最终观点的形成，作者都通过访谈反复求证。二手数据绝大部分来自政府、各部门及企业内部的各类文件、内部报告、经营数据等书面及图文资料，这些数据具有较强的权威性和客观性。

1. 关键人物深度访谈

本研究的重点是回溯研究区域发展历史，还原研究区域发展历程，借助历时态研究所得到的信息探究研究区域发展演化的内在动因。由于研究区域的历史信息具有隐秘性，除个别事件参与者了解外，知晓者甚少，因此只能采取对当事人深度访谈的研究方法，获取研究区域历史事件发生的背景及其原因、过程与结果等隐秘信息和历史资料。此外，对于一些与研究区域相关的基本判断、旅游企业历史时期的基本经营状况以及部分不能依赖政府部门统计数据获得的背景资料，也要依靠对关键人物的访谈获得。

在访谈前，需要做大量的准备工作，明晰访谈重点，列出访谈提纲。对于非常重要且难得的访谈机会，如对亚龙湾公司副总裁、三亚市旅游局副局长、银滩度假区管理委员会副主任等的访谈，则需要对访谈提纲不断斟酌完善，做到问题明确具体，且安排好提问顺序和问题之间的逻辑性，使得被访者能够在采访者的引导下，逐步深入主题，保证访谈资料的系统性和深度（附录Ⅰ和附录Ⅱ）。

表1.3 三亚亚龙湾调研访谈对象及访谈重点

工作单位	时任职务	访谈重点
亚龙湾开发股份有限公司	常务副总裁	亚龙湾度假区发展历程、影响因素，中国滨海度假区的发展
三亚市旅游局	副局长	亚龙湾度假区发展影响因素、三亚城市及旅游发展历程
亚龙湾开发股份有限公司	物业部经理	亚龙湾度假区收入结构、社区问题
亚龙湾开发股份有限公司	土地部经理	亚龙湾度假区土地利用及项目开发
三亚田独六盘村李白英语学校	校长	亚龙湾度假区黎族社区发展及存在问题
三亚田独六盘村	前村委会主任	亚龙湾度假区黎族社区发展及存在问题
三亚市档案局	信息中心副主任	亚龙湾度假区相关文件资料
三亚市政府	秘书科副科长	亚龙湾度假区相关文件资料
三亚市政府	秘书二科科长	亚龙湾度假区发展历程及土地利用
三亚市土地管理局	法规科科长	亚龙湾度假区发展历程及土地利用
三亚市地税局	办公室主任	三亚市地方税收、旅游业税收贡献及主要旅游企业税收征缴情况
三亚市地税局计财科	科长	三亚市地方税收、旅游业税收贡献及主要旅游企业税收征缴情况
三亚市财政局	国库科科长	三亚市地方财政收入总量及构成
三亚市规划局	办公室主任	三亚市城市发展战略及城市规划
三亚市城市规划设计院	办公室主任	亚龙湾度假区控制性详细规划
三亚市政府	政策研究室主任	三亚城市发展历程及特点
三亚市房地产协会	主任	三亚房地产发展状况
三亚市旅游信息中心	主任	三亚旅游统计信息

表 1.4 北海银滩调研访谈对象及访谈重点

工作单位	时任职务	访谈重点
银滩度假区管理委员会	副主任	银滩度假区发展历程及影响因素
银滩度假区管理委员会	招商建设科副科长	银滩度假区项目建设
银滩度假区管理委员会	人教科副科长	银滩度假区管理机构设置及变迁
北海市档案局	档案管理科科长	银滩度假区相关文件档案资料
北海市规划局	办公室主任	北海市城市发展历程及城市规划
北海市规划局	规划科科长	银滩度假区土地利用与项目建设
北海市规划局	建管科科长	银滩度假区土地利用与项目建设
北海市环保局	档案科科长	银滩度假区环境状况
北海市城建档案馆	馆长	银滩度假区城建项目资料
北海市旅游局	质管科副科长	北海市酒店市场投资及经营状况
北海市中国旅行社	导游员	北海市旅游市场状况
北海香格里拉大饭店	市场传媒部经理	北海市酒店市场投资及经营状况，香格里拉酒店进入北海投资背景

表 1.5 其他访谈情况

工作单位	时任职务	访谈重点
青岛大学	旅游学院院长	青岛石老人度假区发展历程，中国度假区发展影响因素
大连金石滩国家级旅游度假区管理委员会	副局长	金石滩度假区发展历程及影响因素
昆明滇池度假区管理委员会	副主任	滇池度假区发展历程及影响因素
昆明滇池度假区管理委员会经济发展局	副局长	滇池度假区项目建设及政府行为
烟台市旅游局	副局长	烟台养马岛度假区发展历程及影响因素
烟台市旅游局	规划科科长	烟台养马岛度假区发展历程及影响因素
烟台市牟平区旅游局	副局长	烟台养马岛度假区发展历程及项目建设
日照市东港区城乡建设局	局长	日照山海天度假区发展状况

2. 文献档案内容分析

本研究的文献主要分为两个部分：专业人员的研究文献和政府各部门、社会团体等的文件与档案。

作者通过著名的外文文献检索数据库 Elsevier SDOS China Consortium · Science Direct

Onsite 和 ProQuest，检索到 1994 年①以来发表在 Annals of Tourism Research，Tourism Management，Tourism Geographies，Journal of Travel Research 等国外旅游专业期刊上有关"resort"研究的所有文献。1994 年以前的相关文献则通过在香港理工大学和加拿大多伦多大学访学的同学查得。得益于国外先进的文献检索系统和同学的热心帮助，作者获得了可知的绝大多数国外度假区研究文献，最早的一篇是 1949 年吉尔伯特（Gilbert）对英国早期滨海度假胜地布莱顿（Brighton）的研究。此外，作者还通过中国期刊网和硕博士学位论文库，获取了国内旅游度假区相关研究文献和学位论文。

除了国内外学术文献以外，与研究区域历史事件有关的文件、档案等历史文献对于本研究极为重要。这些地方文献有助于将破碎的历史片段串联起来，勾勒出案例地发展历程的概貌。对这些信息的掌握有助于作者在访谈过程中不断地给被访者提出引导性信息点，引导访谈逐步深入，提高访谈质量，同时进行信息互检，提高数据的真实性和研究的科学性。作者花费了大量的时间精力用于收集与案例地有关的档案文件资料。经过多方周折，作者查阅了三亚市档案馆和三亚市政府保密室②自 1985 年来的市政府档案资料，收集了 20 年来与亚龙湾相关的三亚市政府批文、函件、报告、会议纪要、图件、合同等档案资料共 160 余份（见附录Ⅲ）。这些档案资料覆盖了亚龙湾发展过程中的方方面面信息，有助于勾勒出亚龙湾发展的全貌及重要事件的细节。这为深入研究亚龙湾度假区发展提供了翔实的基础资料。

1.4 研 究 意 义

首先，本研究具有方法论的科学意义。国内现有滨海旅游相关研究大多存在研究方法不够规范的问题，研究结论大多是研究者的主观判断，较少是运用科学研究方法进行逻辑推理的结果，或深入案例研究后的理论提升。本研究以典型案例比较研究为切入点，通过大量深入细致的基础调研，对案例进行系统深入剖析。在案例研究的基础上，运用归纳法进一步提炼出中国滨海旅游度假区发展规律。科学的研究方法为研究结论的科学性和严谨性提供了保证，同时也为后续研究积累大量翔实的案例地基础资料，有利于后续研究的进行。

其次，研究具有理论突破意义。在广泛掌握国内外相关研究的基础上，本研究立足于中国实际，突出中国滨海旅游度假区矛盾运动的特殊性，即转型时期地方性行政

---

① 中山大学图书馆购买的外文文献数据库仅提供 1994 年以后的文献全文。
② 按照有关规定，三亚市政府及各部门的文件档案资料每 10 年移交市档案局存档，但 1992 年以后的档案资料在作者开展调查时尚未办理移交。

经济的产物,并力图在本土化案例积累、滨海度假区形态规划、度假区地方政府治理、转型时期度假区制度性衰退等方面进行理论创新。不仅有利于借鉴、消化、吸收国外理论成果,在滨海旅游理论研究方面逐步同国外接轨,搭建起中外滨海旅游研究的交流平台,同时也有益于对国际滨海旅游研究做出具有中国特色的理论贡献。

最后,本研究对国内滨海旅游度假区新时期开发实践具有借鉴和启示意义。我国滨海旅游度假区发展经历了多年的坎坷和曲折,迫切需要在理论方面总结和反思,在度假区规划管理、指导措施、市场开发等方面做出适应性调整。面临正在形成的国内新一轮滨海旅游度假区开发热潮,本研究所取得的理论成果将直接服务于实践,促进我国滨海旅游度假区在新时期高水平开发建设。

第 2 章 研究述评

2.1 国外相关研究

世界范围内滨海旅游发展可大致分为三个时期，分别是以欧洲大陆滨海城镇为代表的传统滨海旅游度假地①发展时期、滨海度假地城市化快速发展时期，以及近半个世纪以来兴起的综合型滨海度假区发展时期（表2.1）。国外相关文献研究显示，滨海旅游度假地相关研究也主要围绕着三个主题展开：一是传统滨海旅游度假地衰退研究，二是滨海旅游度假地城市化研究，三是综合型滨海旅游度假区相关研究。

表 2.1 世界滨海旅游发展阶段及特征

阶段	时间	区域	交通工具	特征	代表性度假地
传统滨海旅游度假地	18世纪至20世纪中期	欧洲大陆和北美	马车、火车	依托传统的滨海度假城镇，受交通条件的限制，游客以周边大城市居民为主，后出现一定程度的国际化	英国布莱顿（Brighton），意大利圣雷莫（San Remo），美国新港（Newport）和长滩（Long Beach）
滨海旅游度假地城市化	20世纪中期至20世纪80年代	世界范围内，尤其是在滨海气候资源优越的赤道地区	飞机	航空技术的改善促进国际滨海旅游迅猛发展，资源、区位条件优越的发展中国家发展迅速，但缺乏有效规划控制，导致滨海地区城市化严重	泰国芭提雅（Pattaya），澳大利亚黄金海岸（Gold Coast），加勒比地区
综合型滨海旅游度假区	20世纪70年代至今	世界范围内，尤其是在滨海资源优越的第三世界国家	飞机	飞地型开发模式，主要面向发达国家游客，空间独立且自成一体，对目的地的带动作用小	印尼努沙杜阿（Nusa Dua），墨西哥坎昆（Cancun）

---

① "滨海旅游度假区"与"滨海旅游度假地"的涵义有些许差别。前者是有明确的地域界限和功能分区，为旅游者提供滨海度假休闲等项服务的综合性旅游区。后者是具有度假接待功能的滨海旅游目的地的简称，涵盖了滨海旅游度假区、滨海旅游城镇、滨海旅游胜地等各种类型的滨海旅游目的地。

2.1.1 传统滨海旅游度假地衰退研究

1. 一般模型

戈姆森（Gormsen，1981）基于对欧洲滨海旅游度假地发展演变的历史考察，从时空二维角度对欧洲滨海旅游度假地演变中的接待设施类型和当地社区参与程度进行了动态描述，即戈姆森模型。他所研究的四个滨海区域分别是英吉利海峡和波罗的海沿岸、欧洲南部滨海、北非沿岸和西班牙东部巴利阿里群岛地区。戈姆森的柱状图模型显示（图2.1），各滨海度假地的旅游开发都是由外部资金最先进入，随后本地社区参与开发的程度逐渐提高。从滨海旅游度假地游客的社会属性结构来看，逐渐由社会中高阶层为主向大众阶层转变。度假消费层次的转变引发滨海旅游度假接待设施结构随之变化，第二住宅和野营地形式的接待设施逐渐增多。戈姆森模型与巴特勒（Butler，1980）揭示的一般性的旅游目的地演变历程有一定出入。在巴特勒旅游地生命周期模型里，旅游地开发最先由本地居民介入，接待设施类型也以小型简单的设施为主。随着旅游开发的逐步深入，外部大型投资者投资进入，接待设施向高档化和大型化方向发展。两类模型矛盾的原因可能是两模型所描述的度假地发展起点不同，前者是已具有城市功能的滨海旅游城镇，而后者则是新兴的尚未开发的旅游地。

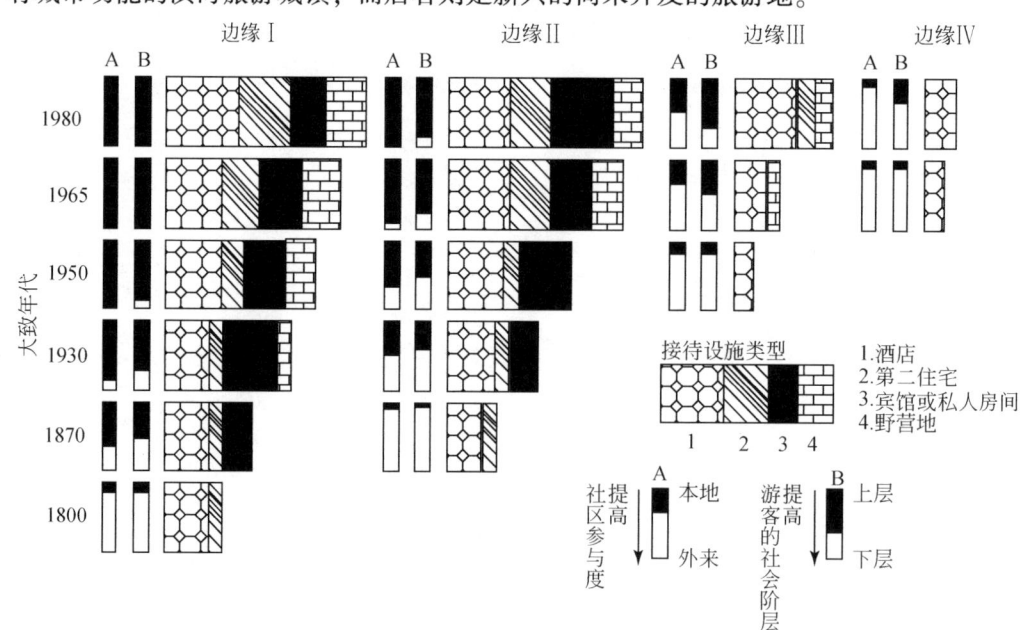

图 2.1　世界滨海旅游度假地时空演变

引自：Gormsen，1981

2. 传统滨海旅游度假地兴起

世界范围内最早的滨海旅游活动出现在 18 世纪上半叶的英国滨海城镇，布莱顿（Brighton）、斯卡伯勒（Scarborough）、托贝（Torbay）等著名度假城镇，长期以来一直是世界滨海度假旅游的中心。随后滨海旅游活动逐渐扩展到法国、比利时、西班牙、德国和美洲大陆。这些被称为"传统滨海旅游度假地"，也有学者称其是定制化滨海旅游（institutionalization of seaside）的开端（Walton，1997a）。

欧洲传统滨海旅游度假地的兴起，最初都与皇家贵族的示范性消费有关（Gilbert，1949；Lewis，1980；Walton，1997b），滨海度假长期以来一直是权贵上层阶级的专利。直到 19 世纪下半叶到 20 世纪初，欧洲和北美的滨海旅游度假地才出现了由权贵消费向大众消费的转型。随着普通大众越来越多地介入到滨海旅游度假活动中（图 2.2），欧洲滨海旅游度假地才真正进入到大众旅游发展时期。

这一转变的推进因素主要是铁路运输方式的普及，极大地提高了位于工业中心城市周边滨海度假城镇的可进入性（Gilbert，1949；Walton，2000）。如英格兰的兰开夏郡（Lancashire）和约克郡（Yorkshire）就成为大批伦敦居民热捧的周末近程度假目的地，而西班牙阿利坎特（Alicante）则成为马德里周边新兴的滨海度假胜地。此外，工人阶级为获取平等社会地位的抗争也是重要因素之一（Walton，2000）。

(a) 1859年　　　　　　　　　　　　(b) 1935年

图 2.2　英国布莱顿海滩上的景象

引自：Gilbert，1949

3. 传统滨海旅游度假地国际化

20 世纪上半叶，欧洲滨海旅游度假地的发展逐步带动了北美、加勒比、北非等地滨海度假地的开发。随着交通运输条件的进一步改善，国际间的滨海度假活动日益兴盛。北欧及西欧的人们开始组团去地中海沿岸的滨海旅游目的地去度假，北美地区的游客则大量涌向佛罗里达和加勒比沿岸。地中海和加勒比地区的滨海度假地得以迅速发展的原因在于：第一，航空运输技术的发展，使旅行费用大幅度降低；第二，地中海沿岸国家的消费比北欧和西欧低；第三，北欧和北美地区由于纬度偏高，西欧国家由于多雾，致使光照时数偏少，而地中海和加勒比地区纬度较低，一年四季都有非常充足的阳光。人们普遍具有强烈的逐光（sunlust）需求（Grey，1970），因此，地中海和加勒比沿岸成为非常理想的滨海旅游度假胜地。

这一时期，虽然国际间滨海度假旅游获得较大发展，但由于滨海度假地之间竞争加剧，各国普遍对人员流动施加严格的限制。因此，总的来看，英国和北美的滨海度假地基本上还是以国内游客为主（Shaw and Williams，1997）。20世纪50年代至70年代中期，英国滨海度假地在政府的大力支持和私人资本的投资推动下，迎来了大发展的黄金时期（Demetriadi，1997）。1968年，英国全国75%的度假消费活动集中在本土的滨海度假地，英国国内滨海度假活动盛极一时（Shaw and Williams，1997）。

4. 传统滨海度假地衰退——生命周期理论分析框架

自20世纪70年代末开始，英国滨海度假地普遍出现了衰退，许多度假地都面临着游客量下降、失业率高和投资不足的困境。90年代中期以来，英格兰每年的滨海度假游客量约为1800万人次，年均旅游收入约为29亿英镑，与1973年3200万人次的滨海度假游客量和51.8亿英镑的旅游收入水平相比大幅度下降（Agarwal，1999）。1993年，英国因失业率高而需要援助的地区名单中，许多滨海度假地赫然纸上（Agarwal，1999）。投资方面，肖和威廉姆斯（Shaw and Williams，1997）通过对1988~1989年英格兰旅游促进机构对旅游投资的监测数据分析发现，投资重点从传统的滨海度假地转向了城市主题公园或其他旅游吸引物。这期间，英国滨海度假地几乎没有任何大型投资，旅游接待设施老化严重。根据库珀（Cooper，1997）的调查，英国滨海度假地现有酒店以一星级或二星级等低档酒店为主，且饱受淡季和低出租率之苦。

事实上，英国滨海度假地的衰退同时伴随着需求和供给结构方面的调整。数据显示，尽管长期停留的游客数量由1993年的300万人次减少到1999年的250万人次，同时期停留时间为1~3晚的短期逗留游客却由480万人次猛增到880万人次。一日游游客在中小规模滨海度假地的游客结构中的地位越来越重要。游客停留时间大幅缩短带来的需求结构变化，对滨海度假地接待设施结构的调整造成重要影响。以约克郡的斯卡伯勒滨海小镇为例，床位数由1978年的78000个下降到1992年的51000个（Agarwal，2002）。

英国滨海度假地的大范围衰退引起了学术界的广泛关注，众多学者对滨海度假地衰退的原因进行了研究（Urry，1990；Shaw and Williams，1997；Walton，2000；Agarwal，2002）。经典的巴特勒旅游地生命周期模型提供了简便实用的分析框架（Smith，2004），根据这一模型，英国滨海度假地显然进入了停滞后的衰退阶段，衰退原因是度假产品独特性的减弱和市场竞争力不足（Butler，1980）。此外，一些学者提出了度假地衰退的其他原因（Urry，1990，2002；Agarwal，1997；Cooper，1997；Shaw and Williams，1997；Hughes，2000；Walton，2000），如新旅游者的出现、阳光更为充足的海外度假地的竞争、经济衰退导致度假地投资不足、滨海地区污染严重、市场营销滞后，等等。

巴特勒旅游地生命周期模型的适用性和有效性长期以来受到不少学者的质疑，主要在于不同阶段的转折点很难判断，滨海度假地从停滞向衰退过渡缺乏明显的标志性指标（Haywood，1986；Strapp，1988；Cooper et al.，1989；Agarwal，1997）。20世纪90年代以来，学者们逐渐摒弃了简单套用巴特勒旅游地生命周期模型的研究路径，转而侧重于探讨旅游地演进背后的内外部动力因素（Cooper et al.，1989；Getz，1992；Ioannides，1992；Bianchi，1994）。旅游地演进的复杂性在于各旅游地的内外部动力系统不尽相同，各个阶段的时间长短以及生命周期的路径都不一样，因此不能把生命周期模型机械的套用在所有旅游目的地演化上（Hovinen，1981；Haywood，1986；Agarwal，1997）。这是巴特勒旅游地生命周期理论研究的一大进步。

在旅游地内外部动力系统研究方面的成果如下。爱加沃（Agarwal，1997）将英国滨海度假地衰退的影响因素归结为两个方面：供给方面，包括发展速度、进入性、政府政策和其他目的地的竞争；需求方面，主要是不断变化的客源市场需求偏好。库珀（Cooper，1990）从内外两方面给出了滨海度假地衰退的一般性解释：内部因素包括国内度假市场的萎缩、投资缺乏等；外部因素包括海外目的地的竞争、后现代旅游者的出现等。库珀等（Cooper et al.，1989）特别强调旅游地规划管理者的决策对生命周期的决定性影响，盖茨（Getz，1992）进一步阐释了这一观点，并指出在旅游地快速发展和成熟阶段，政府或管理者的政策措施最为重要。一旦出现了衰退迹象，相关部门就需要就是否值得去复兴该地的旅游业这一问题做出决策。外部影响因素方面，迪巴哥（Debbage，1990）和比安奇（Bianchi，1994）研究了跨国公司对度假地发展的巨大影响，伊安妮得斯（Ioannides，1992）研究了外国利益群体和本国机构之间的相互作用对度假地发展的影响。

5. 传统滨海度假地衰退——转型理论分析框架

在旅游地生命周期分析框架中，度假地衰退的原因是独特性和市场竞争力的弱化。要实现度假地复苏，度假地的吸引力必须发生根本的变化，巴特勒给出的应对策略是旅游产品的多样化开发（diversification）。具体有两种途径：一是开发人造景观，如美国大西洋城（Atlantic City）开发的大型赌场效果显著。但是，如果相邻的具有竞争力的旅游地也如法炮制，效果就会削弱（Butler，1980）。二是发挥未开发自然资源的优势，开拓新的市场。

这种分析范式更多的是从度假地系统内部着手，把滨海度假地衰退归因于旅游产品吸引力弱化导致的竞争力下降。实现复苏的关键就是吸引投资，开发新产品。这就是英国南部滨海度假地普遍推行旅游开发行动计划（Tourism Development Action Programmes，TDAP）的理论背景。在地方政府的大力推动下，一批新的旅游产品在滨海度假地诞生，如包括会议会展和休闲娱乐设施在内的大型综合性项目——英国里维埃拉中心（English Riviera Center）于1987年在托基（Torquay）建成开业，紧接着1988年又建成了好莱坞碗会场（Hollywood Bowl）、大型保龄球馆和滑雪道（Agarwal，1997）；在斯卡伯勒开发了会议旅游设施，在迈恩黑德（Minehead）和韦茅斯（Weymouth）组织了事件旅游（Agarwal，2002）等。

TDAP 的实施使得英国传统滨海度假地产品得到了一定程度的更新，但从综合实施效果看，并没有产生生命周期理论所预期的显著复苏效果。正如爱加沃（Agarwal，1999）所评价的：TDAP 的实施效果"看起来令人失望，特别是在阻止当地经济下滑方面一无是处"。近年来，学者们逐渐认识到，英国滨海度假地的衰退并不像巴勒特旅游地生命周期理论描述的那样简单，而是存在着更深层次的外部环境动因。在这种情况下，社会经济领域的转型理论（restructuring thesis）被用来分析英国滨海度假地的衰退问题（Agarwal，2002）。

转型理论最早出现在工业生产领域（Morgan，1991），后来被运用到服务业，来解释服务业领域出现的某些结构性变迁，以及由此造成的对社会经济的影响。一般来讲，转型理论有两种解释功能：一种是刻画西方国家自20世纪70年代以来，社会经济领域出现的，由福特制（Fordism）向后福特制（Post-Fordism）的深刻变革，也就是由标准化、规模化的定制生产向差异化、个性化的柔性生产的转变。另一种是说明这种变革对于生产组织形式提出的新要求，包括空间重组、生产规模和劳动力的重新组织等。一旦生产活动无法满足后福特制所提出的变革要求，经济活动就有可能出现衰退（Agarwal，2002）。

旅游业领域同样存在转型现象。旅游者更加注重旅游产品个性化和本真的旅游体验，这种需求转变造成旅游生产模式由福特制向后福特制过渡，大众市场逐渐分化，并为小型且更具灵活性的旅游企业提供了新的市场机遇。这就是所谓的"新旅游"（new tourism）（Poon，1994）。

转型理论为研究英国滨海度假地衰退提供了新的理论视角。与巴勒特旅游地生命周期理论不同，转型理论侧重于从滨海度假地的外部环境变化方面寻找度假地衰退的原因（表2.2）。转型理论所揭示的度假地外部环境变化包括两个方面：一是与生产相关的过程（production-related processes），包括寻求扩张的资本积累、生产流程的变化、弹性生产；二是与消费相关的过程（consumption-related processes），包括游客需求、动机和期望变化、游客对新技术利用率的提高、闲暇时间延长。这些外部因素变化有助于更好的解释英国滨海度假地演化的三个趋势：第一，大量度假客人由国内流向国外，从 1980 年到 1992 年，英国滨海度假地的游客接待量下降了 5800 万人次，而出境游客则猛增到 2100 万人次。第二，英国国内旅游热点由滨海地区转移到内陆地区。第三，短程度假客人数量急剧增加，更多游客青睐城市、乡村和遗产地型旅游地，滨海旅游热降温（Agarwal，2002）。

表 2.2 巴勒特旅游地生命周期理论与转型理论比较

比较项目	巴勒特旅游地生命周期理论	转型理论
理论溯源	市场营销学中的产品生命周期理论	工业生产领域中福特制向后福特制转变，消费者需求标准化大众化转向个性化，定制生产转向柔性生产
旅游研究中的应用	描述一般性旅游地发展演变的经典模型	描述现代旅游业外部运行环境的变迁，游客需求日益个性化，大众团队产品日益不适应市场需要，传统旅游业组织运作模式面临变革
适用发展阶段	适用于旅游地发展演化的六个阶段	只适用于研究旅游地衰退阶段
理论视角	侧重于旅游地系统内部因素及其变化对旅游地演化的影响	侧重于从旅游地外部环境的结构性变化方面着手，探究其对于旅游地演化的影响
复杂性	简单清晰	复杂模糊
实用价值	提供一个方便可行的认识旅游地演化的思想（Cooper，1994），侧重于描述，解释和预测的功能弱，且操作性不强	理论体系复杂，涵盖面广，尤其是应对策略丰富，政策意义强

转型理论范式通过综合分析滨海度假地外部环境的变迁，发现日益激烈的外部竞争环境是英国传统滨海度假地衰退的重要原因。这种理论视角有助于拓宽巴勒特旅游地生命周期理论过于强调度假地内部因素的狭隘思路（Haywood，1986；Cooper，1990；Debbage，1990；Ioannides，1992），从宏观和动态的角度探求度假地演变的全貌。总而言之，滨海度假地衰退是内外部复杂因素互动的结果（Agarwal，2002），如图 2.3 所示。

在应对滨海度假地衰退的政策措施方面，转型理论大大丰富了生命周期理论提出的产品多样化（product diversification）策略，提出了包括两个核心策略和八个相关策略的措施体系（表 2.3）。因此，转型理论用于滨海度假地衰退研究具有更强的政策指导意义。

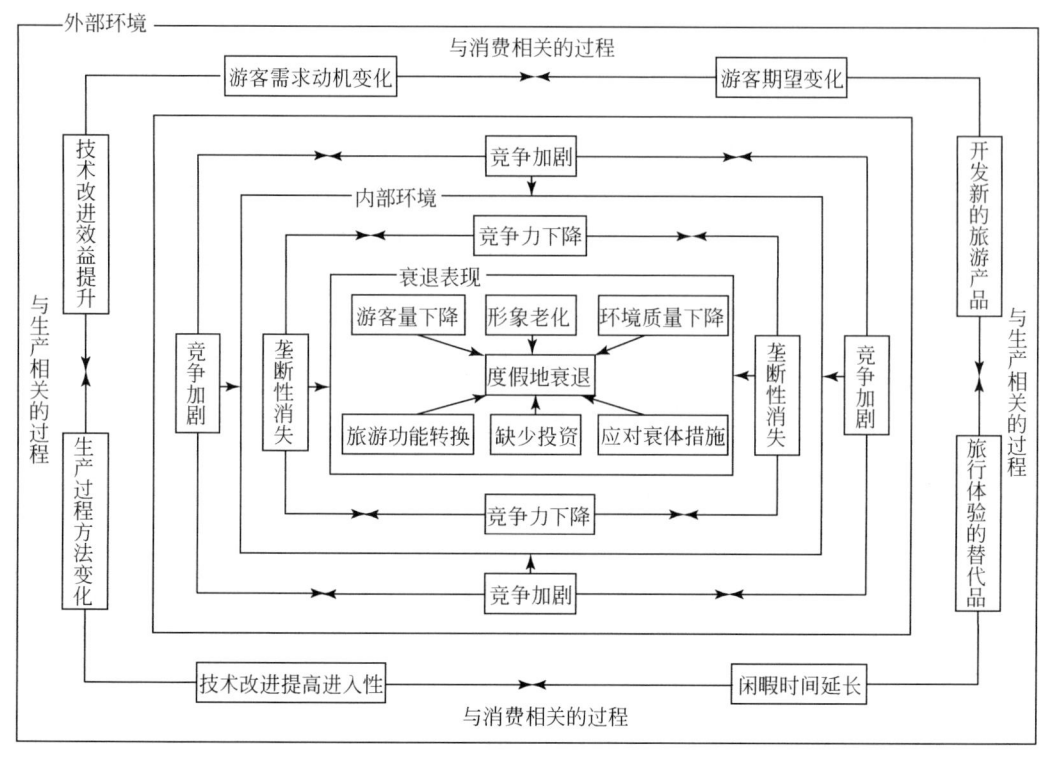

图 2.3　英国滨海度假地衰退的内外部动力机制

引自：Agarwal，2002

表 2.3　处于衰退中的滨海度假地转型策略

核心策略	相关策略	举例
产品重组 （product reorganization）	投资和技术变化 （investment and technical change）	引进和开发新的旅游设施，如在荷兰斯海弗宁恩（Scheveningen）开发的赌场，在英国托贝（Torbay）引入保龄球会馆
	中心化（centralization）	英国南部滨海度假地联合打造战略联合体，共同开展营销
	产品专业化 （product specialization）	除了传统的 3S 产品（Sun，Sand，Sea），西班牙锡切斯（Sitges）还开发会议和康体设施，开展文化节事活动

续表

核心策略	相关策略	举例
产品转型 (product transformation)	提高服务产品质量 (service product quality enhancement)	在波罗的海沿岸的大众度假地，旅游业从业人员受到更专业化的培训
	提高环境质量 (environmental quality enhancement)	西班牙托雷莫利诺斯（Torremolinos）推行一项旅游地复兴计划，重点是重塑环境质量，美化和保护资源；英国南部滨海度假地开展了很多历史建筑保护运动
	重新定位 (repositioning)	北欧和地中海沿岸的滨海度假地将目标市场由原先的大众低消费游客，转向特殊兴趣爱好的高消费游客
	多样化 (diversification)	英国南部滨海度假地，如托贝（Torbay），伯恩茅斯（Bournemouth）和布莱顿（Brighton），开发新的自然和文化资源，或人工吸引物，如商务和会议旅游产品，使得旅游产品更加多样化；市场方面则更加注重短程国内市场需求
	协调合作 (collaboration)	政府和私人部门协调合作，如在英国南部滨海度假地推出的旅游开发行动计划（TDAP）
	适应调整 (adaptation)	加强市场需求预测，并据此对未来发展做出调整，以适应市场需求变化

引自：Agarwal, 2002。

6. 传统滨海度假地复兴计划中的地方政府行为

出现衰退的滨海度假地普遍缺乏替代性产业的支撑，滨海旅游衰退对地方经济造成的巨大压力促使政府强力介入滨海度假地复兴。在英国，政府介入主要通过提供金融支持、减少规划控制等手段鼓励国内滨海旅游投资（Agarwal, 1997）。地方政府力图促进滨海度假地复兴的动力和决心，源自其对于滨海度假地的重视程度，具体的政策措施随着政府对于滨海度假地衰退原因认识的不断深入而有所转变。总的来看，英国地方政府在推行滨海度假地复兴计划中的行为经历了三个阶段。

1）1980~1989年：提供旅游业专项基金和推行TDAP计划

这一时期地方政府开始注意到滨海度假地正在遇到困难，相应的也出台了一些措施。但这些措施显得比较盲目，没能对症下药，因此总体效果并不理想。具体来看，措施主要包括两方面：一是向滨海旅游业提供专项基金，改善当地滨海旅游接待设施条件和开发新景点。财政资金不仅投向滨海度假地，内陆城市和乡村地区也得以惠及。

这项措施成效不大，1989年由于中央缩减财政支出，此项计划中止。二是推行地区性旅游开发行动计划（TDAP），以及后来的当地创新计划（Local Area Initiatives）和战略开发创新计划（Strategic Development Initiatives）（Bramwell，1990）。这些计划旨在促进政府和私营部门协作，以推进滨海度假地复苏。爱加沃（Agarwal，1999）肯定了这些计划在促进度假地复兴中的积极作用，尤其是产品提升和强化营销战略的提出，对后来进一步复兴项目的推出意义重大。

2）1990~1999年：推进滨海度假地结构调整

进入20世纪90年代以后，英国地方政府逐渐认识到滨海度假地衰退的症结在于结构不合理，TDAP等计划逐步终止。一系列关于滨海度假地复兴的研究报告表明，政府的关注点逐渐转向滨海度假地结构调整（表2.4），尤其是自然环境结构（physical environment）。经济结构调整也提上了议事日程，地方政府将更多的注意力转向了促进滨海度假地旅游小企业发展方面。

表2.4　关于英国滨海度假地复兴的研究报告

研究报告	来源机构	年份
Perspectives on the Future of Resorts	British Resorts Association	1989
The Future of England's Smaller Seaside Resorts	English Tourist Board	1991
Making the most of the Coast	English Tourist Board	1993
Revitalizing the Coast	English Tourist Board	1995
Sea Changes: Creating World-class Resorts in England	English Tourist Council	2001

引自：Shaw and Williams，1997。

3）2000年以来：重视滨海度假地产品开发和旅游小企业发展

进入新世纪，英国地方政府更加重视滨海度假地产品开发和旅游小企业发展，同时旅游产品开发也从大众市场转向个性化的目标细分市场。美国大西洋城（Atlantic City）通过开发赌博旅游产品成功走出衰退的经典案例，对处于衰退中的英国滨海度假地产生了广泛的示范效应，各地政府纷纷试着开发新型的大型旅游项目，促使度假地复苏。新加坡也不例外。为了提高新加坡在亚太地区旅游发展的竞争力，重塑旅游目的地形象，新加坡议会于2004年3月提出了通过开发综合型博彩度假区，以促进新加坡旅游发展的建议。由于涉及敏感的博彩旅游项目，该项建议在新加坡国内引起了广泛争论。经过充分的研究论证并广泛听取了国民意见，2005年4月新加坡总统正式宣布推进这一项目，并在新加坡政务公众参与网站上对于该项目的相关问题给予解答①。

7. 结论

传统滨海度假地衰退并不仅仅是由于单体旅游产品相对吸引力下降，而是在全球化浪潮的推动下，世界范围内旅游消费模式出现深刻转型，即由福特主义时期的大众旅游向后福特主义时期的个性化、多样化旅游需求过渡的背景下，传统大众型滨海度假地所遭遇的转型危机。与以往的度假地衰退相比，此次滨海度假地衰退是结构性的，因此在衰退范围和程度上都要广泛和深刻的多。从地方政府应对衰退措施的结果来看，单纯开发新产品、增加目的地投资是不够的，必须针对游客不断变化的需求，促使滨海度假地不断进行结构重组，持续推行创新发展战略（Agarwal，1997）。相关战略措施的效果仍有待于进一步实证研究来综合评估。

2.1.2 滨海旅游度假地城市化研究

第二次世界大战以后，在民用航空技术快速发展和经济飞速增长的推动下，世界热带、亚热带滨海旅游出现空前的繁荣，几乎所有拥有海岛滨海的国家和地区，都不同程度的开发了滨海旅游产品（池雄标，2004）。在这一轮滨海旅游发展热潮中，加勒比、东南亚、澳大利亚、夏威夷等热带滨海度假地区，取代了大西洋、地中海沿岸的传统温带滨海度假地，成为国际范围内新的滨海度假天堂。

泰国芭提雅（Pattaya）、澳大利亚黄金海岸（Golden Coast）、夏威夷怀基基（Waikiki）是新兴滨海度假地的典型代表。然而，旅游业快速发展给这些地区带来巨大经济利益的同时，社会、文化、生态环境方面的显著退化越来越不容忽视。以芭提雅为例，在旅游开发初期的20世纪40年代，这里还是环境优美、人迹罕至的传统渔村。但到了70年代末，这里成了无序开发、污水横流、海滩退化、社会风气堕落的花花世界（Smith，1992a）。滨海度假地在土地利用强度和类型方面表现尤为明显。滨海一线用地开发强度不断加大，在线性扩张的同时也逐渐向内陆拓展。一线用地大多被商业和接待设施占据，内陆地区则形成移民居住区。旅游开发使得以前荒无人烟的度假地逐渐形成新的城市群落，滨海度假地城市化（coastal urbanization）成为滨海度假地演变的主要趋势。

城市化过程在滨海度假地形态演变方面表现甚为突出。因此，西方学者大多借用形态学（morphology）研究视角，对滨海度假地的城市化过程给予关注。事实上，早在20世纪40年代就有学者发现英国滨海城镇在旅游推动下出现的城镇形态变化

---

① 网页地址：http://app.feedback.gov.sg/integrated_resort/.

（Gilbert，1949），70 年代以后相关研究逐渐升温，并逐渐形成了相对独立的度假地形态学（resort morphology）(Pearce，1995；Wall，2001）。

度假地形态学关注度假地的土地利用、建筑形态以及目的地具有的相关功能。城市地理学者大多忽视了度假地研究，他们大多认为度假地是城市形态的一种特例而不是一种普遍现象，因此在城市类型划分和城市形态学研究方面往往忽略了对于度假地的研究。尽管主流的城市地理学者很少研究度假地，旅游和游憩方面的地理学者对度假地进行了大量研究，尤其是滨海度假地（Wall，2001）。

1. 滨海度假地形态模型

滨海度假地形态具有特殊性。正如斯坦斯菲尔德（Stansfield，1969）所说，滨海度假地的空间拓展方向只能是由度假地极核（resort core）向陆地呈180°延展，而不能像城市中心那样呈360°放射状展开。

自20世纪30年代以来，国外在滨海度假地形态研究方面积累了大量文献，并对于滨海度假地形态研究做了较详细的综述（Pearce，1995；Liu and Wall，2009）。

1）欧洲传统滨海度假地形态模型

吉尔伯特（Gilbert，1949）最早发现旅游发展正在转变英国滨海聚落的形态，形成新的具有众多特征的滨海小镇。吉尔伯特被认为是滨海度假地形态研究的开创者。在随后对于布莱顿滨海小镇的研究中，吉尔伯特发现，铁路交通的开通和普及对布莱顿城镇发展起到了至关重要的作用。1841年，布莱顿至伦敦铁路开通后，大量都市居民涌向布莱顿海滩，同时伴随着布莱顿人口数量和住宅的急剧增加（表2.5）。这是作者所能发现的现有文献记载中最早的旅游城市化现象。吉尔伯特同时强调了滨海度假地在城市体系研究中的重要地位，指出滨海度假地在很多方面不同于其他城市形态。

表 2.5　至伦敦铁路开通对布莱顿城镇化的影响

年份	1841	1851	1861	1871
居民人数/人	46000	65000	77000	90000
新增住房数/套	437	2806	2396	2037

数据来源：Gilbert，1949。

最常被引用的是巴瑞特（Barrett，1958）在其博士论文中提出的英格兰和威尔士滨海度假区演化模型。在这个模型中，他提出了"度假地极核"的概念，认为滨海度假地是以极核为中心向周围呈放射状扩散的，极核位于海滩内陆，各种各样的酒店和服务接待设施（即滨海一线服务设施）分布于面海的海滩狭长区域，其他设施围绕着极核分布，简单寄宿式公寓和住宿加早餐（Bed & Breakfast，简称 B&B）服务设施离核心稍远。与极核距离越远，服务接待设施的密度越低，从而形成接待设施围绕极核的圈层分布，各圈层的建筑式样和消费水平不同，形成社会分层（social stratification），如图 2.4 所示。

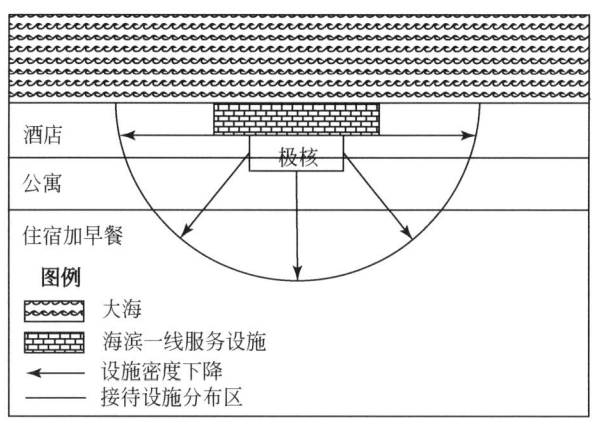

图 2.4 英国滨海度假地形态模型

引自：Pigram, 1977

巴瑞特滨海度假区演化模型对于滨海度假地发展演化理论具有重要意义。其不足之处表现在三个方面：一是该模型只是静态描述，没有揭示滨海度假地演化的动态过程；二是该模型仅关注了滨海度假地形态方面的演变，没有揭示出滨海度假地演化的全貌；三是该模型所研究的案例地发展的时间背景是在蒸汽铁路时代，与现代化航空运输条件下，国际化大众旅游背景下现代化滨海度假区发展背景差异性太大，因此该模型对于现代滨海度假区发展演变缺少足够的解释力。

吉尔伯特和巴瑞特所描绘的滨海度假地形态模型都是针对英国传统滨海城镇，案例地发展的时间背景是在蒸汽铁路时代，空间类型仅针对英国大都市周边滨海度假地，铁路对于滨海度假地形态往往产生重要影响。火车站大多建在交通畅通、临近滨海的区域，有多条干道连接火车站和海滩（Gilbert，1949）。随着铁路开通，度假地得到快速发展，接待设施的增加有时会穿越极核和滨海设施带，通过栈桥向海里延伸（Wall，2001）。

2）新兴滨海度假地形态模型

20 世纪 70 年代以后，滨海度假地形态研究逐渐引起学者们的广泛关注。除英国传统滨海城镇以外，北美、加勒比、大洋洲、东南亚等地的新兴滨海度假地，成为众多学者的研究对象。史丹斯菲尔德和李克特（Stansfield and Rickert，1970）在巴瑞特模型的基础上，研究了三个北美滨海度假城镇的商业功能：其中，两个是美国新泽西州的中部海洋城（Central Ocean City）和中部怀尔德伍德（Central Wildwood），另一个是加拿大安大略省的尼亚加拉瀑布（Niagara Falls）。通过分析这三个滨海城镇的土地利用形态和结构，尤其是各种商业设施的数量和布局，发现存在与中心商业区（central business district，CBD）不同的游憩商业区（recreational business district，RBD）。CBD往往靠近居住区和交通干道，主要为当地居民提供便利的零售商业服务；而RBD则依托当地主要的旅游吸引物，由游憩商业设施聚集而成，主要面向游客经营食品、饮料、礼品、娱乐、剧院等。皮格拉姆（Pigram，1977）对澳大利亚黄金海岸城（City of Gold Coast）所属的南北两个滨海小镇的形态研究支持了斯坦斯菲尔德的结论，即这两个滨海小镇都存在着RBD和CBD分离的现象。德玛斯（Demars，1979）认为，尽管北美和欧洲滨海度假地形态存在很多相似之处，还是能够发现一些细微的不同。例如，欧洲的滨海度假地从大海往陆地方向依次分布沙滩、滨海步行道（promenade）、道路和酒店；而在美国，顺序则为沙滩、木栈道（boardwalk）、酒店和道路。

梅耶阿登特（Meyer-Ardent，1985，1990）比较了墨西哥湾许多滨海度假地的发展演化和空间特征，提出了一个与巴瑞特相似的理论模型，着重分析了滨海度假地土地利用方面的演化过程，同时考虑了滨海环境变化。

3）结论

总的来看，这些模型虽然是针对不同地区、不同时期的滨海度假地形态研究，在细节方面难免有所不同，但都揭示出滨海度假地形态方面的一些共性。包括：第一，所有的滨海度假地都呈现出线性形态（parallel structure）或线性布局（linear in form）（Pearce，1978，1995）。这是滨海度假地的形态特性，也是与其他类型聚落形态最大的不同之处。第二，旅游服务设施的类型和密度有显著的分层布局特征，即平行于海滩的滨海商业带密集分布着最拥挤、最昂贵的接待设施，与其他高档次旅游购物商店、酒吧、餐馆组成度假地极核。滨海商业带向内陆方向的接待设施建筑高度不断下降，密度不断变小，价格不断降低，高档酒店让位于比较便宜的小型酒店、老年公寓、度假村、营地等，最终和当地居民的居住设施和其他市政设施连在一起。第三，滨海度假地上述形态特征的根本原因在于滨海度假地的级差地租变化。滨海度假地存在级差地租，一般来说，离海滩越近，地租越高，土地利用强度就越大；反之，离海滩越远，地租越便宜，土地成本对建筑高度和密度的要求越低。

2. 滨海度假地形态演化模型

将形态模型动态化，探讨滨海度假地形态演化的研究相对较少。皮尔斯（Pearce，1995）非常强调度假地形态演变在度假地发展研究中的重要意义，认为"必须将研究重点更多的转向度假地形态演变研究,以便更好的理解度假地发展过程,预测未来度假地发展"。梅耶阿登特描述了路易斯安那州格兰德岛(Grand Isle)的形态演变过程。发现新建旅游设施主要沿着滨海侧向呈带状扩展,同时交通区位好,进入性便利的一线滨海开发向内陆腹地延伸,开发强度将逐渐加大(Meyer-Ardent,1985)。

史密斯(Smith,1991,1992)对于东南亚滨海度假地的研究发现了类似的规律。他的研究比梅耶阿登特更为细致和系统,通过记录泰国芭提雅土地利用的变化,提出了滨海度假地形态演化模型(tentative beach resort model,TBRM)。史密斯将滨海度假地城市化的过程分为八个阶段,分别是:发展前阶段、旅游探查阶段、出现第一个酒店阶段、带状扩张阶段、商业核心形成阶段、内陆拓展阶段、第二条道路阶段、CBD和RBD分离阶段(图2.5和表2.6)。

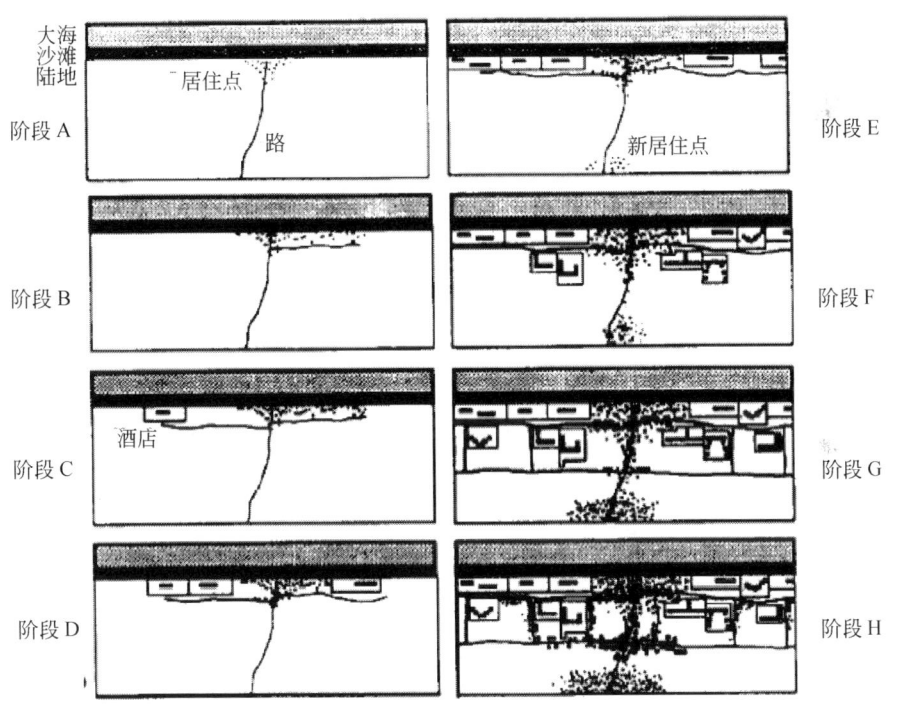

图 2.5 滨海度假地形态演化模型

引自:Smith, 1992a

表 2.6 滨海度假地形态演化各阶段特征

阶段	阶段划分	典型特征
阶段 A	发展前阶段	旅游尚未开发;存在滨海原始村落;有条简易公路通向海边
阶段 B	旅游探查阶段	先锋游客开始出现,并有简易接待设施;游客和本地居民接触广泛;虽然旅游开发给居民带来收入增加,但负面的社会影响开始显现;居民对游客的态度逐渐从愉悦过渡到冷漠、愤怒,直到产生对抗情绪

续表

阶段	阶段划分	典型特征
阶段 C	出现第一个酒店阶段	滨海地区的进入性得到改善；出现了外商投资的第一个高档酒店，这标志着大规模旅游开发的开端；大众游客大量进入，本地私人投资成为接待设施建设的主力军
阶段 D	带状扩张阶段	第一个酒店成功经营产生的示范效应推动了滨海一线酒店的建设，度假地线性形态逐渐形成；大量酒店开业为当地居民带来了大量就业机会
阶段 E	商业核心形成阶段	随着酒店大量兴建，滨海用地愈显紧张，本地居民被迫从滨海地区迁往内陆，为旅游开发腾出用地；大量移民前来寻找就业机会并定居下来，造成原来的居住村落更加拥挤；滨海地区的旅游容量趋近饱和，污染成为一个大问题；政府成立专门管理度假地的管理机构
阶段 F	内陆拓展阶段	滨海用地已经枯竭，新建的酒店只能向内陆拓展；滨海自然环境遭到破坏，出现海滩侵蚀；度假地已经完全旅游化了；就业机会仍在缓慢增长，新的居住聚落还在扩张；此时政府意识到旅游开发已经失控，环境衰退等其他问题危及度假地长远发展；地方政府着手编制度假地总体规划，以应付各种困难，并开始重视基础设施建设
阶段 G	第二条道路阶段	兴建了平行于滨海的第二条公路，便于更多的旅游设施向内陆方向拓展；此时兴建的接待设施大多档次较低；度假地已经完全城市化了，在某些特殊地段政府会采取措施保持自然风貌；基础设施方面兴建了中央污水处理系统；游客类型以团队包价为主，平均消费水平不断下降；地方政府已经丧失了对度假地发展的控制管理能力
阶段 H	CBD 和 RBD 分离阶段	此时度假地已经完全变成了城市，同时达到了成熟阶段；RBD 和 CBD 显著分离，并有大量商业设施充斥其中；滨海地区污染严重，垃圾遍地；地方政府管理措施彻底失败，以前做的总体规划也毫无用处

引自：Smith，1992a。

芭提雅是二战后东南亚地区滨海度假地城市化的典型案例（Smith，1992b）。根据史密斯的研究，马来西亚的巴都丁宜（Batu Feringgi）、泰国的华欣（Hua Hin）、澳大利亚的冲浪者天堂（Surfers Paradise）都出现了滨海度假地城市化现象（Smith，1991）。史密斯（Smith，1991，1992a，1992b）发现它们的共同点是缺乏政府管制下的自发性开发（spontaneous and unplanned development）。即使有一些管制措施，实际的控制功能也非常弱，而且管制常常是不连续的。因此史密斯称之为"无规划的滨海度假地"（unplanned beach resorts）。

滨海度假地城市化是在滨海度假地缺乏有效规划管制下，开发商的求利动机和滨海度假者的亲海动机相互作用的结果，是自然状态下滨海度假地发展的必然归宿

（Wong，1998）。为避免滨海度假地陷入过度城市化的怪圈，政府的规划控制措施是关键。引入市场机制对于推动滨海度假地开发固然重要，但私营企业主追求经济利益最大化的行为会使东道社区居民的利益受到伤害，滨海度假地的社会和自然环境退化，从而损害滨海度假地的长远利益。因此，不能任由开发商随意开发，政府必须以规划控制的角色介入滨海度假地规划管理，以求得滨海度假地短期经济增长与长期社会文化环境保护，以及维护社区居民利益之间的某种平衡（Smith，1992a；Wong，1998）。然而，地方政府真正实现对于滨海度假地的管制是非常困难的，经常会出现两种情况：一是政府缺乏足够的行政权力遏制过度开发行为；二是政府往往缺乏足够的管制意愿，从而在某种程度上纵容私营业主的过度开发行为。因此，政府管制往往不能起到应有的效果，滨海度假地城市化在所难免（Smith，1992a）。

史密斯的贡献主要在三个方面。首先，巴特勒旅游地生命周期模型泛指一般性的旅游目的地，而史密斯提出的 TBRM 模型特指缺乏规划控制的滨海度假地的形态演变历程。因此，就描述研究的针对性来说，后者的工作显然比前者进了一大步。其次，生命周期模型仅仅是提出了一个度假地发展演化的假说（hypothesis），围绕该模型产生的争论一直都没有停止过。TBRM 模型则建立在大量一手资料基础之上，作者通过对东南亚和澳大利亚多个滨海度假地长达 10 年的深入调查总结提炼所得，因此具有较强的科学性和说服力。当然，该模型还需要更多的实证研究不断完善和提升。第三，巴特勒将旅游地吸引力的强弱变化作为旅游地兴衰的内在动因，这只是一定程度上的抽象概括，事实上旅游地吸引力变化是更多因素相互作用的结果，而不是原因本身。史密斯已经洞察到了滨海度假地城市化的关键在于政府管制缺位，私人资本的无序开发必然会导致滨海度假地衰退。因此，政府必须以规划控制的角色介入滨海度假地规划管理，不能任由开发商任意妄为。这一结论对于滨海度假地开发管理具有非常重要的启示意义。

3. 综合型滨海度假区形态模型

未加规划控制的滨海度假地城市化，给东道社区带来了日益严重的生态环境危机。目的地政府和规划人员逐渐认识到，要实现滨海度假地高品质开发和可持续发展，必须事先制定完善的开发规划，并统一管理贯彻执行。在这种背景下，20 世纪 50 年代以来综合型滨海度假区（integrated coastal resorts）发展模式应运而生。综合型滨海度假区高度重视度假设施的统一规划和建设，强调总体规划的制定能够保证在整体利益最大化的前提下，实现对度假区资源的有效利用和管理，并实现度假区在经济、环境和社会三方面均衡可持续发展（爱德华·因斯克普和马克·科伦伯格，1993）。

综合型滨海度假区形态规划方面的研究成果较为零散，已有的研究成果仅见于《旅游度假区的综合开发模式》一书（爱德华·因斯克普和马克·科伦伯格，1993）中对于世界旅游组织推荐的六个成功开发的综合型滨海度假区的研究,以及史密斯对于印度尼西亚努沙杜阿(Nusa Dua)度假区的形态研究成果。综合型滨海旅游度假区建设周期长、投资风险大、对目的地要求条件高,因此世界范围内成功的案例不多。具有代表性的是位于印度尼西亚巴厘岛南部的努沙杜阿度假区。20世纪70年代初期,该度假区在联合国和世界银行的资助下开始建设,至90年代初具雏形,是世界旅游组织推荐的成功开发综合型滨海度假区之一。

史密斯(Smith,1992c)对努沙杜阿度假区的形态规划进行了较为详尽的描述性研究,各形态要素及特征如图2.6和表2.7所示。正如世界旅游组织专家所评价的:"总的来说,努沙杜阿度假区规划是现实而且成功的",它提供了综合型滨海度假区形态规划的成功范例。在案例研究的基础上,史密斯进一步提出了综合型滨海度假区形态模型(model of integrated resort development,MIRD)(图2.7)。

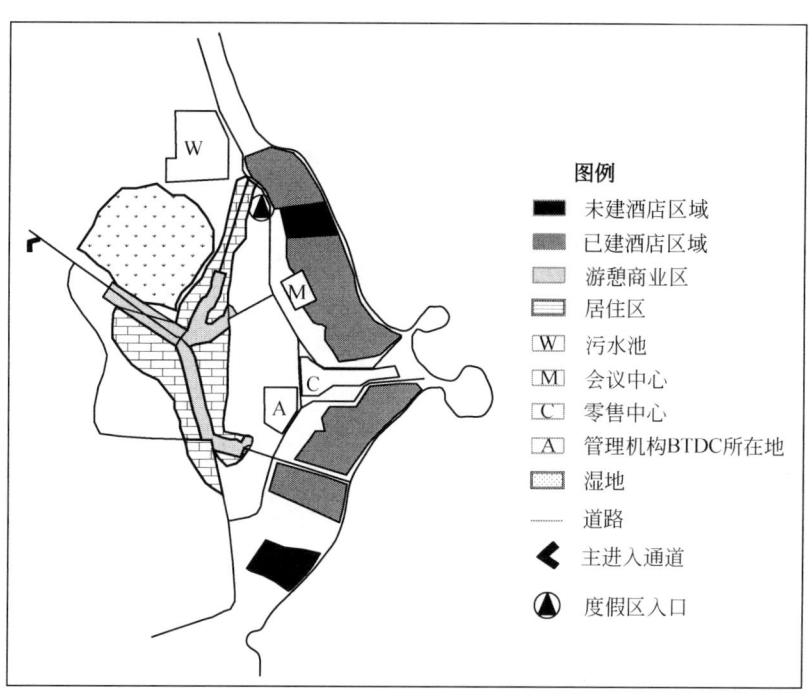

图2.6 努沙杜阿度假区规划示意图

引自:Smith,1992c

表2.7 努沙杜阿度假区形态要素及特征

形态要素	形态特征
度假区面积	陆地面积3.5km²
度假区边界	有明确的度假区边界,大门实行出入管理
度假酒店分区	豪华度假酒店全部集中在一线滨海地区

续表

形态要素	形态特征
零售商业区	位于一线度假酒店内侧
游憩商业区	位于度假区外部，进区道路两侧
本地购物区	位于度假区外部，沿度假区边界公路两侧
外部交通	度假区主要进入通道与区内公路垂直布局
区内交通	区内公路在度假酒店背部，酒店和沙滩合为一体
居民社区	全部搬迁，集中在度假区入口处外围

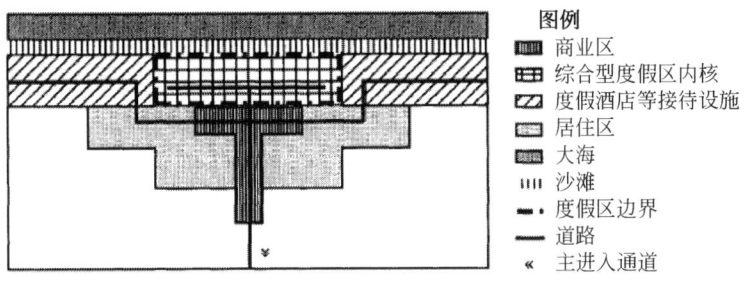

图 2.7 综合型滨海度假区形态模型

引自：Smith，1992c

MIRD 是对成功案例地形态的抽象提炼，对于同类型滨海度假区规划开发有重要的借鉴和示范意义。尤其值得注意的是，此模型揭示出滨海度假区与周边社区以及非正式部门之间的空间关系，对于滨海度假区发展将产生重要影响。根据史密斯的研究，尽管巴厘旅游开发公司（BTDC）成功地将流动性商贩拒之度假区外，这些商贩集中在度假区入口公路的两侧，形成了无序经营的旅游商业区。此外，由于滨海度假设施线性侧向扩张的内在冲动，在度假区边界以外的两侧海滩上出现了许多乱建的接待设施。在这些地方随处可见拥挤的道路，堵塞的下水管道，路边堆放的垃圾和受污染的水源。这种状况与泰国芭提雅缺少规划，过度开发的情况极为相似。因此，尽管努沙杜阿度假区的规划管理者在内部环境管理和规划控制方面取得了巨大的成功，但从整个度假区内外部环境来看，度假区外围的环境质量与其他缺乏规划管理的滨海度假地一样在衰退。这必然对度假区发展产生潜在的负面影响（Smith，1992b）。

努沙杜阿度假区的教训给综合型滨海度假区的"综合性"（integrated）提供了新的注释：度假区内部的规划控制固然重要，度假区外围用地的控制同样不可忽视，即不仅要求度假区内部设施规划建设的一体化，还要注意度假区内部规划与外部开发的综合统一。综合型滨海度假区的规划师和开发商需要对度假区土地利用规划和管理进行重新审视，为避免综合型滨海度假区再度陷入环境衰退危机，需要对包括度假区核心在内的整体用地进行综合性规划和管理，而不是仅仅针对度假区核心（Smith，1992b）。

该模型的不足之处在于：①将度假区整体抽象成"内核"，只描述了"内核"与度假区外部商业和居住环境，以及交通组织等的空间关系，没有表达出度假区内部形态；②该模型是静态模型，无法表达出综合型滨海度假区形态演变的动态过程及内在动因；③该模型的提出是基于作者对一个案例地的考察，因此只是未得到充分验证的假设模型（unproven hypothesis）。

2.1.3 综合型度假区相关研究

综合型度假区（integrated resorts）最早出现于第二次世界大战后的夏威夷（Helber, 1995），主要是为了降低缺乏规划的旅游活动对目的地社区带来的日益严重的社会和环境压力。度假区的综合开发模式摈弃了以往旅游开发过度追求短期经济效益，而无视目的地长远发展规划的传统模式，强调度假区的整体发展和统一规划管理。度假区总体规划的制定有助于在整体利益最大化的前提下，实现度假区在经济、环境和社会三方面均衡可持续发展（爱德华·因斯克普和马克·科伦伯格，1993）。在世界旅游组织（World Tourism Organization，WTO）的支持推广下，综合型度假区开发模式得到了越来越多的认同，成为目前世界范围内旅游度假区开发的主流。

1. 综合型度假区的政治经济特征

综合型度假区大多数出现在相对落后的发展中国家或地区，它往往脱离原有城镇体系布局，在资源条件优越、相对偏僻但进入性便利的地区，形成封闭式的区域，集中建设自成一体、相互配套的旅游服务设施。游客以发达国家或地区的高消费人群为主，与东道社区的经济联系相对薄弱。由于综合型度假区在外部形态方面相对封闭的特征，以及与目的地社区相对松散的经济联系，因此常被称为"飞地"（enclave）（Britton, 1982）、"泡泡"（bubble）（Smith, 1992c）、"隔坨"（ghetto），它的政治经济特征也受到众多学者关注。

综合型度假区拥有完善的服务设施，度假区的开发商会通过各种方式尽量减少游客在区外消费，如将度假区与当地社区隔离，阻止商贩进入。因此，游客的绝大部分消费被限制在区内，度假区对东道社区的经济带动作用相当弱（Wall, 1996）。尽管有些度假区已经开始采取措施改善与社区的经济联系（Telfer and Wall, 1996），这仍构成学者们对其反感的主要原因（Britton, 1982；Jenkins, 1982；Freitag, 1994）。

20世纪70年代末80年代初，有学者将国际经济关系中的依附理论（dependency paradigm），即经济基础薄弱的第三世界国家必须建立起依附于发达国家的经济体系才能求得发展，运用到国际旅游关系研究中，用来解释发达国家和发展中国家之间形成的一种旅游依附关系（Matthews, 1977；Britton, 1982；Oppermann and Chon, 1997）。依附理论的核心思想是：处于核心地位的发达地区，通过依附经济发展模式，将不断地制造并强化位于边缘不发达地区的贫困（Browett，1982）。发展中国家或地区，以国际旅游为导向的旅游发展模式大多表现出飞地旅游（enclave tourism）特征（Jenkins，1982；Freitag，1994；Oppermann and Chon，1997），布里顿（Britton，1982）描绘了第三世界国家的飞地旅游发展模式。

发达国家的团队游客到达国际旅游度假区附近的国际机场后，直接被安排送往特定的度假区飞地，返程同样如此（图2.8）。度假区旅游企业通常由来自发达国家或地区的投资者控制，东道社区居民与外国投资者和游客之间甚少互动。外国资本以很低的代价占有东道国的自然资源，却摄取了绝大部分旅游开发收益，旅游漏损很高（Shaw and Shaw，1999）。除了参与低报酬和琐碎繁杂的服务性工作外，大量的本地人仅获得很少或几乎不能获得收益（Pavaskar，1982；Dixon and Heffernam，1991；Weaver，1991）。基于泰国（Wahnschaff，1982）、菲律宾（William，1999）、博兹瓦纳（Mbaiwa，2005）、加勒比（Matthews，1977；Hills and Lundgren，1977；Bélisle，1983）、印度尼西亚（Telfer and Wall，1996）及肯尼亚（Eastman，1995；Isaac，1996；Akama，1999）的案例研究均表明，不加控制的飞地旅游发展模式不但不能使当地社区获得合理利益，反而加剧了旅游地社会经济不平等和空间不平衡，甚至成为当地居民社会分化和异化的根源。这种客源地-目的地关系类似于宗主国和殖民地之间的关系，因此被称为"新殖民主义"（Brohman，1996）。

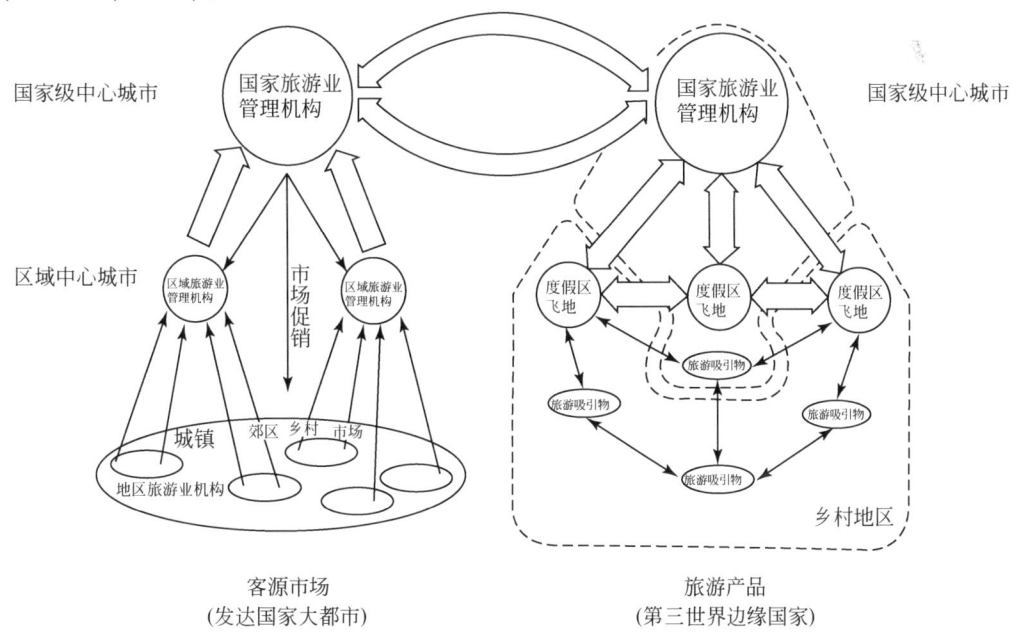

图2.8　第三世界国家飞地旅游发展模式

引自：Britton，1982

2. 综合型度假区开发研究

尽管综合型度假区天生的具有某种殖民主义烙印，但由于对发展中国家旅游外汇收入贡献巨大，且规划控制措施成效显著，仍然受到众多国家，尤其是发展中国家的青睐，成为世界范围内高端滨海度假区发展的主流模式。

20世纪70年代以来，尽管综合型度假区在世界范围内快速发展，但直到90年代，成功的度假区开发并不多见。这也说明人们对于综合型度假区的开发规律还没有完全了解和掌握。为了进一步推广综合型度假区的发展模式，世界旅游组织（WTO）在世界范围内选定了六个成功开发的综合型度假区，并于1990年委托有关专家对这六个度假区进行了详细的评估考察工作。研究成果于1991年结集出版，名为《旅游度假区的综合开发模式》（爱德华·因斯克普和马克·科伦伯格，1993）。此书汇集了与综合型度假区开发相关的重要内容，如度假区规划、实施和资金筹措，度假区开发方式、原则、技巧，以及在开发中遇到的各种问题。直到现在，此书仍是综合型度假区开发研究的权威文献。此外，此书作者之一、世界著名旅游规划专家爱德华·因斯克普（2004）教授的著作《旅游规划：一种综合且可持续开发方法》，对综合性思想在旅游规划中的应用作了全面而深入的介绍，同样具有很高的理论参考价值。

1）综合型度假区管制

为了避免无规划开发带来的后果，综合型度假区要按照开发商和管理当局设定的规划蓝图，高品质、可持续性的发展。因此必须在既定的规划原则和目标理念框架下，对度假区的土地使用、项目引入、环境营造等方面进行严格的控制。史密斯对东南亚综合型度假区发展进行研究后也提出，综合型度假区发展的核心理念是管制（control）（Smith，1992b）。

2）综合型度假区选址

综合型度假区开发前的选址工作特别重要，成功开发的度假区在选址方面都做了大量研究和评估工作。从现有文献看，不同度假区在选址时考虑的因素不尽相同。爱德华·因斯克普介绍了在区域层面上使用栅图法确定努沙杜阿度假区位址的过程（Inskeep，1991），其中，靠近国际机场、便利国际度假客人进出，是最重要评估标准。墨西哥坎昆度假区在选址时，除考虑滨海度假区对沙滩、气候、周围环境的一般要求外，特别强调度假周围社区居民的利益，即度假区要靠近传统的农业中心，有可能通过度假区开发带动整个地区经济发展（Collins，1979）。此外，靠近北美客源市场、用水条件较好等也是重要的评估指标。刘家明等（2001）综述了国外关于度假区选址的三种观点，认为必须从旅游资源条件和区位条件两个方面同时入手，才能找到最佳的旅游度假区区位。

3) 综合型度假区规划、制定及实施

爱德华·因斯克普对度假区规划的一般性原则作了说明，如树立度假区特色、保护自然环境、功能分区、内外部交通便捷等（Inskeep，1991）。史密斯（Smith，1992a）通过对努沙杜阿度假区的研究，提出了未得到充分验证的滨海度假区形态假设模型 MIRD。总之，目前开发的滨海度假区，由于各度假区地理条件各异，在形态规划方面也有很大出入，尚没有统一成熟的理论和实践规划成果可资借鉴。

成功度假区开发的实践证明，科学规划要得到贯彻实施，需要政府强力推动，同时采取市场化方式推进。因此，成立国有的旅游开发公司具体负责度假区规划实施，成为众多度假区的选择。例如，印尼中央政府成立巴厘旅游开发公司（Bali Tourism Development Company，BTDC），墨西哥中央银行成立全国旅游开发公司。

4) 综合型度假区市场需求

综合型度假区的市场需求主要来自邻近国家的高端国际市场游客，但在一些发展中国家，国内特殊的高端度假需求有时会成为度假区起步阶段的重要推动力。墨西哥坎昆度假区在建设之初就经历了市场结构由国内游客为主向国际游客为主的转变。坎昆度假区原先的市场定位是北美国际度假市场，但首批接待设施开业不久后便发现，没有哪一家航空公司愿意最先开辟到达坎昆的国际航线，承担初期很高的开发成本。经营国际旅游的旅行社也都不看好坎昆，除非确认该地有利可图，否则不愿意预订房间。幸运的是，坎昆度假区对国内游客的吸引力超出了规划者的预期。原先的估计是国内游客占到度假游客总数的10%～20%，但1976年，国内游客的比例却高达63%，1980年虽有显著下降，仍超过47%（爱德华·因斯克普和马克·科伦伯格，1993）。国内游客在坎昆的开发中起了非常重要的作用，这一点与三亚亚龙湾度假区现阶段的发展情况比较相似。

5) 综合型度假区基础设施建设

基础设施建设在综合型度假区前期开发工作中占有相当重要的地位。世界旅游组织的专家将度假区综合开发的成功归结为下列因素：为游客和职员提供便利、畅通的交通基础设施（包括连接度假区和度假区内部的交通）；建筑设计的风格要与周围环境相吻合，能反映当地传统特色，应尽量使用当地的建筑材料；应保护好一些自然景观，并尽可能使自然景观与度假区融为一体；应提供完善的公用设施，如水电供应系统、通讯设施、污水及固体废物处理系统（爱德华·因斯克普和马克·科伦伯格，1993）。由此可见，基础设施建设在综合型度假区开发中的重要地位，基础设施的规模和水平在很大程度上决定了度假区开发的成败。

6）综合型度假区与社区关系

综合型度假区和东道社区的关系在每个成功度假区开发中都得到了规划者的重视。

首先，从空间关系上看，综合型度假区要求相对封闭、自成一体，在选址时尽量选择人烟罕至的僻静所在。如果选址区域内有自然村落，则需要将村落搬迁，实现度假区与社区的空间隔离。

其次，规划者重视通过度假区开发使当地社区受益。具体措施包括：大力改善社区交通、水、电等基础设施；组织社区培训，鼓励开办小型企业，如手工艺品商店和餐馆来为游客服务，提高社区参与旅游程度；充分利用本地资源，推进原料供应本地化，如酒店直接由当地渔民提供新鲜的海鲜食品和蔬菜（Telfer and Wall，1996）。

再次，跟踪监控度假区对本地社会文化生活方面的潜在消极影响，最大限度合理利用现有人文和自然资源。如印尼努沙杜阿度假区由政府提供资金，建造一小型示范农场，帮助当地农民种植并销售到酒店的蔬菜和水果，同时提供技术援助，以改进食品的生产和销售。

7）综合型度假区筹资渠道

综合型度假区开发主要包括基础设施投资和旅游设施投资两部分。通常的做法是政府提供度假区前期基础设施投入，待开发条件成熟后通过招商引资，吸引私人资本开发商业旅游设施。高品质度假区对于基础设施的要求很高，前期投入巨大，一般地方政府或私营企业根本无力负担。国际上成功度假区一般都是由中央政府出面协调，或者中央财政直接支持，或者争取国际金融机构项目资助或国际贷款。因此，寻求雄厚的资金支持是度假区基础设施建设顺利开展的关键。另外，需要注意的是，由于度假区在开发初期具有较大投资风险，私人资本往往不愿贸然进入。政府或国有公司应带头兴建第一批饭店，产生示范效应，鼓励并推动私人投资。

8）综合型度假区开发管理机构

必须成立一个专门的机构来开发管理度假区，不能多头管理。该机构必须拥有足够的权威，能够在公有和私人部门之间进行高层次的协调工作（爱德华·因斯克普和马克·科伦伯格，1993）。在很多时候，中央政府直接介入协调，对于度假区成功开发是必不可少的。例如，负责开发努沙杜阿度假区的巴厘旅游开发公司（BTDC），是印尼中央政府直接成立的；负责坎昆度假区开发的全国旅游开发公司，是墨西哥中央银行的下属机构。

事实上，将度假区规划开发权交给地方政府有过失败的案例。土耳其西南部的安塔利亚（Antalya）度假区，开始时在中央政府直接介入下开发顺利，基础设施建设完成后，度假区的规划开发工作由地方政府接管。然而，由于地方政府不懂规划，认识不到基础设施开发的重要性，再加上地方政府受到开发工程的压力，导致度假接待设施开发失控。为了避免未来度假区发展出现严重问题，土耳其中央政府后来重新接管了该度假区的规划开发权（爱德华·因斯克普和马克·科伦伯格，1993）。

3. 结论

现有综合型度假区研究成果大多出现在20世纪90年代中期以前，近十年来相关研究进展甚微，几乎没有新的重要成果出现。已有研究侧重于探讨综合型度假区的开发规律及其社会经济影响，《旅游度假区的综合开发模式》一书仍是该领域的代表性文献。现有研究已经得到了一些基本结论，如：综合型度假区投资巨大，对基础设施及目的地综合开发条件要求很高，需要目的地中央政府强力介入而地方政府往往难以胜任，对当地社区的经济带动作用有限，等等。这些结论对于总结和反思我国滨海度假区开发的经验教训有启示意义。

2.2 国内相关研究

与旅游度假区发展相关的研究议题也引起了国内学者的极大关注。以"旅游度假区"为关键词，在"中国期刊网"核心期刊论文库中检索到1994~2005年间发表在核心期刊的共46篇论文。此外，通过国家图书馆硕博士论文库和中山大学图书馆共检索到已通过答辩的、关于度假区研究的6篇博、硕士论文，说明国内度假区研究已经积累了一定量的成果。国内旅游度假区相关研究在1996~1998年间形成比较明显的热潮。1999年以后，伴随着旅游度假区发展热潮逐渐退却，相关研究成果的数量也相应减少，但一直保持着一定的学术研究热度。考虑到博、硕士论文的选题时间，相关学位论文研究也基本符合这一规律（表2.8）。

表2.8 国内旅游度假区相关学位论文

题目	作者	学位	答辩年份
旅游度假区规划设计研究	刘家明	博士	1999
温泉旅游地的发展及其影响因素研究——以广东清新温矿泉旅游度假区为例	王华	硕士	2003

续表

题目	作者	学位	答辩年份
我国旅游度假区的开发现状、问题及发展构想	唐继刚	硕士	2002
广东省旅游度假区发展与规划设计研究	柳意云	硕士	1999
蓝田（秦岭）旅游度假区开发初步分析	李新军	硕士	1994
旅游度假区规划的理论与实例研究	毛建华	硕士	1994

数据来源：国家图书馆硕博士论文库，中山大学图书馆。

总的来看，国内学者对于旅游度假区研究的兴趣主要集中在两个方面：一是旅游度假区规划设计研究，二是我国旅游度假区发展问题及政策建议的探讨。

加拿大滑铁卢大学的 Geoffrey Wall（杰弗里·沃尔，2001）教授首先将"度假地形态学"这一称谓引入中国。在此之前，与度假区形态相关的度假区规划设计及土地利用问题，已成为国内学者研究度假区的热点议题之一（何川等，1994；邢铭，1995；周建明，2003；陈东田和吴人韦，2003）。旅游度假区规划方面的研究主要在两个层面上展开：一是度假区规划设计一般性理论层面，以刘家明的博士论文[①]和柳意云的硕士论文[②]为代表。这些研究在诸如旅游度假区功能分区和土地利用（刘家明，2000）、度假区选址（刘家明，2001）、度假区景观生态设计（刘家明，2004）等方面做出了有益的探索，为后续相关研究的深入进行打下了非常好的基础。不足之处是，缺乏对滨海度假区规划设计的深入探讨和理论提升。二是结合旅游度假区实践规划工作，对度假区相关规划成果的介绍（邹瑚莹，1996；谭克修，1997；林纪等，1999；祁黄雄等，2002；王洪和甘萌雨，2002）。

对于中国旅游度假区发展遭遇挫折的原因，国内学者见仁见智（表2.9）。核心观点集中在四个方面：一是市场定位问题，与国外度假区竞争处于弱势地位，超前开发国际市场不切实际；二是管理体制问题，管理机构的管理协调能力弱；三是度假区规划和项目开发问题，千篇一律，缺乏特色；四是筹资渠道问题，政府投入不足，招商引资困难。这些观点都在一定程度上回应了国内旅游度假区发展遭遇的困境。但仔细推敲，很多观点仍值得进一步深入探讨。例如，度假区管理体制不顺，到底是什么原因？如何才能理顺？体制问题的关键是什么？度假区为什么会遇到筹资困难问题？市场资本为何不愿进入？为什么国家级度假区内大量出现商业地产项目？等等。

---

① 刘家明. 1999. 旅游度假区规划设计研究. 北京大学博士论文.
② 柳意云. 1999. 广东省旅游度假区发展与规划设计研究. 中山大学硕士论文.

表 2.9 国内学者关于国家旅游度假区发展问题及对策建议的观点整理

研究者	文献来源	对度假区发展问题的诊断	对策建议
王国新	王国新,1998	市场定位不准,欲速则不达; 筹资导向错误,耽搁开发进度; 管理体制不顺,度假资源优势难以充分发挥; 宣传促销不力,不利于形成国际度假旅游地形象	近期以国内市场为主,逐步走向国际市场; 度假区选址必须具备资源和城市两个依托; 理顺管理体制; 科学规划,有序开发
田里	田里,1998	市场定位错误; 季节性强; 消费档次定位错误; 引资方向定位错误; 开发时间不足	以国内市场为主体,积极开拓海外市场; 度假产品和旅游功能多元化; 以中档为主,兼顾高档和低档; 拓宽筹资渠道,开发方式多样化; 采取滚动发展战略
张凌云	张凌云,1996	度假区建设与度假市场之间错位; 用度假旅游作为我国旅游产品"升级换代"突破点的时机尚未成熟*	度假区开发经营要与度假市场定位吻合; 除海南省外的国家级度假区在目前的资源和市场条件下,不具备全国性意义*; 国家度假区建设重点放在北方的亚布力滑雪度假和南方的亚龙湾滨海度假
崔凤军等	崔凤军和刘家明,1999	旅游度假区市场定位模糊,开发方向迷失	同上
国家旅游局	周建明,2003	国家旅游度假区国际化水平不高; 滨海度假地的淡旺季严重失衡; 环城市旅游度假设施总体质量差强人意; 对度假旅游需求与度假区发展趋势把握不准; 旅游度假区策划创意与规划设计缺乏新意,雷同模仿; 个别地方设立度假区的动机不纯	营造舒适性、康益性、安全性度假环境; 旅游项目策划突出主题性、文化性、生态性、景观性、休闲性

续表

研究者	文献来源	对度假区发展问题的诊断	对策建议
刘爱荣等	刘爱荣和帖英，1995	选址不当，自然环境相近，区位条件雷同； 度假区规划千篇一律，缺乏特色； 开发资金缺乏	研究度假旅游需求，制定全国度假旅游发展战略； 加强市场调研，合理组合旅游产品； 强化政府部门在国家度假区建设中的作用； 强化管理，提高服务质量； 加强度假区文化建设； 重视度假区生态环境保护
王莹等	王莹和骆文斌，2002	度假区管理机构设置不当； 度假区招商引资不力； 度假区整体形象、功能、特色不明； 度假旅游市场定位不准	选取适当管理模式； 加大招商引资力度； 强化度假区特色营造； 重视国内大众市场和会议市场培育
王宇智	王宇智，2002	度假区地理环境与度假需求不符； 区域经济基础薄弱制约度假区开发； 国内休闲度假理念尚处萌芽阶段； 国民收入水平相对较低； 可用于度假的闲暇时间不足	开发特色度假产品； 明确度假区开发方向； 国家监督保护，防止变相开发和过度开发*； 克服市场季节性

* 代表对作者有启发的观点。

此外，国内旅游度假区相关研究还存在着以下不足：

首先，研究方法不够规范。现有研究结论大多是研究者的主观判断，极少是运用科学研究方法发现的一般规律，或深入案例研究后的理论提升。此类研究虽时常跃显研究者的睿智，但无法与规范的国际旅游学术研究接轨。

其次，案例研究严重不足。现有研究偏重于度假区宏观层面的一般性分析，对度假区规划、发展及影响因素的分析大多流于表面，鲜见对案例地深入研究后的理论提升。此类研究由于缺少翔实的案例资料做支撑，相关研究结论的说服力和可信度往往要打折扣。

再次，对国内旅游度假区开发出现的新趋势关注不够。现有研究大多集中在20世纪90年代中前期，之后随着国内旅游度假区开发降温，相关研究成果也逐渐减少。进入新世纪以来，国内度假区开发热潮涌现，最具代表性的是海南三亚亚龙湾国家度假区的迅速崛起，已成为国内旗舰式的滨海旅游度假区。此外，在珠三角和京沪等大都市周边也出现了众多市场化投资的中小型度假区或度假酒店，如东莞御景湾度假酒店、珠海御温泉度假区、梅州雁南飞和雁鸣湖度假区等。这些新兴度假区大多经营火爆，市场看好，与国家级度假区的开发颓势形成了鲜明对比。针对此番国内旅游度假区开发热潮，现有研究几乎仍处于理论盲点。

2.3 研究创新点

文献研究发现，国外学者大多从地理学角度对滨海旅游度假区开展研究，近年来社会经济领域转型理论的引入，有助于更好的探究滨海度假区演变的内外部动力。从经济学和管理学角度切入滨海度假区研究还不多见，尤其是度假区开发管理及相应的制度设计成为一个理论盲区。事实上国外有些学者已经敏锐地发现，当地政府行为以及与度假区开发有关的制度设计，是影响滨海旅游度假区发展的重要因素之一（Cooper and Jackson，1989；Getz，1992；Smith，1992a）。然而，将地方政府治理作为一个单独变量，从制度经济学角度研究其在旅游度假区开发中角色地位的研究成果还未见。

或许在发达国家相对成熟的行政制度和市场化经济环境下，旅游度假区管制问题的重要性并不突出。然而，过度行政化的度假区开发运作机制和宏观制度环境的不完善，正是我国现阶段包括滨海度假区在内的旅游度假区发展的制度特征。还有一点需要引起注意的是，国外尤其是在经济相对落后的发展中国家，中央政府的强力介入往往是综合型旅游度假区成功开发的重要保证。而在我国，广泛介入度假区开发的却是地方政府。地方政府和中央政府的利益诉求不同，行为导向不同，地方政府在度假区开发中的行为及对度假区开发的影响尚属理论空白。一个有意思的现象是，首批设立的 12 个国家级旅游度假区中，地方政府主导开发的结果无一例外均不理想，只有采取企业化开发的三亚亚龙湾度假区取得了预期效果。因此，旅游度假区的治理结构成为本研究关注的重要问题。

具体来说，本研究的学术贡献主要体现在以下三个方面。

2.3.1 新的理论视角：公共选择理论

本研究首次将公共选择理论纳入滨海旅游度假区研究框架中，研究地方政府在滨海度假区发展中的行为及其影响。公共选择理论（public choice theory）的贡献，是运用研究个人主义的方法来研究集体行为，采用了基于"谋求最大发展自我利益"的个人的逻辑演绎方法，对政治活动进行了重新诠释。公共选择理论不再认为政府机构是具有强烈独立倾向的集体，而是由一个一个的经济人所组成的。在任何不合理的选举规则下产生的政府及其政府官员，为满足不合理的个人追求而采取的行动，都将把经济状况和社会福利引入恶化的境地（丹尼斯·穆勒，1992）。公共选择理论的研究对象是政府缺陷，即政府在克服、弥补市场缺陷时所导致的效率损失（童吉渝，2001）。其中，制度型政府缺陷是公共选择理论研究的重点。一般来说，制度型政府缺陷主要表现在三个方面：政府官员制度的低效率，政府机构的自我扩张行为，以及政府的寻租行为。公共选择学者得出的基本结论是：市场缺陷或市场失灵并不是把问题转交给政府去处理的充分条件，市场解决不好的问题，政府未必解决得好，甚至会把事情弄得更糟。"企求一个合适的非市场机制，去避免非市场缺陷，并不比创造一个完整的、合适的市场以克服市场缺陷的前景好多少"（查尔斯·沃尔夫，1994）。

2.3.2 新的分析路径：制度分析和产权分析

制度分析路径，即寻找制度现象背后"具有普遍意义的一般因素"来解释制度（曹正汉，2005）。产权分析遵循产权结构—产权主体行为—行为绩效的分析路径，即在不同的产权安排制度下，产权主体的行为取向不同，最终导致行为的绩效不同。本研究借用西方公司治理理论，提出滨海度假区治理结构概念。作为一系列行政或市场契约联结体的度假区治理结构，应能够对度假区开发主体实施科学有效的激励和约束功能。并将新制度经济学的制度分析方法和西方产权经济学的产权分析方法纳入到滨海度假区研究中，为研究这种制度现象提供了便捷有效地分析路径。

2.3.3 新的分析范式：多学科渗透

滨海旅游度假区是一种复杂的地域性旅游系统，涉及政治、经济、社会、文化、地理等方方面面。以往滨海旅游度假区发展研究大多采用地理学研究视角和方法，尽管对滨海度假区空间演变及内外部客观因素的研究较为深入，但对诸如社区居民、政府行为等社会学、行政管理学关注的范畴重视不够，甚至忽视。而这些因素在特定情况下对滨海度假区发展会产生深远影响。鉴于此，本研究尝试突破地理学单一学科研究滨海旅游度假区的传统，转向多学科渗透的分析范式，运用社会学、行政学、经济学、地理学等学科理论和方法，从多个角度试图解释中国滨海旅游度假区发展的内在规律。

第3章 三亚亚龙湾度假区发展历程

3.1 筹划和小规模开发阶段

3.1.1 亚龙湾发展肇始

1985年以前，亚龙湾还是军事禁区。一个偶然的机会，时任三亚市委书记的朱家仁下乡检查生产时，发现了亚龙湾之美，并萌生出建设度假区的想法。1985年1月，时任国家文化部部长的黄镇，携夫人来三亚度假。朱家仁请黄镇到亚龙湾参观时，黄镇诗兴大发，曰："天上银河称仙境，地下崖州牙龙湾。"黄镇的诗，在三亚引发了一场大讨论。

1985年11月，国务院副总理兼国防部部长张爱萍，携夫人到三亚度假。张爱萍受邀参观亚龙湾后，对驻地部队领导说："牙龙湾的确很美，是黄金海岸，是聚宝盆，黄金海岸换不来黄金，聚宝盆里不见宝。这太浪费、太可惜、太遗憾。"他在比较了亚龙湾和夏威夷后说："驻三亚海陆空三军领导的思想要开放，这么好的地方，要赶快让地方政府开发，建成高级旅游度假区。"自此，亚龙湾由军事禁区走上了旅游开发的道路。

3.1.2 中央地方高度重视

20世纪80年代中后期，为了进一步加快改革开放，巩固推广特区建设的成功经验，中央拟将海南岛从广东省划出，单独建省，并设特区。洋浦经济开发区和亚龙湾旅游区，当时被认为是海南经济腾飞的两大发动机。中央对亚龙湾的开发非常重视，1986年，时任国家总理的赵紫阳视察海南，对亚龙湾的美大加赞赏，指示"海南岛从牙龙湾到黄流一带，可以建设成为国际性天然的海水浴场"，"牙龙湾不是夏威夷，胜似夏威夷"。此后不久，广东省海南行政区将亚龙湾设为开发区，面积为陆地35km²，海上50km²，至此正式揭开了亚龙湾旅游开发的序幕。

3.1.3　海南省旅游总公司统一开发

1988年，海南建省，办特区，海南省政府成为亚龙湾旅游区的开发管理主体。1988年10月，海南省政府发文，由省政府委托海南省旅游总公司统一征用亚龙湾旅游区土地，并要求三亚市田独镇内的湾艾村、番村、新村、青梅村必须从亚龙湾旅游区范围内搬迁出去（琼府〔1988〕92号）。文件还提出了亚龙湾将来的开发模式——"鉴于亚龙湾旅游区面积大、工程艰巨、投资巨大，在亚龙湾旅游区总体规划基本确定后，应向国内、国际招标进行开发建设。具体由省旅游总公司牵头办理。"这为亚龙湾今后的开发管理模式定下了基调，即一体化开发管理、多元化资金投入、市场化机制运作。由于缺少强有力的管理协调机构，海南省旅游总公司对于亚龙湾的开发比较滞后，截至1992年，只兴建了两座小型的接待设施（表3.1）和少量的基础设施（表3.2）。

表3.1　海南省旅游总公司兴建的亚龙湾接待设施

项目	投资方	合作方式	性质	客房数/间	床位数/张
龙海宾馆	原牙龙湾开发公司 四川海外旅游公司海口公司	合作经营	全民所有制	37	78
民族度假村	原牙龙湾开发公司 中国国际旅行社总社	联合经营	全民所有制	30	60

数据来源：《海南旅游年鉴（1993）》；海南省旅游总公司移交亚龙湾开发股份有限公司移交清单。

表3.2　海南省旅游总公司兴建的亚龙湾基础设施

基础设施	数量	说明
3.5万伏线路	19.2km	
1万伏线路	2km	
民族村卫星电视设备	1套	
改线公路	2.75km	
通讯设备（电话明线）	11.20km	另有高频电话设备
深水井	4口	包括抽水设备
水塔（容量60吨）	1座	包括供水管道

数据来源：海南省旅游总公司移交亚龙湾开发股份有限公司移交清单。

3.2　以三亚市政府为主体的国有亚龙湾公司开发阶段

3.2.1　亚龙湾旅游区开发权之争

在海南省政府实施对亚龙湾开发管理时期，虽然进行了一定程度的基础设施和旅游设施建设，但总体上亚龙湾的开发程度很低，且处于零敲碎打的零散开发状态。这与当时相对低迷的经济环境有一定关系，但体制上的掣肘因素不可忽视。海南省政府通过省旅游总公司对亚龙湾进行开发管理，亚龙湾事实上成为了三亚市的一块经济飞地。由于缺乏一个强有力的管理机构进行协调管理，省政府直管模式必然在运行过程中与地方行政区发生体制摩擦。正是在这种背景下，1990年3月，海南省旅游总公司提出了拟成立"海南省牙龙湾旅游区开发建设指挥部"（以下简称"指挥部"）的方案，目的是"加强对牙龙湾旅游区的领导，理顺开发建设中的各种关系，从行政管理上保证和促进旅游区建设高标准、高速度的向前发展"。方案对指挥部的组成、主要职权、经费来源、运行机制等问题向三亚市政府征求意见。

指挥部的组成。建议海南省政府副省长任总指挥，三亚市人民政府常务副市长、省政府副秘书长、省旅游总公司总经理、常务副经理任副总指挥。

指挥部的主要职权。①对旅游区的建设实行统一规划，统一开发，统一经营，统一管理；②审议确定旅游区建设用地出让价格和转让价格；③制定旅游区投资的有关政策条例，报省人民政府批准后组织实施；④确定旅游区的重大投资；⑤旅游区区域内的行政管理，协调开发区与当地驻军、农村的互相关系；⑥任免属下机构的主要负责人；⑦其他有关旅游区的重大事宜。

指挥部的经费来源。指挥部的开办费用由省旅游总公司和三亚市人民政府各划拨款10万元解决，办公场所由省旅游总公司牙龙湾开发公司提供，交通工具由省旅游总公司牙龙湾开发公司提供小轿车一部、面包车一部、小货车一部，三亚市人民政府提供小客车一部。指挥部进入正常工作后的行政管理费用，从下属经济实体上缴的管理费用和利润中解决。

指挥部的运行机制。总指挥是指挥部的最高决策人，负责主持召开全体成员会议，研究确定旅游区开发建设中的重大问题。

指挥部下属的经济实体。指挥部属下成立一个专业公司，名称为"海南三亚牙龙湾旅游开发总公司"（以下简称"总公司"），负责旅游区的开发事宜。建议总公司由省旅游总公司牙龙湾开发公司和三亚市一家公司联营（三亚市公司由市政府指定）。总公司由指挥部牵头筹建，报经三亚市人民政府批准后，在三亚市工商行政管理部门登记注册，注册资金1000万元人民币，合资双方各占50%。海南省旅游总公司以牙龙湾开发公司已投建的基础设施作为股份投资，三亚市联营公司的股份投资由其筹集解决。

这份方案的实质是海南省政府改变过去独享亚龙湾开发权，转而寻求与三亚市政府合作开发，试图消除开发过程中跨越省市两级体制带来的体制障碍。应该说，这份方案的出发点是好的，方案的设计也非常到位，符合当时亚龙湾开发要求，在当时的历史条件下是一个体制创新。

首先,该方案明确了省市两级政府共同组成管理机构,在很大程度上消除了省直管体制造成的制度掣肘。其次,该方案确立了亚龙湾开发管理的行政主体,并由省政府赋予旅游区内完备的、排他性的行政管理权力,从行政管理方面提供了必要的制度保障,这在当时开发区体制创新过程中是一个了不起的创举。再次,该方案延续了政企合一的开发管理模式,进一步明确了亚龙湾成片开发的基本思路,有助于保证和促进亚龙湾高标准、高规格和一体化开发模式。

然而,该方案最终没有实行,三亚市政府对此方案提出了保留意见。三亚市政府认为,亚龙湾旅游区在三亚市政区范围内,依据国务院《风景名胜区管理暂行条例》和《中华人民共和国城市规划法》,亚龙湾风景旅游区应当由三亚市政府统一负责进行规划、管理和建设。在这一原则框架下,三亚市提出成立开发股份有限公司,欢迎各方合股经营,三亚市以土地作价入股,对亚龙湾进行市场化成片开发的方案。

可见,三亚市政府并不满足与海南省政府分享亚龙湾开发权,而是想把开发权统一收归到市里,彻底理顺亚龙湾的开发管理体制。在具体的经营机制设计方面,三亚市政府提出的方案比海南省政府的方案走得更远,来得更彻底。较之于省市联营的政企合一机制,开放的股份制机制无论在市场融资能力、市场化程度,以及科学决策机制方面(至少在形式上)都迈进了一大步。

海南省和三亚市两级政府对于亚龙湾开发权的争夺,最终以三亚市政府胜利而告终。在海南省政府常务会议的协调下,海南省旅游总公司与三亚市人民政府最终达成协议:省旅游总公司将原牙龙湾开发公司的人、财、物,包括所有设施、合同、土地使用证移交给三亚市政府;三亚市政府以接受的资产保证省旅游总公司在新成立的亚龙湾开发股份有限公司中保留1200万元人民币的股份,并承担原牙龙湾开发公司的一切债权债务。

3.2.2 组建亚龙湾开发股份有限公司

按照三亚市政府的设想,亚龙湾未来的开发既要保证市政府对其领导和控制,又能够通过股本的占有,使三亚市政府在亚龙湾开发建设中获益,因此最好的选择是以市政府下属企业作为载体,以政府国有资产企业法人和政府资产管理者的双重身份进入股份公司,利用其在股份公司中的控股地位,接受三亚市政府的直接领导和控制,使其成为三亚市政府职能的代理人。在这样的方案设计思路下,三亚市开发建设总公司成为了理想的选择。

1992年2月25日,三亚市政府委托市开发建设总公司招股成立亚龙湾股份公司,后者作为市政府股份代表参加股份公司。1992年5月28日,三亚市政府批准成立亚龙湾开发股份有限公司（以下简称"亚龙湾公司"），并授权其享有成片开发亚龙湾旅游区的权利。三亚市政府分期把旅游区范围内的土地出让给亚龙湾公司，由亚龙湾公司筹集资金并利用转让土地的增值收入，完成旅游区的基础设施建设。

亚龙湾公司由三亚市开发建设总公司、海南省旅游总公司、中国光大国际信托投资公司、海南省国际信托投资公司、海南省证券公司、海南省开发建设总公司发起创立，注册资金1亿元人民币，属全民股份制企业。其中，三亚市政府以所属市开发建设总公司参股，以位于亚龙湾的1000亩①土地折价入股，占股份总额的40%；其余五家公司以现金入股，各占股份总额的12%。

3.2.3 亚龙湾公司第一次增资扩股

1992年底，由于公司成立半年多来亚龙湾土地自然升值，经各方同意，原来六家原始资本增值为1.2亿元，各家按原出资比例分享。为了进一步融资扩股增强开发实力，1993年4月，亚龙湾公司采取定向募集方式进行股份制规范化改造，增加新的股东，加大注册资本，重新组建亚龙湾开发股份有限公司。由时任三亚市市长王永春任亚龙湾公司董事长，陈毅三子、北京标准国际投资管理公司董事长陈晓鲁先生任总经理。

新组建的亚龙湾开发股份有限公司，注册资本扩充到3亿元人民币。其中，法人股占股份总额的80%，合2.4亿元人民币；内部职工股占股份总额的20%，合6千万人民币。原有的六家公司已注入的1.2亿人民币资产，全部转入新组建的公司。另外，再新招募法人股资1.2亿元人民币，由新股东认购。增资扩股工作进行的非常顺利，仅用40天时间便完成了募股额度，3亿股本金全部到位。法人股东共计254家，其分布东至江苏，西至新疆，北至黑龙江，南至深圳，其中，在三亚注册的公司有91家，入股金额占股本总金额的40%，充分反映出三亚当地投资者对于亚龙湾开发所寄予的厚望。至此，亚龙湾公司完成了第一次增资扩股（表3.3）。

表3.3 亚龙湾公司第一次增资扩股

股东	1992年12月		1993年1月	
	股本总额1.2亿元		股本总额3亿元	
	投资额/万元	股权比重/%	投资额/万元	股权比重/%
三亚市政府	4800	40	4800	16
海南省旅游总公司	1440	12	1440	4.8

① 1亩≈0.067hm²。

续表

股东	1992 年 12 月 股本总额 1.2 亿元		1993 年 1 月 股本总额 3 亿元	
	投资额/万元	股权比重/%	投资额/万元	股权比重/%
中国光大国际信托投资公司	1440	12	1440	4.8
海南省国际信托投资公司	1440	12	1440	4.8
海南省证券公司	1440	12	1440	4.8
海南省开发建设总公司	1440	12	1440	4.8
其他法人	—	—	12000	40
内部职工	—	—	6000	20

数据来源：三亚市政府相关文件。

3.2.4 具有代销性质的土地转让合同

亚龙湾公司成立后，三亚市政府授权其对亚龙湾度假区规划范围内土地进行"五统一"开发，即统一开发、统一规划、统一征地、统一招商、统一建设。表现在土地政策方面，由三亚市国土局代表市政府，与亚龙湾公司签订土地转让合同，将度假区规划范围内的可建设用地开发经营权整体转让给亚龙湾公司，具体地块的开发权根据开发进程需要分期转让。

根据 1994 年 5 月 16 日三亚市土地管理局与亚龙湾开发股份有限公司关于亚龙湾起步区地租付款方式的合同说明，起步区总出让土地为 6100 亩，采取一揽子定价的方法，出让纯地租为 57598.6772 万元（不包括征地动迁安置费、管理费、综合配套费及其他税费）。

合同中对地租的付款方式进行了详细说明。"亚龙湾开发股份有限公司以股金作为该区的启动资金，在一定程度上起到了积极作用，但在整个开发建设过程中，单靠股金来开发是远远不够的，因此必须靠转让土地的资金进行滚动"，"考虑到保证亚龙湾基础设施的建设速度，又考虑到三亚市整个大市政基础设施的完善配套，应收出让纯地租可采取在土地转让时分期缓缴的方式"。

具体实施原则按转让土地的数量、速度分期分批按比例缴纳土地出让地租。

（1）在开发深度达到 25%，办理土地使用权转让或抵押手续时才开始缴纳土地出让地租（不包括联营合作部分用地）。

（2）在办理土地使用权转让或抵押时，缴交转让或抵押土地出让地租的 12.5%，三个月内再缴纳 12.5%。

(3) 在转让或抵押土地使用权共达到 800 亩时，缴交已转让或抵押土地出让地租应达到 40%。

(4) 在转让或抵押土地使用权共达到 1500 亩时，缴交已转让或抵押土地的出让地租应达到 70%。

(5) 在转让或抵押土地使用权共达到 2000 亩时，全部出让土地的出让地租应 100% 缴清（包括联营使用土地在内）。

从以上的合同条款中可以看出，付款方式对于亚龙湾公司来说是比较优惠的，土地转让具有一定的代销性质。换言之，亚龙湾公司不需要先行支付土地转让费用便可获得一部分土地的开发使用权。待亚龙湾公司将生地开发成熟地，转让给其他开发商并获得土地的增值收入后，再按照一定比例向三亚市土地管理部门缴交相关费用。在这种情况下，亚龙湾公司只需投入自有资金进行相关地块的基础设施建设，并没有给生地垫资的资金压力。

这种优惠的代销土地转让合同，真正的受益者实际上是作为亚龙湾公司最大股东的三亚市政府。如果三亚市政府一直作为亚龙湾公司最大股东的话，这种优惠与其说是市场交易合同，不如说是三亚市政府对其下属企业的馈赠，肉烂在一个锅里，不必分清你我。但后来亚龙湾公司由于投资失误，不得不第二次增资扩股，引入中粮集团成为第一大股东，这种优惠的土地代销合同就为三亚市政府和亚龙湾公司的关系带来了微妙的变化。

3.2.5　亚龙湾度假区与社区关系

以三亚市政府为主的亚龙湾公司开发期间，围绕着亚龙湾开发共做了三件事情：将湾内原住民社区整体搬迁、基础设施建设和部分项目招商引资。其中，对后来亚龙湾发展影响最大的，便是将度假区范围内的原住居民社区整体搬迁，将度假区的行政管理职能剥离出去，这使得亚龙湾成为了完全意义上的旅游经济开发区。

1. 社区整体拆迁安置相关政策

1993 年，三亚市政府发布市府〔1993〕85 号和市府〔1993〕159 号文件，对亚龙湾国家级旅游度假区征地拆迁安置相关问题进行了规定。

征地拆迁范围。西起亚龙河，东至军事分界线，南到离海边最高潮位线 5m 处，北至红霞岭山脚 35m 等高线以下农田、林地、宅基地、园地、墓地等。涉及田独镇六盘管区境内全部及博后管区部分村民。此次拆迁涉及的村民约 324 户，2000 人口，征地拆迁面积约 9357 亩。

安置地点及规划。六盘管区全部村民统一搬迁到田独民族中学北侧，即在红沙镇岭仔村东侧至田独镇山营村西侧之间，面积为 200 亩的安置区。安置区由亚龙湾公司负责投资规划，统一建设。安置区通水、通路、通电、污水处理、卫星电视网、通讯设施等，还将建立学校、商店、娱乐中心、卫生所、幼儿园等公共设施。安置房为混合结构的单家独院的套间房，平均每户用地面积为 150m^2，每栋建筑面积分别为 85m^2、95m^2 和 120m^2 三种。

组建亚龙湾民族经济发展公司。由田独镇政府、六盘管区、亚龙湾开发股份有限公司和三亚银泰城市开发有限公司组建亚龙湾民族经济有限公司，负责村民的搬迁安置、青苗补偿费的发放及土地补偿费的管理及使用等任务。同时，该公司负责组织、安排被拆迁居民中的劳力进行农副产品种植、养殖、食品加工、工艺品生产加工、建材生产、仓储运输等，积极开拓就业渠道，提高拆迁居民的生活水平。公司总股本 5000 万元人民币，其中田独镇政府 800 万元，六盘管区 3000 万元，亚龙湾公司 1000 万元，银泰公司 200 万元。六盘管区的 3000 万元股本金来自于土地补偿安置费。公司董事会由 9 人组成，其中六盘管区推选 4 名，田独镇政府和亚龙湾公司各推选 2 名，银泰公司 1 名。董事长由田独镇政府推选产生，副董事长及一名副总经理由六盘管区推荐产生，总经理由亚龙湾公司推荐并经董事会任命，全面负责开发经营。

劳动力及其子女就业。亚龙湾民族经济发展公司负责拆迁居民的培训工作，由亚龙湾公司和亚龙湾民族经济发展公司分流安排就业。主要方式有：一是直接安排到亚龙湾公司和亚龙湾民族经济发展公司工作；二是按照谁用地，谁安排就业的原则，由进入亚龙湾的开发商优先安排村民就业，主要从事酒店服务员、保安员、清洁工人、汽车司机等。

亚龙湾民族经济发展公司成立的初衷是好的。为了给亚龙湾失地农民提供长期稳定的生活收入来源，将土地补偿及安置补助费统一集中于民族公司管理使用，由该公司负责组织、安排被拆迁村民中的劳力进行各种经济活动，从事盈利性项目投资，确保被拆迁村民充分就业，安排被拆迁村民子女的培训及就业，建立社会福利和就业保险基金，对一些缺乏或丧失劳动力的家庭提供必要的补助。这种"公司+农户"的组织形式有利于将农民获得的一次性土地补偿收入集中起来进行投资再生产，是经济欠发达地区解决失地农民再就业的有益尝试。公司成立之初也获得了海南省政府的高度表扬。

后来民族经济发展公司的发展未尽如人意。由于公司管理层的投资失误，公司最终破产，亚龙湾安置区失地农民的入股资金折损殆尽。安置区老百姓不仅没有得到公司投资带来的收益，仅有的土地补偿款也打了水漂，生活失去了收入来源，生活极为困苦。据安置区六盘村前任村委会主任介绍，1995年搬迁时六盘村村民的平均年收入约为2500元，2005年时只有不到2000元，村民的生活状况每况愈下。

2. 社区参与旅游发展的特征

1) 社区参与旅游就业的比例较高

自1996年首座五星级滨海度假酒店凯莱酒店建成至今，亚龙湾内已建成营业的四、五星级酒店（包括待评）已达15家，总床位数已突破1万张[①]。随着湾内酒店数量增加和提供旅游就业岗位增多，前往度假区内酒店和景区打工的村民数量也相应增加。在亚龙湾开发初期酒店数量较少的时候，去酒店打工并不是一件很容易的事情，"那时（2000年）景区酒店只有两三家，招人的要求也很严格，村里去了十多人面试，最后只要了一个保安"。后来，亚龙湾景区的酒店达到十几家，村民在景区和酒店的就业率才逐渐提高，"能出去打工的都出去了，剩下的酒店都不要"。目前，六盘村适龄劳动力人口约为1500人，约占总人口的50%。在外出务工人员中，出省务工人员仅20人，在亚龙湾度假区内打工的约有600人，约占社区适龄劳动力总数的40%。其余在家务农，或无事可做。

2) 旅游就业层次和收入水平较低

虽然社区参与旅游就业的比例较高，但旅游就业层次和收入水平普遍较低。就业岗位主要是在酒店和景区从事基层服务工作，如洗碗、清洁、保安、侍应、后勤等，月收入水平大多在600～1300元不等，根据工作时长和工作性质而有所差异。绝大部分村民的打工收入只够维持家用，无法积累进行投资或者做小生意。只有那些打工年份长且人口多的家庭才有可能慢慢积累财富，修整新房。"每月都只够吃光用光，哪里来的钱做生意？""他们（指能够盖新房的家户）打工都好多年了，我们要盖个新房不知道等到什么时候呢。"六盘村及周围尚未出现以社区为主体的旅游小企业，如开办家庭旅馆、餐饮店、土特产品经营等。因此，目前这种较低层次的社区参与旅游水平只能大致维持社区基本生存，无法为社区发展提供更大推动力。

3) 旅游就业的性别比例差异明显

六盘村适龄劳动力人口中，女性在旅游行业就业的比例明显高于男性。在35户调查样本所涉及的66个适龄劳动力中，有42人在景区和酒店打工，其中男性13人，女

---

① 资料来源于三亚市旅游局，数据截至2009年11月。

性 29 人。平均每户家庭有约 1 名女性在旅游行业就业，年龄在 18 和 50 岁之间均有分布。而很多男性则在家务农或者无所事事。在社区调查中，经常看见男性青壮年三五成群，聚在一起喝酒、聊天，而女性由于白天外出打工而在村里很少能遇见。这一方面是由于酒店、景区等旅游行业偏向于招聘女性从事清洁、洗碗、招待等技术含量低且劳动强度大的工作，另一方面社区家庭文化中也存在着性别不平等，男性好逸恶劳、女性勤劳持家的传统观念。"酒店不要男人，那只能我去洗盘子了，他（指丈夫）就待在家。"

4）雇主存在明显的社区就业歧视

亚龙湾内在建的一座度假酒店工地有 1500 多名建筑工人，绝大多数都来自湖南、湖北、四川等内地，来自六盘村的工人不足 20 人，员工本地化比例只有约 1%。建筑工地提供的就业机会和待遇水平有两种，分别是大工 70 元/天，小工 45 元/天。本地人大多不愿意从事技术要求和待遇较低的小工，也无法胜任技术性要求较高的大工。高不成低不就的就业心理和自由懒散的工作作风给工地管理方带来不少沟通和管理上的困难。"他们简单活儿不愿意做，嫌工资低；技术活儿做不了，知识技能水平低"，"他们宁愿在家里喝茶、赌博，让老婆养着，也不愿意出来干活"。在对酒店人力资源部负责人的访谈中也发现存在类似的用工歧视，"外省的打工者素质较高，且便于管理，而本地的村民虽能安分完成工作，但普遍素质较低，不能积极主动学习新的知识，而且不好管理"，"一般情况下，我们会优先选择外地员工"。

5）社区对旅游就业普遍缺乏进取心

大部分村民满足于目前低水平的旅游就业层次和收入水平，没有表现出高水平参与旅游业发展的渴望。"能有个活干就不错了，还怎么挑啊。""闲着也是闲着，每天去做做卫生也就 5、6 个小时，不辛苦，补贴下家用。""做生意哪里是我们的事情，人家大老板多厉害。"不仅是普通村民，村干部对旅游发展给社区带来的机会也没有深刻认识，除了想要利用土地租用和打工就业的方式进一步促进社区参与外，并没有主动参与旅游行业的想法和远见。"他们（指六盘村）从原始落后的农耕社会一下子跨越到了现代社会，从领导者到村民，他们看不到亚龙湾开发给他们带来的机遇，也不知道如何利用这样的机遇摆脱贫困的农耕状态，走上新的自我发展的道路。"

3.2.6 基础设施建设与招商引资

在三亚市政府主导开发期间，亚龙湾公司在亚龙湾基础设施方面主要是进行了三条道路的建设，即连接海榆东线和湾内的亚龙西路，度假区东部纵向主干道的亚龙大道，和西接亚龙大道进入环湖区的龙潭路。

1994年，在逐步开展湾内基础设施建设的同时，招商引资工作也同步进行并取得了一定进展。由于龙塘路的建设，沿大小龙潭周围的环湖区基本具备了开发条件，因此成为亚龙湾内最先获得开发的区域。1994年5月，亚龙湾公司与三亚市土地管理局签订《国有土地使用权出让合同》，约定后者向前者出让土地1020亩，使用期限为50年，土地用途为"建立一个旅游为主的别墅、美食环湖区"。1994年6月，三亚市政府（市府〔1994〕52号）批准征用田独镇六盘管理区1020亩土地出让给亚龙湾公司作为环湖旅游区用地。

三亚市政府主导的亚龙湾公司开发时期，项目投资主要围绕着环湖旅游区进行（图3.1）。这一时期环湖旅游区的开发强度较大，而位于亚龙湾一线的滨海旅游区虽有两块地块转让，但总的来说滨海旅游区开发强度较小，而且受让方都是资金技术实力雄厚的大公司。

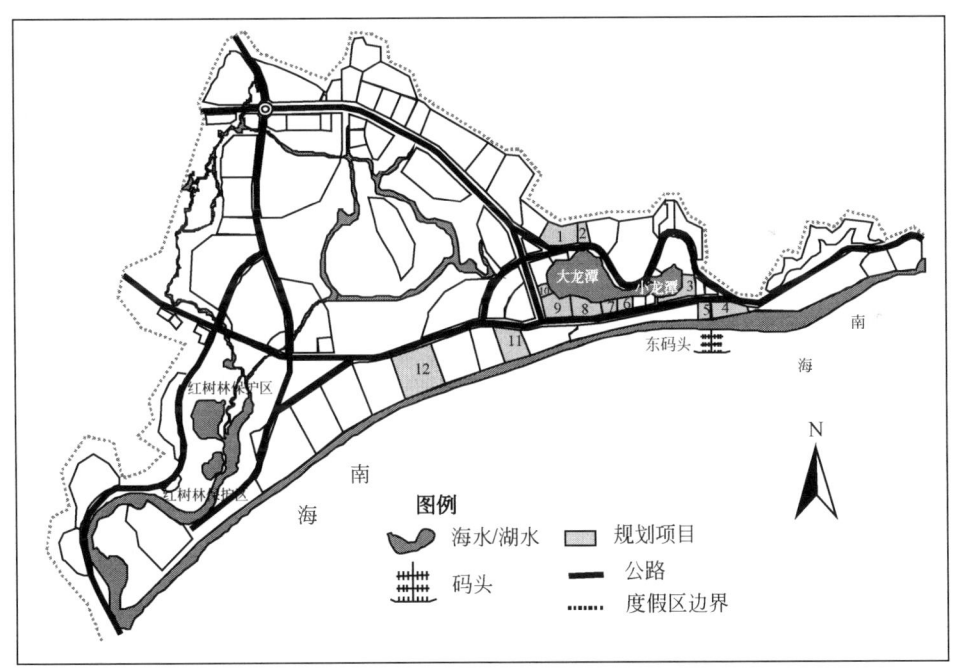

图3.1 三亚市政府主导开发期间亚龙湾项目投资情况

数据来源：根据《亚龙湾国家旅游度假区控制性详细规划》和有关文件资料整理。图中阴影地块表明已签署土地使用权转让合同，具体地块项目建设情况见表3.4。1. 联欧别墅；2. 海神度假村；3. 亚龙湾度假村；4. 亚龙湾海景酒店；5. 海洋俱乐部；6. 中商网球馆；7. 中商俱乐部；8. 大使俱乐部；9. 联欧大酒店；10. 百汇度假村；11. 银泰大酒店（一期）；12. 凯莱酒店一个有趣的现象是,当初热火朝天进入环湖旅游区的项目,如今大多不存在了。命运主要有三:一是开发商购入地块后,自始至终没有开发,被三亚市政府无偿收回;二是开发商将购入地块改弦更张,转让他人,清盘撤资;三是勉强开发,但最终成了烂尾楼。对这些项目的投资背景进行进一步分析可以发现,当初进入环湖旅游区的投资项目主要有三类:一是三亚市政府以湾内土地换资金,吸引企业进行湾内基础设施建设,部分企业因此进入;二是有些投资商在三亚泡沫经济时期购入湾内土地投机炒地,不料地产泡沫破裂土地无法转让,只好自己开发(如海神俱乐部);三是投资商本身不具有开发实力,只是想充当二级开发商,通过炒作亚龙湾内土地获取地价差。因此,这一时期进入亚龙湾环湖区开发的投资商大多具有一些共性,即企业规模小,资金实力弱,经营水平低,投机心理强。

表 3.4 三亚市政府主导开发期间亚龙湾项目投资情况

项目	地块编号	发展商	合同签署日期	开发建设情况
银泰大酒店(一期)	F-11	三亚银泰	1993-01	1998年4月建成天域酒店
凯莱酒店	F-08	香港鹏利	不详	1996年8月建成凯莱酒店
联欧别墅	G-01	海南联欧	1994-06	联欧公司将土地划分成三块:其中一块转让给致远公司,建成致远宾馆;另一块转让给全盛公司;第三块即建成了欧联别墅
海神度假村	G-02	海神度假村有限公司	不详	建成烂尾楼,至今未开业
百汇度假村	G-11	海南百汇	不详	撤资
海洋俱乐部	G-28	香港龙腾	1994-01	龙腾公司实际未投入建设资金,项目未建
中商俱乐部	G-17	中商清算公司	不详	中商公司将两块地转让给海南信孚投资有限公司,2001年1月建成金棕榈酒店
中商网球馆	G-18	中商清算公司	不详	
亚龙湾度假村	G-21	亚龙湾公司	不详	未建
联欧大酒店	G-15	海南联欧	1994-05	土地未开发,被三亚市政府无偿收回,于2001年6月拍卖转让给山西华宇集团
大使俱乐部	G-16	海南富源	1994-04	
亚龙湾海景酒店	H-02	亚龙湾海景国际有限公司	1996-09	1996年9月从中国旅行社购入地块,2001年1月建成亚龙湾假日酒店

数据来源:根据《亚龙湾国家旅游度假区控制性详细规划》和有关文件资料整理。

3.3 中粮集团控股的亚龙湾公司开发阶段

3.3.1 中粮集团进入背景

三亚市政府控股的亚龙湾公司成立初期,三亚及整个海南迎来了历史上最好的发展时期。1992~1993年，如火如荼的房地产经营热潮席卷海南，理所当然也波及了亚龙湾。考虑到亚龙湾的开发是周期性较长的综合性项目，为保证对股东的回报，提高资金的利用效率和盈利水平，亚龙湾公司及下属全资子公司以数亿元资金进行区外房地产项目投资，陆续购进了海口、三亚、北海等地的一批房地产，拟作短期炒作之后获取厚利，作为亚龙湾初始开发的启动资金。

然而从1993年下半年起，党中央、国务院对国民经济实行宏观调控，压缩基本建设投资，清理银行贷款，海南的房地产经营热潮急转直下。亚龙湾公司也深受宏观调控影响，近3亿元房地产投资长期沉淀积压，大幅度贬值和折损，公司资金周转陷入极大困难，无力继续度假区内的基础设施开发。亚龙湾公司原本打算上市的计划成为泡影，亚龙湾旅游开发陷入停滞状态。

随着，"96中国度假休闲旅游年"开幕式日益临近，国家旅游局已将开幕式主会场定在亚龙湾中心广场，届时中央领导和海内外知名人士将到会。这将是海南举办的一次具有重要意义的事件，政治色彩极为浓郁，因此从海南省到三亚市都极为重视。由于资金短缺，包括中心广场在内的一大批项目面临无法按时建成的危险。在这样的背景下，亚龙湾公司第二次增资扩股计划被提上了议事日程。

3.3.2 亚龙湾公司第二次增资扩股

中粮集团最初对亚龙湾发生兴趣，与香港经纬股份有限公司总裁胡经纬先生有关。胡经纬先生是香港富商胡汉辉的长子，以建筑建材业起家，从20世纪80年代末就积极投身于海南开发，一直非常关注亚龙湾开发建设。胡经纬先生创立的香港经纬股份有限公司是中粮集团下属的鹏利国际在香港的商业合作伙伴，经胡先生介绍，鹏利国际打算在亚龙湾投资兴建大陆第一家五星级度假酒店凯莱酒店。

亚龙湾公司开发难以为继，经有关方面撮合，鹏利国际表示有兴趣注资进入。1995年12月18日，经中华人民共和国对外贸易经济合作部《关于三亚亚龙湾开发股份有限公司增资扩股转为外商投资股份有限公司的批复》〔外经贸资一函字第715号〕，同意三亚亚龙湾开发股份有限公司与香港鹏利集团之亚龙湾开发股份（香港）有限公司于1995年11月8日签订的《认股协议书》及股东大会修改的《三亚亚龙湾开发股份有限公司章程》。亚龙湾开发股份（香港）有限公司认购了新增股本3.1亿元，认购股金6.2亿元。三亚亚龙湾开发股份有限公司转为外商投资股份有限公司。亚龙湾公司完成了第二次增资扩股（表3.5）。

表 3.5　亚龙湾公司第二次增资扩股

股东	1992 年 12 月 股本总额 1.2 亿元		1993 年 1 月 股本总额 3 亿元		1995 年 11 月 股本总额 6.1 亿元	
	投资额/万元	股权比重/%	投资额/万元	股权比重/%	投资额/万元	股权比重/%
三亚市政府	4800	40	4800	16.0	4800	7.87
海南省旅游总公司	1440	12	1440	4.8	1440	2.36
中国光大国际信托投资公司	1440	12	1440	4.8	1440	2.36
海南省国际信托投资公司	1440	12	1440	4.8	1440	2.36
海南省证券公司	1440	12	1440	4.8	1440	2.36
海南省开发建设总公司	1440	12	1440	4.8	1440	2.36
其他法人	—	—	12000	40.0	12000	19.67
内部职工	—	—	6000	20.0	6000	9.84
香港鹏利集团	—	—	—	—	31000	50.82

数据来源：亚龙湾公司年报。

此次增资扩股，中粮集团下属的鹏利国际实际注资 3.1 亿元人民币，占亚龙湾公司扩股后总股本的 50.82%，成为公司的第一大股东。尽管原公司国有股 3 亿元注册资本已经大大缩水，但中粮集团仍同意国有股以 3 亿元作价，原因可能是中粮集团看重亚龙湾首期 6100 亩（实际可转让用地为 3799 亩）整体开发权和具有较高升值预期的政府入股 1000 亩滨海一线地。

三亚市政府入股的 1000 亩地分为两块（图 3.2）。地块一位于大小龙塘南侧，面积

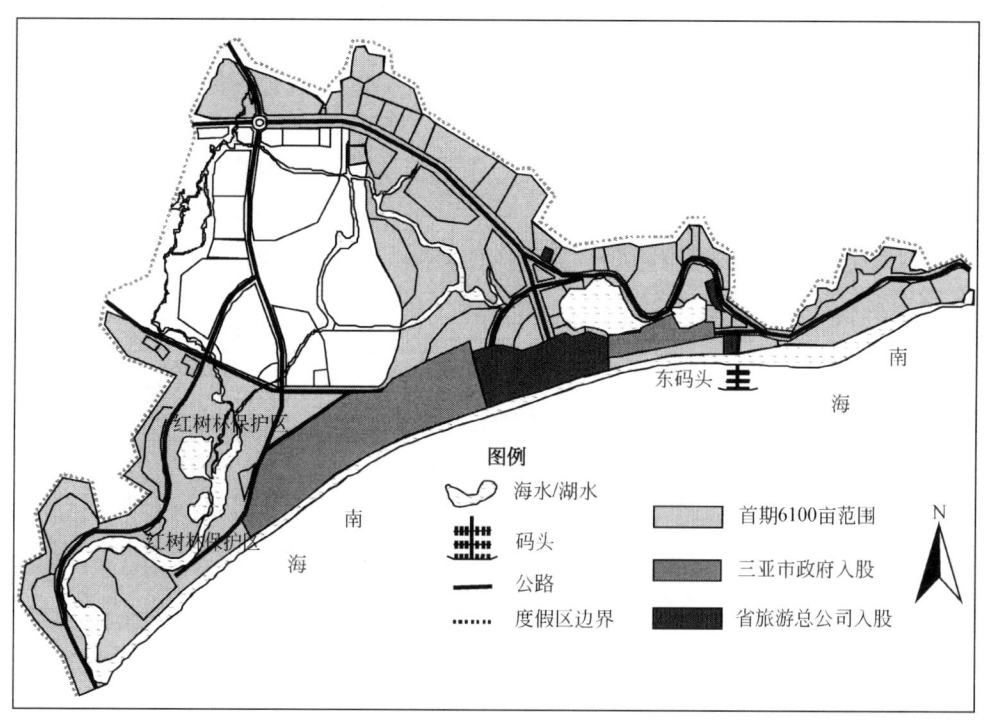

图 3.2　三亚市政府 1000 亩入股地区位示意图

数据来源：亚龙湾公司

为 300 亩（1000m×200m）；地块二位于亚龙湾新村南侧，面积为 700 亩（2000m×233m）。两块地均是滨海一线地，是亚龙湾内最好的地块。入股折算地价是 4 万元/亩，具有极大的升值空间（后来占地 150 亩的喜来登酒店，每亩转让地价达到 80 万元）。

港股资金到位之后，亚龙湾国家旅游度假区基础设施建设全面铺开，中心广场、滨海大道、东污水处理厂、变电站、邮电中心、卫视中心等项目陆续开工，尤其是仅用 7 个多月，高质量地完成了中心广场的建设，保证了 96 中国度假休闲游开幕式的如期举行，在亚龙湾的建设史上书写了浓墨重彩的一笔。亚龙湾随即进入了全面开发建设的新时期。

3.3.3 "96 中国度假休闲游"开幕式及凯莱度假酒店的兴建

1996 年 1 月 1 日，"96 中国度假休闲旅游年"开幕式在亚龙湾中心广场隆重举行。时任中央政治局委员、国务院副总理的钱其琛宣布"96 中国度假休闲游"正式开始，海南省委书记阮崇武、世界旅游理事会主席李普曼分别致词，20 多个国家各部委领导，国际知名人士陈香梅、霍震霆，及近万名中外观众出席，30 多家国内外新闻媒体进行了报道。在当天中央电视台《新闻联播》节目中，人们从电视画面上看到了亚龙湾椰风摇曳的热带滨海风光、欢快的打柴舞洋溢的南国风情，亚龙湾的美丽第一次广为国人所知。通过承办"96 中国度假休闲游"开幕式，亚龙湾发展度假旅游的资源优势和巨大潜力得到了中央领导和社会各界的认同。

1996 中国度假休闲旅游年是中国滨海度假旅游发展历史上的重要事件，但真正对中国滨海度假旅游产生深远影响的，是 1996 年 8 月建成试营业的亚龙湾凯莱度假酒店。凯莱度假酒店出现以前，国内之所以没有出现类似的高品位滨海度假旅游项目，主要有三方面原因：一是当时国内度假旅游本身的发育程度低，国人的头脑中还没有形成度假酒店的概念，对于酒店的认识仅限于城市商务酒店；二是三亚及海南在 20 世纪 80 年代末 90 年代初特区经济发展思路的指引下，酒店建设主要以满足商务需求为主（海口最为典型），很少考虑滨海度假客人的需要；三是由于房地产泡沫的影响，人们的投机心理严重，投资领域到处充斥浮躁的心态，几乎没有投资商愿意下工夫设计开发精品旅游项目。

"凯莱酒店的建成对亚龙湾乃至整个海南滨海度假旅游发展都产生了深远的影响。可以说，没有凯莱，海南旅游发展的历史就会改写。"

——亚龙湾公司某资深人士

首先，凯莱度假酒店的出现改变了人们对海南旅游发展的模糊认识，逐步认清了旅游，特别是滨海度假旅游应作为海南主导的产业发展方向，增强了人们投资海南旅游业的信心。海南建省之初，中央对于海南经济发展的战略定位是走特区发展之路，即参照深圳特区的成功模式，以优惠政策吸引投资，重点发展生产加工业和商贸业，建成我国最大的经济特区。地产泡沫的破灭和作为旗舰的洋浦经济开发区的持续低迷，实际上宣告了海南特区之路的终结。从这个意义上说，凯莱酒店的出现恰逢其时。

其次，凯莱度假酒店的出现改变了国人以往固有的对酒店设计形态的传统认识，独特的滨海度假酒店设计理念和建筑形式对国内旅游界产生了洗脑效应。

再次，凯莱度假酒店的出现使国人第一次在家门口真正体会到了滨海度假消费的独特魅力，它引领了一种崭新的度假消费方式，激发了国内高端滨海度假需求。

最后，凯莱度假酒店开业后持续的火爆和丰厚的回报，强烈震撼了市场投资者的神经，对亚龙湾及海南旅游开发产生了极大的示范效应。据了解，亚龙湾内豪华酒店以及海南许多滨海度假酒店的投资商几乎都是早期凯莱酒店的住客。

3.3.4 中粮集团入主后亚龙湾发展历程

1. 1995~2000 年，调整发展时期

中粮集团入主亚龙湾公司后，三亚市正经历着房地产狂潮后的阵痛，城市经济一片萧条（图3.3）。房地产市场一落千丈，大量土地积压闲置，新的投资需求疲软，亚龙湾内的旅游项目开发也不同程度的受到影响。

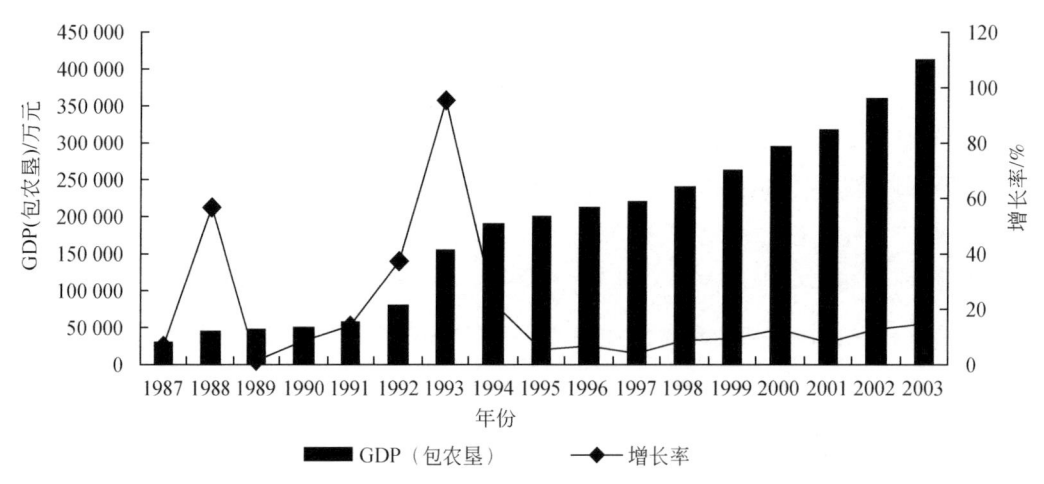

图 3.3　1987~2003 年三亚市 GDP 及增长情况

数据来源：《三亚市统计年鉴（2004）》

土地和招商方面，环湖旅游区开发刚刚起步，但宏观经济环境的衰退和未来经济走向的不明朗，使得投资商的投资信心和投资能力受到重创。大量已转让用地处于停建或缓建状态，环湖旅游区建设不得不停滞下来。房地产泡沫的破裂，使得大量与地产有关的经济纠纷浮出水面。亚龙湾公司也身陷其中，不得不花费时间精力应对。

为了扭转亚龙湾开发的颓势，1997年亚龙湾公司的经营策略发生重大转变。即从过去单纯的土地转让，走上以经营建设为中心；以自我投入为先导，进入自我发展、自我调节、自我运作、自创效益为主的良性循环和健康发展轨道。一方面继续完善湾内旅游基础设施建设，另一方面利用自有资金，开发了一批高水平的观光景点项目，并投资兴建了仙人掌度假酒店。

1997年8月，亚龙湾公司投资1000万元、占地1.5hm^{2}的生态园林旅游景区蝴蝶谷正式向游人开放，内设蝴蝶园、标本制作间和大型蝴蝶标本展示厅，其中占地1500m^{2}的大型不锈钢网式的蝴蝶园是世界上最大的蝴蝶园，展示厅里陈列着许多世界名蝶的标本，购物商场内以蝴蝶为主题的各种工艺品和旅游商品吸引了众多游客。

同月，亚龙湾公司投资1500万元，利用中心广场地下室建成的贝壳馆也正式向游人开放。这是国内第一家以海洋贝类为主题，集科普、观赏、购物为一体的综合性展馆，内设电影放映厅、展览厅和商场，集中展示来自大西洋、印度洋、太平洋、南中国海的各类珍奇贝壳和珊瑚，使游客充分感悟海洋世界的美妙和神奇。开业第二年，贝壳馆的游客人数即达到了128万人次。

1998年1月，亚龙湾公司投资1.5亿元，建成了600间客房的经济型酒店仙人掌度假酒店。酒店拥有占地6184m^{2}的亚洲最大室外游泳池，其建筑外观和室内装饰体现出的墨西哥玛雅风情独具一格。同时，公司还从国外进口了一批水上摩托、快艇、双体帆船、香蕉船、冲浪板、独木舟，通过与北方潜水公司合作经营潜水旅游项目，亚龙湾内的海上游乐活动大为丰富。

旅游设施和项目的增加不仅使亚龙湾公司的经营收入显著增长，还有效地改善了亚龙湾的旅游环境，丰富了湾内的旅游活动，提升了亚龙湾度假区的旅游形象。1998年5月，亚龙湾中心广场、蝴蝶谷、贝壳馆被评为三亚市首批旅游名牌景区（点），并被海南省旅游局确定为旅游指定景区（点）。1998年10月，在海南省旅游局、海南日报社、中国旅游报社联合举办的评选活动中，亚龙湾国家旅游度假区被评为海南省优秀旅游景区（点）。2001年1月，亚龙湾国家旅游度假区获得了国家4A级旅游景区的荣誉称号。

2. 2000~2005年，快速发展时期

房地产泡沫破灭给三亚市经济造成了沉重的打击。由于大量地产项目烂尾积压，巨额资金被套，各种矛盾错综复杂积重难返，三亚城市经济萎靡不振。1999年，三亚市政府做出了《关于依法收回闲置土地的决定》（三府〔1999〕80号），创造性地采用多种方法解决长期制约三亚经济回升的烂尾楼问题。2000年以后，闲置土地和烂尾楼清理整顿工作开始显现成效，三亚城市经济重现回升的势头。

2000年以来，三亚市政府巧打注意力经济牌，成功举办了新丝路模特总决赛、世界小姐总决赛等重要节事活动，尤其是世姐赛连续三年在三亚举办，使三亚的知名度和美誉度空前提高，极大地推动了三亚以滨海度假和旅游房地产为龙头的城市经济发展。城市经济进入了新一轮快速发展时期。宏观经济转暖、三亚独具特色的热带滨海度假旅游城市知名度的提升，以及凯莱酒店示范效应的全面显现，共同带动亚龙湾旅游开发进入了快车道。

亚龙湾度假区内一线滨海用地的巨大商业价值开始得到市场认同，滨海旅游区成为了这一时期亚龙湾开发的热点区域。实力雄厚的投资商看准亚龙湾独有的滨海度假资源，纷纷大手笔进入。喜来登、红树林、万豪、希尔顿等一批国际著名酒店管理品牌也陆续抢滩登陆亚龙湾，引爆了亚龙湾度假酒店开发的重磅炸弹，也给亚龙湾公司带来了可观的土地转让收益（表3.6）。以喜来登酒店为例，当年土地协议转让价为80万元/亩，150亩土地转让给亚龙湾公司带来的地价收入达到1.2亿①。而1992年三亚市政府以此地块作价入股时地价仅为4万元/亩，地价攀升了20倍。后来的红树林、希尔顿酒店土地转让费则更高。

表3.6 2000～2004年亚龙湾公司利润表 （单位：元）

项目	2004年12月31日	2003年12月31日	2002年12月31日	2001年12月31日	2000年12月31日
主营业务收入	178 381 771.00	162 937 932.88	123 154 783.05	174 813 812.58	127 770 728.94
主营业务利润	64 553 183.92	61 625 954.18	50 415 890.44	95 641 658.84	59 117 838.92
其他业务利润	2 668 677.70	405 666.00	4 730 819.25	530 094.37	4 912 906.83
投资收益	28 813.31	0	-1 840 540.00	3 357 186.30	0
利润总额	36 441 604.21	30 193 761.27	3 251 801.43	36 225 759.71	24 428 504.72
所得税	0	0	0	3 929 136.73	0
税后利润	36 441 604.21	30 193 761.27	3 251 801.43	32 296 622.98	24 428 504.72

数据来源：根据网上公布的亚龙湾公司历年年报整理。

对亚龙湾公司2000～2004年的年报数据进行财务分析（表3.7和表3.8），发现如下结论。

---

① 土地转让价格数据来源于三亚市土地管理局相关负责人访谈。

表 3.7　2000~2004 年亚龙湾公司主要财务指标分析　　　（单位：%）

项目	2000 年	2001 年	2002 年	2003 年	2004 年
资产负债率 （负债总额/资产总额）	4.60	4.00	3.50	6.75	7.60
流动比率 （流动资产/流动负债）	15.520	16.240	19.460	10.260	9.385
销售利润率 （净利润/净销售额）	19.12	18.47	2.64	18.53	20.43

数据来源：同表 3.6。

表 3.8　2003~2008 年亚龙湾公司主要财务指标分析

项目	2003 年	2004 年	2005 年	2006 年	2007 年	2008 年
每股收益/（元/股）	0.045	0.054	0.050	0.018	0.046	1.150
净资产收益率/%	2.90	3.40	3.10	1.10	2.48	40.83
每股净资产/（元/股）	1.55	1.61	1.62	1.61	1.88	3.62

数据来源：亚龙湾公司，http：//www.ylb.com/infolist.php?sortid=3&id=36。

（1）资产负债率波动上升。该指标显示公司资产对债权的保障程度，反映公司利用债权人提供资金进行经营活动的能力。该指标偏低，表明亚龙湾公司很少利用债权资金，其自有资金充足，能够保证项目的投资运营。

（2）流动比率波动下降。该指标衡量企业资本流动性的大小，以及企业偿付短期债务的能力。一般来说，企业流动比率大致为 2 最为合理。亚龙湾公司的流动性显然远远高出常规标准，表明公司流动资产利用效率低，没有充分发挥企业的资金效益。

（3）销售利润率是评估企业获利能力的主要指标之一。除 2002 年以外，亚龙湾公司的销售利润率都保持在 18% 以上，说明公司获利能力不错。

3. 2006 年至近期，转型发展时期

度假区主开发商的利润来源主要是转让土地的地价增值部分，收益模式可概括为：购买生地—投入开发—地价增值—转让土地—获得利润。作为单纯的度假区土地运营商，可转让用地的多少直接关系到企业利润的增长空间。亚龙湾公司获得授权开发的度假区首期用地面积约 6100 亩，扣除山地、水面、道路等基础设施用地，实际可转让用地为 3799 亩。经过十多年开发建设，亚龙湾首期可开发用地已基本转让完毕。目前，公司每年用于湾内环境维护的物业管理支出达 1000 万元以上，未来土地开发收益则面临着干涸的危险。

因此，以招商开发为主的亚龙湾企业化运营模式，尽管给亚龙湾公司带来了巨大的土地开发收益，但难以保证亚龙湾公司可持续的利润来源。而在政府主导开发背景

下，度假区管理机构有可能通过地方政府财政支持或享有区内企业税收征缴权来弥补管理运营费用。可见，就开发运营模式的稳定性和可持续性来说，由一个企业投资开发度假区显然存在着一定的先天缺陷。在这种情况下，2006年亚龙湾公司管理层对即将展开的度假区二期用地开发战略做出了重大调整，主要方向有两个：一是更多的利用自有资金进行项目开发而不是招商引资，二是项目开发重点更多的转向特色度假单元和回报率更高的度假房地产项目。这标志着亚龙湾公司的主营业务已经由原先的土地开发向综合性的项目运营和地产投资转变。

3.3.5 亚龙湾公司与湾内旅游企业之间的利益博弈

随着进入亚龙湾度假区旅游企业数量的增多和协调管理难度的增大，作为度假区主开发商的亚龙湾公司与度假区内其他旅游企业之间的矛盾也时有发生。亚龙湾公司作为亚龙湾度假区的主开发商，本质上只是一个企业，并不具有度假区的行政管理权，与进入度假区的其他旅游企业在市场地位上是平等的，不存在一个企业对另一个企业发号施令，一个企业要接受另一个企业管理的逻辑和法律根据（皮黔生和王恺，2004）。

总的来看，亚龙湾公司与湾内企业之间的关系是比较协调的，与亚龙湾海底世界之间的矛盾相对突出。亚龙湾海底世界是由中国寰岛集团投资兴建的，包括一座仅有68间客房的小型酒店和半潜式海底观光以及海上娱乐项目，1997年1月开始营业。该项目主要以观光和娱乐为主，游客通过交通船或快艇送往半潜式海底观光船，观光船驶往东排岛或西排岛珊瑚保护区，游客通过半潜式观光船两侧透明玻璃观看海底珊瑚和鱼类。游览结束后，半潜式观光船驶离东西排岛返回锚地，由交通船将游客送回岸上。由于这是当时亚龙湾内唯一的海上及海底观光娱乐项目，再加上活动本身很有吸引力，该项目开业以后经营火爆，成为亚龙湾内众多团队游客必游的景点之一。

1. 下海通道之争

海底世界酒店位于亚龙湾滨海路北侧，参加海上观光活动的游客必须穿过滨海路才能前往海滩。一方面，原有的临时下海通道位于假日酒店西侧，通道狭小，旺季时经常造成游客拥塞。另一方面，熙熙攘攘的观光客流对假日酒店度假环境的私密性造成了一定影响，由此引起酒店之间关系的紧张。2000年，在三亚市政府的协调下，由海底世界酒店投资建成通往海滩的正式下海通道。通道建成后，亚龙湾公司与海底世界酒店的矛盾骤然上升。

矛盾的直接原因是，公共下海通道的开通使得亚龙湾公司经营的中心广场游客量急剧下降。公共下海通道开通以前，进入亚龙湾海滩的观光游客，绝大多数从中心广场购票进入。虽然滨海一线各酒店对于沙滩实行半封闭管理，非住店客人也可以穿过酒店大堂进入海滩，但观光游客一般不会从此进入。亚龙湾公司对处在亚龙湾门户位置的中心广场进行封闭式管理，这为其带来了可观的景点门票收入。2001年，中心广场共接待游客114万人次，门票收入达6000多万元。公共下海通道建成后，亚龙湾公司对于公共海滩的进入垄断性消失了，大量观光客人从公共通道进入海滩，中心广场的游客量急剧下降，2002年仅有31万人次（图3.4）。更让亚龙湾公司不能容忍的是，旅行社为了逃避中心广场门票，尽量压缩成本，直接将团队客人带至公共下海通道，而旅行社的报价单中却已经包含了中心广场的门票费用。

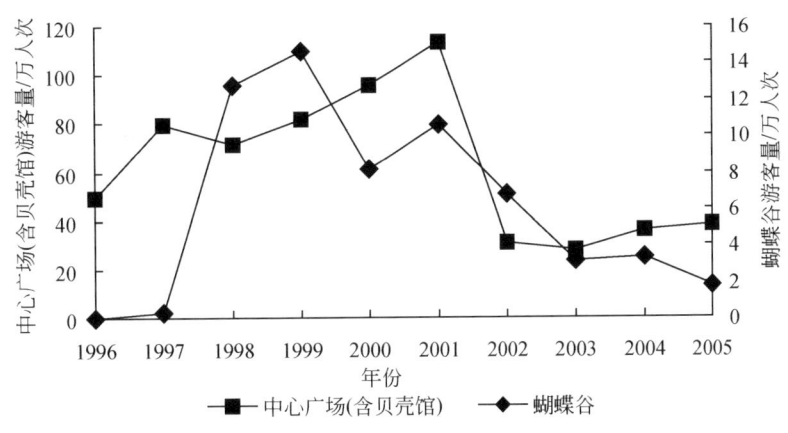

图3.4 亚龙湾主要观光景点游客接待情况
数据来源：亚龙湾股份有限公司

为了应对中心广场游客量和门票收入的快速下滑，亚龙湾公司采取了多种措施。首先，是设置从中心广场到假日酒店长达几公里的篱笆墙，试图阻止游客从其他渠道进入海滩。后来，发展到在公共下海通道入口处设卡验票，阻拦游客进入海滩。再后来，在三亚市政府的行政介入下，篱笆墙和验票亭最终得以拆除，事态得到了一定程度的缓解，但两家公司之间的矛盾越积越深了。

在下海通道之争中，两家企业虽是平等的市场主体，但实际的地位是不平等的，作为度假区主开发商的亚龙湾公司显然具有很多湾内其他旅游企业所不具有的优势。下海通道之争中可以发现，亚龙湾公司在处理与湾内其他旅游企业之间的矛盾时，常常难以抑制企业扩权的冲动，试图利用自己相对有利的市场地位，采取手段力图使矛盾在自身的制度框架中得到解决。因此，亚龙湾公司的行为往往具有超企业的性质。然而，亚龙湾公司的越位行为并没有有效地解决矛盾，而是使矛盾进一步升级激化。因此，在旅游度假区企业主导开发的制度框架下，一定程度的政府行政权力介入对于协调解决开发企业之间的矛盾是必不可少的。

2. 亚龙湾环境污染事故

海底世界项目开业后不久，人们就发现亚龙湾海面、沙滩不时被漂来的一些包装纸片、塑料袋、饮料瓶等杂物所污染，整个海面被漂浮着的海草、垃圾所覆盖，洁白的沙滩成了垃圾堆放场。这种情况在中心广场到凯莱酒店一带沿海尤为突出，导致大量游客投诉。海南省和三亚市环保部门对此高度重视，分别派出工作组到现场调查亚龙湾污染事故。海南省环境资源厅在给省政府的事故调查报告中指出，亚龙湾海域主要是被生活垃圾所污染，并对污染原因进行了分析：

亚龙湾内的一些单位反映，自从亚龙湾海底世界的大游船停泊在中心广场和凯莱酒店以南1km左右海面上以来，这一带海域和沙滩就时常发现一些零星的生活垃圾。也有人举报大游船上有游客向海面丢弃杂物的现象。今年（指1997年，作者注）春节前，亚龙湾海底世界游览项目在未经环保验收的情况下擅自开业，当我厅得知其环保设施不落实、船上粪便污水未经处理直接向外海排放、珊瑚礁保护措施和制度不明确时，同省旅游局一起对其进行突击检查，却遭到该公司总经理赵某的阻挠。

海南省省长批示：请三亚市采取有效的严厉措施。海南省环境资源厅也通过三亚市环境资源局对亚龙湾海底世界旅游有限公司下达了行政处罚通知：限该公司1997年5月17日起停业（文件签发日期是1997年5月16日，作者注）；限该公司于1997年5月25日前向海南省环境资源厅办理环保验收手续。

海底世界由于自身经营行为不当，给亚龙湾度假区整体环境和区内旅游企业的整体利益造成威胁。对此，亚龙湾公司无权对其采取行政管理措施，必须依赖相关政府部门的权力介入。

3.3.6　亚龙湾公司与三亚市政府之间的利益博弈

亚龙湾公司作为市场化的企业，仅拥有对度假区内受让土地的开发经营权，而非行政管理权。换言之，亚龙湾公司与三亚市政府对于度假区内出让土地的控制权边界是清晰的。事实上，三亚市政府在亚龙湾开发过程中并没有弱化其享有的行政管理权，而是在自身权限范围内始终对亚龙湾公司的市场化开发行为保持高强度的监督和介入。因而，亚龙湾公司和三亚市政府之间不免会产生一些摩擦。

1. 土地出让进度之争

如前所述，三亚市政府与亚龙湾公司签订的土地转让合同实质上是土地代销合同，换言之，只有在亚龙湾公司进行土地二次转让并获得土地转让费后，三亚市政府才能得到土地开发收益。亚龙湾公司从长远发展及土地价值最大化的角度考虑，严格控制每年的土地出让量，防止湾内酒店接待能力增长过快导致供过于求。亚龙湾公司对于度假区土地出让的控制措施与三亚市政府的利益诉求出现了矛盾。三亚市政府希望亚龙湾公司尽快出让土地，加快土地出让费用回笼，使得在短期内实现土地财政收入最大化。因此，三亚市政府常常通过多种方式，催促亚龙湾公司加快土地出让速度，并在土地转让费用结算方面时常与亚龙湾公司发生摩擦。

2. 强制性拍卖事件

三亚市政府在与亚龙湾公司围绕着度假区开发收益展开的博弈中常处于强势地位，这一点在强制性拍卖事件中得到了充分体现。事件的起因是亚龙湾内 G-16 地块开发闲置问题。该地块位于环湖旅游区，1994 年亚龙湾公司获得环湖旅游区土地开发权，并在同年 4 月与海南富源实业有限公司签订土地使用权转让合同，将其中 G-16 地块有偿转让给该公司用于兴建大使俱乐部，但一直未到三亚市国土局办理土地使用权变更手续。之后，富源公司由于种种原因未对该地块进行实质性开发，导致该幅地块闲置。其间，亚龙湾公司按照"七通一平"的要求，为该幅地块投资配套了相应的基础设施。

2001 年 4 月，三亚市政府 81 号文以亚龙湾公司虽完成基础设施建设，但亚龙湾公司与富源实业公司签订的土地转让合同至今未依法办理土地使用权变更登记，也未对该地块进行开发建设，致使土地闲置为由，依据《城市房地产管理法》第二十五条和《城镇国有土地使用权出让和转让暂行条例》第十七条的规定，决定无偿收回该幅地块的土地使用权。

对此，亚龙湾公司在向市国土局对于该事宜的复函中提出申辩意见如下：

亚龙湾度假区的开发是整体区域性开发，目前包括该地范围内的大部分用地已较完整的建设了供水、供电、排污、燃气、道路、通讯等市政基础设施。我司认为我们已做了大量的投入开发基础设施建设，故不应将该地块列为闲置用地，只是等待市场需要，作进一步项目建设。

双方争论的焦点在两个方面：一是未办理土地使用权变更登记手续是否构成无偿收回土地使用权的理由；二是仅进行了基础设施建设而没有开发项目是否意味着地块闲置。由于三亚市政府的行政强势，亚龙湾公司无奈向海南省法制办公室提起行政复议。慎重起见，海南省法制办公室将该事件上达至国务院法制办公室。根据国务院法制办 148 号文答复精神和海南省人大法制委员会的相关要求，海南省法制办公室于 2001 年 12 月 1 日依法作出审理意见如下：

（一）鉴于三亚市人民政府81号决定认定的事实和适用法律错误，具体行政行为明显不当，应当责成三亚市人民政府重新作出具体行政行为。

（二）《处理海南省积压房地产试点方案》（国发办〔1999〕62号）中关于"分类处置积压房地产"明确规定："按照法律、法规应无偿收回的闲置土地，要依法收回。但如果项目符合国家产业政策，用地符合土地利用规划和城市规划，占地企业又确有投资能力，愿意继续投资的，在依法办理用地手续后，可允许其在规定期限内继续投资开发。"我办认为应当按照国务院法制办在148号答复中的要求，鉴于海南省的特殊情况，对闲置土地的处置，可以采取上述特殊措施。

至此，亚龙湾公司的上诉得到了中央和上级法制部门的支持，该事件有了明确的审理结果，三亚市政府理应纠正其无偿收地的不当行政行为。然而，三亚市政府早在2001年4月30日将该地块强制收回，并于6月15日将该地块和已收回的G-15地块合并为一块进行公开拍卖，转让给了山西华宇集团。三亚市政府在给海南省政府关于此事件的报告中，对于强制收回行为的理由做了这样的解释：

……从上述用地批复（指海南省土地管理局对于同意三亚市土地管理局转让环湖旅游区土地给亚龙湾公司的批复，笔者注）和《国有土地使用权出让合同》的规定看，亚龙湾公司对受让的2019.92亩土地负有两项开发义务，第一项是完成受让土地的基础设施建设，此义务亚龙湾公司已履行；第二项是在规定的期限内招引和安排建设项目在受让的土地上建设，使受让土地得到真正的开发和利用。此项义务亚龙湾公司并没有完全履行。……因此，不能认定亚龙湾公司已在规定的期限内招引和安排建设项目在G-16地块建设，这正是G-16地块多年来闲置的根本原因。

……三亚市政府收回G-16地块土地使用权，并非因为亚龙湾公司未完成该地的基础设施建设，也并非因为亚龙湾公司将该地转让给海南富源实业有限公司后未依法办理土地使用权变更登记手续，而是因为亚龙湾公司未能在规定期限内招引和安排建设项目在该地块上建设，致使该地块长期闲置。三亚市政府的收地决定认定事实清楚，适用法律正确，并无不当之处，应当予以维持。

经过三亚市政府与亚龙湾公司多次协商，双方对该事件最终达成妥协。对于亚龙湾公司在被收回土地的基础设施投资额，三亚市政府同意经核定后从亚龙湾公司所欠市政府的土地使用权出让金额中相应扣减，亚龙湾公司也同意给山西华宇公司提供基础设施配套服务。无论如何，此事件折射出三亚市政府高强度介入度假区行政管理的冲动，以及亚龙湾公司在与市政府博弈中的相对弱势地位。

第 4 章　北海银滩度假区发展历程

4.1　北海地产泡沫

北海银滩度假区初期的开发建设与北海城市发展有着非常密切的关系。而提起北海，人们自然会将这个城市与 20 世纪 90 年代初经历的"北海神话"联系在一起。因此，在描述银滩度假区开发历程之前，有必要回顾一下 20 世纪 90 年代北海城市发展经历的神奇历程。

4.1.1　特殊政策造就的"北海神话"

北海市位于广西壮族自治区南部，北部湾东北岸，背靠祖国大西南，面向东南亚，是我国西南地区重要的出海通道。1984 年，北海市成为我国首批 14 个沿海开放城市，但由于种种原因，北海的经济发展一直是缓慢前进，经济总量长期处在 14 个沿海开放城市的末位。

1992 年，北海的城市发展轨迹开始了戏剧性的转变，在中国城市发展史上留下了极为特殊的一笔。在邓小平南巡讲话和投资需求急剧膨胀的宏观背景下，北海作为沿海开放城市的政策优势和西南地区重要出海通道的区位优势得到了集中释放，北海迎来了历史上极为难得的发展时机。1992 年初，中央做出部署，要把北海作为西南重要的出海口加快建设。同年 4 月，西南和华南部份省区区域规划会议在北海召开，时任国务院副总理邹家华亲临指导，桂、贵、滇、川、粤、琼等省区及成都市、重庆市和国家部委负责人参加会议，为北海的区位优势、资源优势及发展前提作了突显性展示。一时间，北海在国内外声名鹊起，北海成了投资的热土，成为各路资金争夺的阵地。

长期经济发展的相对落后，使北海人格外看重这突如其来的历史机遇，投资饥渴，抓住机遇，大干快上的心理冲动成了一切政策措施出台的原始动力。为了使北海在相对较低的起点上实现超常规发展，北海市政府提出了"实施跨越式大发展，加快建设大北海"的发展思路，采取"土地成片批租，成片开发"的土地新政，实施"引凤筑巢"和"筑巢引凤"的低门槛政策，对外来资金"三不问"（即不问什么人，不问从哪里来，不问钱从哪里来），迅速形成了以土地成片开发为特点的房地产开发建设热潮。

1. 井喷式的土地开发政策

为了在短期内将土地推向市场，加快土地生产要素的资本化，迅速吸引大量资金，北海市政府创造性的引入了土地成片批租成片开发制度。1992年12月，北海市人民政府颁布实施《北海市投资开发经营成片土地暂行管理办法》（以下简称《管理办法》），鼓励国外公司、企业和其他经济组织或个人，国内公司、企业和其他经济组织（简称"投资者"）在北海市投资，以合资、合作或独资方式，从事开发经营成片土地。《管理办法》规定，土地成片开发必须具备三个条件：①投资者依法取得土地成片1000亩以上的国有土地使用权；②必须申办开发企业；③企业注册资金原则要求起点为1亿元以上。

与土地成片批租制度相配合的还有北海市政府享有的自治区一级的土地征用审批权限[①]，即征用耕地1000亩以下，其他土地2000亩以下。这也就不难理解，为什么《管理办法》中规定，成片开发的门槛土地面积是1000亩，这正好在北海市政府的审批权限内。进一步来看，地级市拥有如此巨大的土地批租权限，这在当时全国范围内是绝无仅有的。同时期三亚市政府的审批限额仅为：耕地15亩以下，其他土地30亩以下。

巨大的土地批租权限给北海市政府提供了满足投资饥渴冲动最好的制度保障。据统计，1992~1994年期间，北海市共批租土地67.75 km^2（按规划蓝线图计算为83.84 km^2），相当于原城区面积的5倍（原城区面积为13 km^2）。其中，开发区面积占66%，包括10个开发区和6个享受开发区待遇的单位[②]。由于投资能力有限，这些已批租土地绝大部分没有开发。至1995年底，北海全部批租土地中只有16.74 km^2 土

---

① 北海市政府不同时期享有的土地征用审批权限如下：
1983年6月~1984年9月，北海执行自治区人民政府桂政发〔1983〕91号文颁布实施的《广西壮族自治区国家建设征用土地试行办法规定》的规定，征用土地审批权限为：征用耕地2亩以下，林地5亩以下，其他土地10亩以下，并抄报自治区、钦州地区行政公署土地管理机关备案。
1984年9月27日~1993年11月22日，北海执行自治区人民政府桂政函〔1984〕101号文《关于同意放宽北海市（含防城港区）征地权限和农转非问题的批复》规定，行使国家在不同历史时期规定自治区一级的同等土地征用审批权限，并抄报自治区土地管理机构备案。即从1984年9月27日~1986年12月31日止，执行1982年5月国务院公布《国家建设征用土地条例》和1983年6月自治区政府颁布实施的《广西壮族自治区国家建设征用土地试行办法》关于自治区一级的规定，审批权限为：征用耕地、园地1000亩以下，其他土地1万亩以下；1987年1月1日~1993年11月22日期间，执行《中华人民共和国土地管理法》和《广西壮族自治区土地管理实施办法》关于自治区一级审批权限的规定，审批权限为：征用耕地1000亩以下，其他土地2000亩以下。
1993年11月23日起，北海市执行自治区党委、自治区人民政府桂发〔1993〕32号文《关于重申各地市土地审批权限的通知》规定，停止原自治区人民政府委托的自治区一级征用土地审批权限，按《广西土地管理实施办法》第二十五条规定执行，即审批权限为：征用耕地50亩以下，其他土地100亩以下。

② 1992年，10个开发区分别为：银滩国家旅游度假区、四川经济开发区、贵州经济开发区、港澳经济开发区、市工业开发区、四维国际招商中心、湖南省北海经济开发区、新时代科技工业开发区、华侨房地产、海泰旅游度假开发区。6个不属成片开发但享受成片开发待遇的开发区分别为：美国北美英特达特冠头岭旅游区、中国农村发展投资公司北海经济开发区、纺织部北海经济开发区、沈阳经济开发区、郊区工业开发区、汇泉公司。

地已经动工建设,未开发土地面积达 51km², 占批租土地总量的 75%。

在土地批租开发热潮中,北海市相关部门越权乱批土地现象严重。据统计,越权批地 10 宗,总面积 8829.06 亩;越权修订国有土地使用权出让合同 12 宗,总面积 28598 亩以上,其中 7 宗面积均在 2000 亩以上,甚至超过国务院批准权限。北海市审批建立的 10 个开发区中,除了 2 个经自治区和国务院批准外,其余 8 个开发区总面积 15.44km²,未按规定报经批准。其中,新世纪高科技开发区占用耕地达 1521 亩,严重违法国务院有关规定[①]。

2. 大跃进式的城市经济发展

低门槛的招商引资和井喷式的土地批租开发政策收到了立竿见影的效果(图 4.1)。1991 年北海国内生产总值是 21.21 亿元,1992 年增加到 31.55 亿元,增幅达 49%;1993 年增加到 55.16 亿元,较 1991 年增幅达 160%。从投资方面看,1991 年北海市全社会固定资产投资仅为 0.38 亿元,1993 年达到了北海历史上最高的 36.58 亿元。

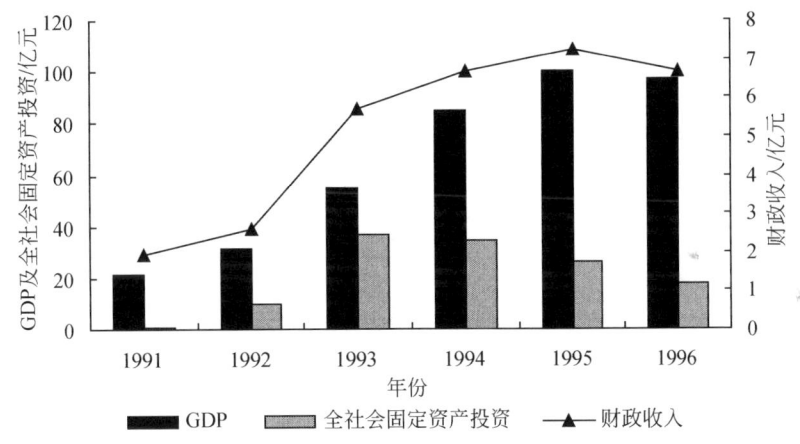

图 4.1　1991~1996 年北海市 GDP、地方财政收入及全社会固定资产投资

数据来源:《北海年鉴》,1992~1997 年

仅 1992 年 3 月至 1993 年 3 月的一年时间,北海内联企业由 140 家增加到 1830 家,内联资金由 2.15 亿元增加到 92.15 亿元,外引企业由 27 家增加到 500 多家,外引资金由 0.19 亿美元增到 38.41 亿美元,房地产公司由 3 家猛增到 1000 余家。1992~1993 年间,全国各地和中央各部委局在北海共兴办企业 3764 家,注册资金达 148.6 亿元,同时外商投资企业在此注册达到 3000 家,注册资金超过 25 亿美元。

---

① 张金顺. 2002. 北海市房地产业的发展及对策研究. 电子科技大学工商管理硕士学位论文.

3. 巨大的地产泡沫

1992年初，北海市仅有3家房地产公司。由于北海市政府采取成片大面积土地出让政策，一级市场土地出让价最高为9.7万元/亩，并且允许购地者再转让，从而引发了严重的土地投机行为。1992年4月，北海市地价开始暴涨，半年间地价上涨10～20倍，最高地价达到每亩120万元，出现了典型的地产泡沫现象。

举一个当时炒地的例子①。1992年9月，香港宏昌公司经北海市计委批准立项，获得80亩土地使用权，协议地价每亩10万元。不出几天，土地使用权手续尚未办好，该公司就以每亩20万元的价格卖给美国平亚公司，平亚公司又立即再转手给澳门金业公司，后者又将之转给了北海市建联公司。短短13天连炒3次，地价由最初的每亩10万元暴涨至54.2万元，总地价由800万元上涨到4336万元。类似的案例在1992～1993年的北海比比皆是、举不胜举。

伴随着土地大肆炒作，国有土地收益大量流失。1992年6月，北海市土地管理局对市区北部湾大道、解放路、公园路等繁华地段的41个单位和9个个人的1337宗出租、转让土地进行了调查，并对10宗出卖土地和40宗出租土地进行详查（表4.1）。调查结果显示，土地使用权隐形交易所占比例高达90%以上。详细调查的50个单位和个人中，从土地出租和买卖中捞取地租租金、土地增值等收益达156.36万元。

表4.1 1992年6月北海市对1337宗出租、转让土地收益调查

对象	宗数/宗	出租土地/亩	年总租金/万元	平均年平方租金/元	所缴税费/万元	出租者的投入/万元	出租者所得的地租租金/万元
单位	1297	17630.75	227.18	129	38.6	6.30	182.28
个人	40	481.20	2.14	45	0	0.30	1.84
合计	1337	18111.95	229.32	174	38.6	6.60	184.12

数据来源：《北海市土地志》，1998年。

4.1.2 北海地产泡沫破灭

20世纪90年代初，国内宏观经济基本面普遍过热。1992年底，中央宏观调控作用在全国范围内开始显现，但北海依然热火朝天。北海的疯狂已惊动了中央，宏观调控措施出台后就不断有中央调查组下来调查。

---

① 张金顺. 2002. 北海市房地产业的发展及对策研究. 电子科技大学工商管理硕士学位论文.

1993年1月,时任国务院副总理的朱镕基来到北海视察。5个月后,即1993年6月24日,中共中央、国务院《关于当前经济情况和加强宏观调控的意见》下发,宏观调控力度进一步加大。宏观紧缩政策立竿见影,所有在北海的企业大额资金拆借被冻结,所有参与北海房地产开发的银行被勒令限期收回所有贷款。资金链条突然崩断,北海突然被冷冻。不到半年的时间里,北海人去城空,北海地产神话彻底破灭。

4.2 地产泡沫中的北海银滩

4.2.1 银滩开发快速起步

银滩旅游开发始于20世纪80年代末90年代初。由于区位和交通的便利性,银滩中区旅游开发率先发轫,陆续建成了银滩公园、海滩公园和恒利海洋运动旅游度假中心三大度假单元。

银滩公园和海滩公园是北海市政府投资建设的。1987年9月,北海市旅游公司向市政府请示,在咸田镇白虎头村附近沙滩修建"白虎头滨海游乐园",即银滩公园的前身。这成为北海滨海旅游区的第一个永久性旅游设施。

银滩公园项目(即银滩一期工程)于1990年11月破土动工,仅用半年时间就建成了银滩公园中心浴场。公园建成后,由北海市旅游局成立银滩管理处对银滩公园进行封闭式收费管理。紧接着,1991年12月,海滩公园项目(即银滩二期工程)在银滩公园西面开工建设,占地270亩。由中房北海公司(即挂靠在中房集团下的国有北海房地产公司)投资1000多万元,在公园内建成当时有"亚洲第一"称号的激光音乐喷泉和环形钢塑"潮",成为北海远近闻名的标志性景观。海滩公园落成后,由中房集团对其进行封闭式收费管理。

伴随着北海地产神话的愈演愈烈,各路资金滚滚涌来,北海银滩内的土地资源自然成为各路资金抢夺的焦点。1992年8月,由澳大利亚、加拿大、泰国、中国香港、中国台湾等国家和地区的跨国公司共同组成海泰物业(北海)投资有限公司,在度假区内兴建的恒利海洋运动娱乐度假中心全面动工。该项目是当时亚洲规模最大的海洋旅游度假中心,占地1350亩,预计总投资5.6亿元人民币,规划建设海上运动娱乐区、中心别墅区、陆上运动娱乐区、国际会议中心和恒利大酒店五个功能区。此项目是当时广西投资规模最大的滨海旅游项目,正因为成功引入这个项目,北海银滩国家级旅游度假区才顺利获得国务院的批准。

三大度假单元规模初成,使银滩初步具有了一定的娱乐和旅游接待功能。20世纪90年代初,银滩度假区的开发建设已经处于首批12个国家级旅游度假区中的领头羊位置,成为兄弟度假区争相学习考察的对象。与此同时，银滩度假区内的土地转让和其他项目开发也在快速推进，地产泡沫已经初现端倪，银滩已经感受到了山雨欲来的躁动和不安。

4.2.2 国有资金大规模介入

1. 银滩公园内的违规建筑

1992年，伴随着北海市土地市场急剧升温，各路资金项目纷至沓来，对银滩度假区内土地资源的争夺更为激烈。各省市政府部门和国有企业资金大规模介入银滩内接待设施开发的现象尤为引人注目。

以银滩公园为例。1991年6月，在中心浴场工程落成的同时，中心浴场沙滩上的原生植物和岸边木麻黄等防风树林被扫荡一空，代之以22个广西壮族自治区及北海市级国有单位投资兴建的风格各异的小型宾馆和招待所。1993年，又续建了12栋。共34栋建筑鳞次栉比，在银滩公园内的沙滩上一字排开。各建筑的名称及权属情况如表4.2所示。

表4.2 银滩公园内建筑物权属情况

序号	建筑物名称	占地面积/m²	投资单位	序号	建筑物名称	占地面积/m²	投资单位
1	百乐舟	424	北海市百货公司	18	南天阁	568.4	北海市烟草公司
2	丰源度假村	1323	南宁丰源总公司	19	银滩海鲜城	330	咸田镇白虎头村委
3	翠珠阁	560	北海市税务局	20	物苑酒店	1303	广西物资集团
4	邕江宾馆	1073	南宁市政府	21	蜀滨楼	1800	四川成都铁路分局
5	游得乐	330	北海市公安局	22	长青楼	842	广西老干部局
6	金山阁	731	北京中信证券股份有限公司	23	福彩宾馆	954	广西电脑福利彩票发行中心
7	观海阁	1800	云南烟草公司	24	金楼	982	北海市农业银行
8	彩云阁	1459	广西区财政厅	25	宁海宾馆	1138	北海市外贸办事处
9	鸿雁亭	588	北海市邮电局	26	顺风东楼	491	北海市农业银行
10	燕舒阁	784	广西区保险公司	27	广视宾馆	1800	广西区电视厅
11	银海楼	1146	北海市人民银行	28	潇湘楼	1570	湖南省委老干部局
12	银舫楼	432	广西区工商银行	29	英才阁	1163	广西区教委
13	富豪阁	212	咸田镇政府	30	观涛阁	450	北海石油公司
14	迎宾楼	255	柳钢集团	31	环发酒店	780	广西区环保局
15	华海楼	1951	昆明市五华区政府	32	金日宾馆	1398	北海市合浦房产局
16	黔海楼	744	贵州省政府驻北海办	33	鸿运阁	390	北海市海运公司
17	顺风楼	292	北海市交通局	34	金凤阁	121	北海市供电局

数据来源：《北海银滩旅游区（中区）改造规划》，2002年11月。

国有资金大规模介入银滩旅游接待设施开发的现象，在银滩公园和海滩公园以外的银滩中区和侨港滨海浴场也大抵相似（表4.3）。银滩公园和海滩公园以外的银滩中区土地，除一部分集体用地无法转让外，其余土地在1992~1993年间已基本转让完毕，共涉及用地权属单位107家。

表 4.3　北海银滩旅游区接待设施投资情况

区域	酒店名称	投资方	星级	开业时间	备注
银滩中区（银滩公园和海滩公园除外）	桂冠北海度假酒店	广西桂冠电力股份有限公司	无	2003-06	收购海泰物业10栋别墅烂尾楼改造
	银谷湾大酒店	广西壮族自治区粮食局	二星	1993-12	
	翠苑宾馆	广西壮族自治区国税局	无	1997-07	
	铁工宾馆	铁道部中国铁路机车车辆工业总公司	二星	1993-11	
	海滩大酒店	中国电信集团广西电信公司	四星	2000-08	
	金港酒店	中国工商银行广西区分行	三星	1995-05	
	银滩度假村	深圳中航物业公司	三星	2001-06	收购烂尾楼改造
	东方夏威夷酒店	不详	无		
	中国物理工程研究院北海疗养院	中国物理工程研究院	无		
	武警北海干部疗养院	广西壮族自治区武警总部	无		
	海天宾馆	国家农业部	无	1994-03	
	蓝岛宾馆	不详	无		
	渡海楼宾馆	昆明市官渡区区政府	无		
	潇湘宾馆	湖南老干部局	无		
	中国人民银行广西北海干部培训中心	中国人民银行北海分行	无		
侨港浴场	路海宾馆	国家铁道部	三星		
	中国银行广西分行北海培训基地	中国银行广西壮族自治区分行	无		
	鸿华大酒店	中国建设银行	三星		
	半岛酒店	中国煤炭地质总局	无		
	彩云宾馆	广西壮族自治区财政厅	无		
	海珠宾馆	广西电力集团	无		
	天湖酒店	国家水利部	三星		

数据来源：作者现场调查收集整理。

2. 一份申请报告

银滩内的这些接待设施项目在开工建设前大多没有履行正规的规划、用地等审批手续，属于先建后批项目。一份由中国人民银行北海分行签发的，关于"要求在市白虎头划拨银滩服务部用地"的报告，可看出些许端倪。

市规划局：

为适应北海改革开放和经济发展的需要，做好外来人员的接待工作，根据上级行的指示，我行已在北海银滩旅游区建造服务部房屋1栋。占地500m²，建筑面积1 054m²，基建投资70.5万元。有客房15个，床位40个，厨房、餐厅等均有配套。现计于今年6月开业。请给予办理有关手续。特此报告。

中国人民银行北海分行
1991年5月21日

从这份文件可看出如下问题：

第一，报建单位的用语和语气值得琢磨。一般来说，建设单位向规划局、土地局等城建主管部门提出办理相关手续时，应采取申请的语气和态度，多使用"请求办理……"、"……的请示"等字眼，这是政务往来用语的常识。而此份报告的语气明显不同，"要求……"显然是一种上级对下级的命令式态度。而且，项目投资是以命令的形式由上级行下达，项目建设并没有事先征得当地有关部门同意。然而，北海市规划局在该报告签发的第二天（即1991年5月22日）即向申报单位核发了建设用地规划许可证〔91城规管地规字第017号〕。显然，建设单位只是将申请项目报建当做一种例行公事的履行程序，而规划、环保、城建等本该对度假区内项目开发负有监管责任的市级职能部门，根本没有切实履行相关的监督控制职能。

"（90年代初期北海大开发热潮中）银滩内土地出让都是由市领导说了算，只要领导签了字，规划局的审批只是走走过场，履行程序而已。"

——北海市规划局某资深人士

第二，该报告落款的时间是5月，计划的开业时间是6月，显然这份报告是在项目已经建成之后提交的，属典型的先建后批项目。建设单位敢于违章乱建，而且还口气强硬，个中原因耐人寻味。

第三，报建单位"要求"的事项是"划拨"而不是"转让"用地。由于历史原因，我国土地资源开发利用长期以来实行的是行政划拨制度，即开发利用国有土地进行农、林、牧、渔业生产的单位，均需按规定办理土地划拨手续。北海市1991年开始推行城镇国有土地使用制度改革,逐步推行城镇国有土地有偿划拨的使用制度。此报告中涉及的单位招待所建设用地事项,显然不属于土地无偿划拨的用地范围。可见,国有资金大规模介入银滩旅游接待设施开发,度假区稀缺土地资源的市场价值根本得不到体现,更毋庸说滨海度假区土地的级差地租。

第四,表4.4和表4.5中的数据显示,在北海土地开发热潮期间,北海国有土地转让很大一部分属无偿行政划拨。这说明在北海地产开发热中,国有资金仍扮演了主要角色,且土地的市场价值在一级转让环节并没有得到充分体现。这也给地价的重复炒作留下了很大的投机空间。

表4.4　1991~1996年北海市有偿划拨国有土地一览表

年份	宗数/宗			面积/亩			地类/亩		收取有偿划拨费/万元
	小计	国家建设	个人建房	小计	国家建设	个人建房	耕地	非耕地	
1991	73	73	—	692.76	692.76	—	11.96	660.80	2424.70
1992	83	83	—	1627.88	1627.88	—	114.90	1512.98	7730.72
1993	105	93	12	1633.59	1632.48	1.11	750.56	883.03	8448.73
1994	47	31	16	350.67	349.23	1.44	276.98	73.69	2391.32
1995	451	11	440	204.84	153.48	51.36	27.48	177.36	1330.41
1996	30	5	25	121.96	118.58	3.38	113.30	8.66	507.57
合计	789	296	493	4631.70	4574.41	57.29	1295.18	3336.52	22833.45

数据来源:《北海市土地志》,1998年。

表4.5　1991~1993年北海市土地转让类型

年份	行政划拨		有偿划拨		协议转让	
	宗数/宗	面积/亩	宗数/宗	面积/亩	宗数/宗	面积/亩
1991	不详	1080.61	73	692.76	不详	不详
1992	105	2049.94	83	1627.88	83	6612.23
1993	100	2074.52	105	1633.59	258	15456.02

数据来源:《北海市土地志》,1998年。

第五,报建单位报建的理由是"做好外来人员的接待工作"。在另一份《广西壮族自治区建设用地规划定点申请表》中,申请单位中国某银行北海分行在"建设单位定点要求及理由"栏中则更为明确具体指出:"(该项目是)为本系统职工旅游服务。"这是典型的利用公共资源谋取部门利益的楼堂馆所项目。

4.2.3 银滩度假区土地开发管理

1. 土地出让管理

北海地产开发热潮期间,北海市政府高度垄断银滩度假区内土地一级市场,度假区内国有土地转让实行常务副市长"一支笔"审批制度,度假区管委会以及其他任何行政组织无权审批转让银滩度假区内土地[①]。这种高度集权的土地审批制度设计的初衷是为了消除多头审批带来的土地市场混乱,保证国有土地市场交易的良性有序进行。但从结果来看,这项制度彻底失败。银滩度假区土地出让不仅没有在社会公众利益最大化的目标约束下稳步推进,反而出现了审批权力滥用、规划控制虚置、土地出让失控等状况。短短两三年间,银滩中区除暂时无法转让的集体用地外,其余土地几乎转让完毕,远远超过了银滩生态环境和经济条件所能够提供的投资强度。

从地块转让规模看,既有小面积地块零散出让,也有大面积成片出让,委托二级开发商进行开发,如银滩东区 13.4km² 土地由寰岛、中信、华骏三家企业实行分片开发,中区内近 1km² 土地由海泰物业公司实施成片开发。这种混乱不一的土地开发方式,在一定程度上反映了相关政府部门急功近利的开发心态。

地产热潮后,银滩度假区内土地大量闲置,但北海市政府实际控制的土地很少。对于出让后没有按时开发的闲置土地,北海市政府采取了有偿回收闲置土地的政策。但由于财力有限,市政府不可能马上把所有闲置土地全部回购,只能逐步进行。与之相比,三亚市争取到的处理闲置土地的政策更加有利,三亚市政府可以无偿收回闲置土地。

2. 银滩度假区内的村庄

银滩度假区内分布着众多村庄,西区有大墩海村、沙湾村、打席村、大老虎村、小老虎村、侨港镇,中区主要是咸田镇,东区有龙潭下村、西背村和乌荔村等(表4.6)。

---

① 1992年9月,北海市人民政府颁布《关于加强国有土地管理若干问题的决定》规定:市国有土地使用权的审批,由市人民政府实行高度垄断,严格按照一支笔审批程序,凡未经市人民政府下文同意批复的建设用地,并办妥一切用地手续的,均属违法用地,市人民政府予以坚决取缔;严禁多头审批土地,除市人民政府土地管理部门外,任何行政组织、部门、开发区下文审批的建设用地一律无效,不具备法律效力;市区所兴办的经济开发区、招商中心,尚未向市人民政府申办审批手续的,应在决定颁布之日起一个月内补办审批手续,对不办理审批手续,擅自使用土地的建设单位,将依据法律由土地管理部门予以处罚;市人民政府垄断国有土地所有权的出让,不管是零星的批租,还是成片开发,或自成一体的开发区,均以乙方身份与市人民政府的职能部门签订出让合同。除市人民政府土地管理部门外,任何行政组织、部门、开发区一律不准与用地单位签订土地使用权出让合同。

银滩开发初期，北海市政府原打算将一部分村庄实行整体异地搬迁，但由于搬迁成本过高而最终放弃。度假区与社区在空间上混杂在一起，不可避免地造成度假区在开发管理方面的诸多不便。

表 4.6 银滩度假区内村镇概况

村镇名	人口/人	人均纯收入/元	占地/hm²	主要产业
南迈村	535	3460	7.15	捕捞
大墩海村	957	3263	15.77	捕捞
沙湾村	742	3287	7.72	农业、水产养殖
打席村	277	3619	2.15	蔬菜种植、水产养殖
大老虎村	345	3619	3.17	蔬菜种植、水产养殖
小老虎村	281	3619	2.99	蔬菜种植、水产养殖
侨港镇	13000以上	3450	85.41	水产加工、渔船修造、商业贸易
咸田镇	7900	3550	155.31	旅游业、渔业、工业
西背岭村	339	3392	4.49	捕捞、水产养殖
龙潭下村	1639	3372	20.56	捕捞、水产养殖

数据来源：《北海银滩旅游区规划设计》，2002年。

3. 项目开发建设

1) 以国有资金为主的资金来源结构

银滩内土地绝大多数是由各级政府、部门、国有企业的国有资金投资开发，这一点上文已述及，不再赘述。

2) 以投机性房地产开发为主的投资结构

银滩内土地投机性开发的特征十分突出，表现为土地炒作现象严重，项目开发以房地产项目为主，度假类旅游项目的比重较低。

3) 以中小型项目为主的规模结构

从土地权属情况看，改造以前银滩中区共安排了107个项目，总占地面积282.68hm²，平均每个项目占地仅2.64hm²。其中，房地产项目平均占地面积较大，度假类旅游接待设施项目的占地面积则更低（表4.7）。

表 4.7 银滩与亚龙湾度假区主要酒店占地面积比

银滩		亚龙湾	
酒店	占地面积/hm²	酒店	占地面积/hm²
海滩大酒店	1.1	凯莱酒店	10
翠苑宾馆	1.08	万豪酒店	10.83
银谷湾宾馆	1.02	红树林酒店	10
海天宾馆	0.72	喜来登酒店	10.6
金港酒店	0.69	天域酒店	5
蓝岛宾馆	0.43	假日酒店	3.33

数据来源:《北海银滩旅游区(中区)控制性详细规划》,2004年;三亚亚龙湾开发股份有限公司。

4)大量停缓建和未建项目

随着北海地产泡沫的破裂,银滩内大跃进式的土地开发戛然而止,留下了大面积的烂尾楼和大片已出让但闲置下来的土地(图4.2)。至2002年改造前,银滩中区内已完成建设的项目用地仅占3.47%,12.59%的用地被各式各样的烂尾楼所占据,还有44.29%的用地闲置。

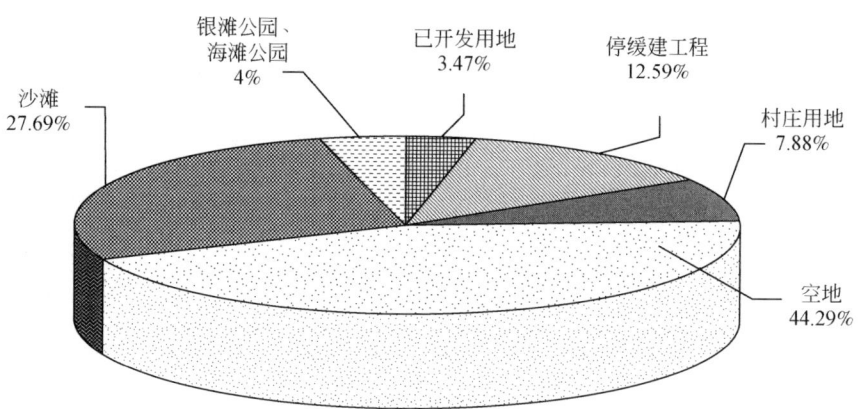

图 4.2 至 2002 年改造前银滩中区用地构成

数据来源:《北海银滩旅游区(中区)控制性详细规划》,2004 年

4.2.4 银滩度假区开发管理体制变迁

1. 非排他性的开发管理体制

银滩旅游开发从一开始就走上了政府主导,分散管理的度假区开发管理体制。北

海市政府直接负责与银滩开发相关的所有决策行为，如招商引资、开发商进入、旅游设施兴建、基础设施建设，以及后来的大规模改造等。行政长官一旦做出开发决策，政府内部的各职能部门，如规划、土地、环保等部门，只能根据部门分工，对项目进行象征性程序性审查，无法真正起到监督控制作用。决策权高度集中在地方行政长官是银滩度假区开发管理体制最重要的特征。

与开发决策权的高度统一不同，度假区的管理权则始终是分散的。早在银滩度假区成立以前，北海市政府就赋予了银滩公园管理处管理银滩公园的权力。海滩公园内的激光音乐喷泉和标志性钢塑由于是中房北海公司投资兴建，根据谁投资谁受益的原则，中房公司也自然而然的拥有了海滩公园的管理收益权。银滩中区内的咸田镇，下辖三个行政村和8000多人口，在某种意义上也是度假区的管理主体之一。村民在集体用地上进行渔业生产和旅游经营活动，对度假区的经营管理和形象提升造成了极大影响，度假区管理部门与村民之间的冲突时有发生。因此，银滩旅游区从一开始就没有一个独立的机构负责对其进行统一的一体化管理。

1992年10月国务院批准设立银滩国家级旅游度假区，1993年2月银滩度假区管理委员会（以下简称银滩管委会）正式成立。根据北海市政府文件，银滩管委会代表北海市政府对银滩度假区实行统一管理，属正处级的机关事业单位。银滩管委会成立后，名义上拥有银滩度假区范围内的统一管理权，但事实上管理权根本无法落实，管委会处于行政边缘化的状态。

银滩管委会成立之初正值北海房地产高潮，各路资金对于银滩度假区内的土地资源争夺已经白热化。为了加强政府对于国有土地市场的出让管理，北海市政府实行政府垄断土地一级市场的政策。即市属国有土地出让实行一支笔审批程序，由北海市政府实行高度垄断，其他任何行政组织、部门、开发区下文审批的建设用地一律无效。按照此规定，银滩管委会显然无权转让度假区内的土地。与度假区开发管理相关的其他重要权限，如度假区范围内的招商权、项目立项权、规划审批权、设立一级财政等权力也都基本相似，由北海市政府各职能部门实行直线管理。在这种情况下，银滩管委会不可能行使对度假区的统一管理权。

2. 管委会的有限扩权运动

这种情况到1994年有了一些转变。可能是北海市政府意识到传统的条条管理体制不利于度假区的统一开发管理，于是参照其他国家级度假区的做法，制定发布了《北海银滩国家旅游度假区管理暂行规定》（北政发〔1994〕12号）（以下简称《规定》）。《规定》进一步明确了银滩管委会作为北海市人民政府派出的职能机构，代表北海市政府对银滩度假区实行统一管理的行政地位，并赋予相关管理权力，主要有：

（1）贯彻、执行国有法律、法规和地方政府的有关规定；制定和发布度假区的各项管理规定；依照本规定对度假区实行统一管理。

（2）组织编制度假区发展规划，并组织实施。

（3）根据有关规定审批度假区的投资项目。

（4）根据《中华人民共和国土地管理法》、《中华人民共和国城镇国有土地使用权出让和转让暂行条例》和北海市有关规定负责办理度假区内建设、经营项目用地手续及管理。

（5）根据《中华人民共和国城市规划法》和有关规定负责度假区的规划管理；负责总体规划和八大详规外的规划审批。

（6）根据国家法规和北海市有关规定负责度假区各项基本设施的建设和管理。

（7）根据国家有关法规对度假区的企业进行审批和管理。

（8）审批度假区进口物资。

（9）对度假区内设置的市属分支机构的工作进行协调、管理、检查和监督。

（10）负责处理度假区有关涉外事务。

（11）依法保护度假区企、事业单位和个人的合法权益。

（12）行使北海市人民政府授予的其他职权。

表面上看，《规定》确实赋予了银滩管委会对于度假区开发管理众多实质性的权力，如项目审批权、规划审批权、一定的土地管理权等，这比以前无地无权的状况有了较大改善。但同时也可发现，此次管委会扩权是极其有限的。

《规定》中明确了"在度假区兴办企业，必须向管委会提出申请，经批准后，按规定向工商、税务部门办理登记手续"；"在度假区投资建设和经营旅游项目的用地，向管委会提出申请，经批准后，向规划土地管理部门申请办理土地使用手续"；"度假区管委会直属部门，直接对度假区的项目、规划、土地、基建、企业、经营、涉外事务、进出口物资等进行管理"，但同时也规定成立"市财政、公安、税务、工商等部门派出分支机构，协助管委会对度假区的财政、公安、税务、工商实施管理"，事实上剥夺了银滩管委会作为一级政府机构应享有的财政和税收权力。

《规定》还对核心管理职能之一的度假区土地管理做出明确规定："度假区内的土地，由度假区土地管理部门依法统一管理。"有意思的是，《规定》颁发后不久，1994年3月，北海市编制委员会通知成立北海市土地管理局银滩国家旅游度假区分局，属市土地局直属机构。可见，扩权运动并没有赋予银滩管委会在度假区土地、规划建设、财政、税收等重要职能方面的管理权限，度假区法定管理职能边缘化的状况并没有得到根本改善。

从银滩管委会实际管理运行情况看也确实如此。1994年，迫于北海市政府压力，各职能部门不得不将一些原属本部门的权力下放给了银滩管委会，如项目审批权、规划、项目施工许可、质量监督等等，给管委会开展工作带来了一定的便利。但好景不长，1996年各部门又纷纷将权限收回。原因主要有两个方面：一是管委会扩权运动的倡导者——兼任管委会主任的副市长退休，扩权运动的政治基础发生动摇，传统的管理体制太过强大，各部门趁机收回原先享有的行政权力；二是管委会自身造血功能差，财力不足。银滩管委会成立之初，北海市财政划拨的启动经费较少，管委会没有土地转让方面的收入来源，最主要的收入是一笔土地出让定金。当时，度假区计划在白虎头东边海面填出一个小岛用于旅游开发。1993年初，管委会将这个想法拿到香港招商时竟然得到了投资者的青睐，并收取了2000多万元的定金。这笔钱成了银滩管委会最主要的活动经费。当然，这个投资计划当时还只是停留在纸面上的海市蜃楼，泡沫经济破灭后已经不可能实现，但这笔定金最终需要归还，因此银滩管委会负债累累。政治和经济地位上的软弱无力，共同决定了银滩管委会不可能担负起对度假区进行一体化管理的重任。

扩权运动不得不草草收场，银滩管委会无权无地的尴尬境地没有得到彻底转变。1996年扩权运动失败后，银滩管委会事实上已经丧失了存在的价值。在这种情况下，北海市政府决定将银滩管委会和市旅游局合并，实行两块牌子、一套人马，旅游局长兼任管委会主任。合并后，旅游局作为一个行业主管部门，也没有权力对银滩度假区进行行政管理，银滩度假区完全回归到了传统行政体制下的管理模式。后来的十多年间，银滩度假区长期处于停滞发展状态。由于行政首脑频繁更替，以及利益各方围绕着银滩公园门票收益的博弈，银滩管委会与旅游局经历了两分两合。但无论是合并还是分开，银滩管委会或是旅游局都无法对度假区实施有效的统一行政管理。

4.2.5 北海酒店行业整体经营状况

1. 整体供过于求，酒店全行业亏损

地产泡沫破灭后，北海酒店业整体供过于求的现象非常严重，全行业呈现亏损状态。以北海市唯一的五星级香格里拉大酒店为例，作为北海市酒店行业的领军企业，自1996年开业以来长期经营性亏损。2004年，香格里拉酒店全年的营业收入仅为4142

万元①，而同年三亚亚龙湾内与北海香格里拉酒店几乎同时建成开业的凯莱酒店，营业收入为 13520 万元。据了解，2002～2004 年间北海香格里拉酒店每年亏损达上千万元，团队房价往往低至 260～280 元/间天。香格里拉集团在中国投资的 19 个连锁酒店中，北海香格里拉酒店的经营绩效排在最后。香格里拉酒店尚且如此，北海酒店业的整体情况可见一斑。

2. 商务酒店数量占绝对比重，且数量仍在不断增加

从酒店的功能结构上看，北海市酒店行业以商务酒店为主，比例达到 90% 以上。这些酒店大多建于 20 世纪 90 年代初北海城市超常规发展时期，城市经济的虚假繁荣吸引了众多资金投资进入商务酒店项目建设。香格里拉酒店集团就是看中了当时北海作为新兴商贸型城市发展的巨大潜力，在 1994 年投资进入的。一般来说，类似于香格里拉这样的国际著名酒店集团，对于投资城市的选择极为慎重。然而现在来看，香格里拉集团当初选择进入北海确实是战略性失误。

如果说早期大量商务酒店的兴建是由于投资者被北海的虚假繁荣所迷惑而做出的错误选择，那么在北海经济长期低迷，商务酒店市场惨淡经营的情况下，近年来仍不断有高星级商务酒店开业就显得更加耐人寻味。

3. 度假酒店数量少，且投资规模偏小

北海的度假酒店数量较少，主要分布在银滩中区和西面的侨港镇海滩。从酒店的建筑设计风格和功能看，这些酒店严格来说不能算是真正的滨海度假酒店，只是城市商务酒店的翻版。只是由于坐落在滨海黄金位置，兼有一些度假功能而已，不能和亚龙湾内的豪华滨海度假酒店相提并论。银滩内的度假酒店规模普遍偏小，以地理位置最佳、效益最好的海滩大酒店为例，酒店规模仅有 181 间客房，其他酒店的客房数大多在 100 间以下。

4. 市场规模增长缓慢，酒店之间陷入零和博弈

北海城市经济发展长期低迷，外来人口中从事商务活动、旅游度假等高消费人群非常有限，对中高档次的酒店需求增长缓慢。在这样相对刚性的市场需求环境中，酒店之间陷入了你死我活的零和博弈，竞争异常惨烈。作者从访谈中了解到，位于中心城区的银晖大酒店铺一开张，马路对面的甲天下酒店开房率立即下降，后者不得不将四星级酒店的房价降到 120 元/天，引起了业内又一番惨烈的价格竞争。

---

① 本节香格里拉酒店相关经营数据源自作者对于该酒店市场传媒部负责人的访谈。

5. 国有投资酒店占绝对比重，市场化程度低

北海银滩和市区早期建设的酒店绝大部分来自从中央到地方的各级政府和部门，以及各级各类国有企业投资，近年来开业的一些酒店仍然来源于国有部门投资，如甲天下大酒店属于广西烟草公司，银晖大酒店是广西盐业公司投资。因此，北海酒店行业投资结构最显著的特征是国有部门投资占绝对比重，市场化程度低。北海酒店行业是在政府过度介入下非市场化发展的结果。

4.3 银滩环境危机与改造运动

20世纪90年代初期，银滩大规模开发建设对银滩的自然环境造成了巨大破坏。原本所剩无几的原生植物已荡然无存，人工种植的以木麻黄为主的防护林大部分被砍伐；由于填地造景，湿地生物赖以生存的物质、能量流基础土崩瓦解，不复存在，致使水土流失严重；银滩公园海滩上人工兴建的防波堤改变了海域的海洋动力环境，破坏了原来海岸的动力平衡，造成了海滩变形；红树林以及与红树林群落相伴生的海洋生物多样性种群，在银滩上已难觅踪迹，银滩本来引以为傲的生态景观旅游资源受到威胁与破坏。

银滩环境质量的恶化引起了全国范围内的广泛关注。1996年8月14日，《中国青年报》在"中华环保世纪行"专栏中刊发《银滩的瑕疵》一文，列举了银滩的环境问题：旅游区海滩中心段的沙质，表层颜色已由银白向灰色过渡，部分沙滩表面有黑色斑点，泥化和有机沉淀现象加剧。以"滩长平，沙细白，水温净"著称的银滩，已变成"沙灰黑，水浑浊，有污染"。据1994年平板仪测绘资料，银滩公园西端沙滩宽度由1985年的250m，缩至1999年的90m；白虎头村岸宽度由220~270m，缩至140~170m（表4.8）。银滩脆弱的海洋生态环境在人类不合理的开发重压下已出现了严重退化。

表4.8 银滩剖面宽度变化

年份	侨港东剖面/m	咸田东剖面/m	白虎头剖面/m
1976	470	300	350
1985	350	250	270~220
1994		90	170~140

数据来源：《广西北海银滩环境综合整治工程项目建议书》，1999年。

银滩日益严重的生态环境危机引起了北海市及自治区领导的高度重视。北海市市委书记温卡华感言："银滩再不改造，不远的将来，我们就可能成为历史的罪人。"在广西壮族自治区及北海市领导的强力推动下，北海开始了大规模的银滩改造运动（表4.9）。

表 4.9　银滩旅游区规划及中区改造大事记

日期	事件
2000-08-03	市委常委会第 18 次会议决定：根据自治区主要领导的指示，要尽快按照国际高标准要求，着手银滩的旅游区总体规划，面向国际招标
2000-08-26	中共北海市第八次代表大会报告提出，按国际一流标准规划和开发 24km 的银滩旅游经济带，进行银滩规划国际招标
2000-09-30	温卡华书记、刘君市长听取银滩招标工作方案汇报，批准了银滩国际招标工作方案
2000-10-13	市政府发文成立银滩招标工作领导小组，领导小组下设办公室
2000-11-10	国际招标工作正式开始，在人民日报、世界建筑报道等媒体同时发布了征集启事
2000-12-25	来自 11 个国家的 44 家设计机构报名参加
2001-01-16	经国内专家推荐，5 国 6 家设计单位开始进行方案设计
2001-05-24	北海银滩国家旅游度假区规划设计征集方案评审会举行。经过三天的评审工作，评选出美国莫里斯设计公司等 3 个优秀方案
2001-06-30	北海市城市规划设计研究院会同美国莫里斯设计公司对 3 个方案进行了优化组合，设计出了一个适合北海银滩的规划方案
2001-11-01	北海市四套领导班子召开联席会议，专门听取关于银滩旅游区规划设计方案的汇报，讨论并通过了规划方案的上报问题
2002-03-29	中共中央政治局常委、国家副主席胡锦涛视察北海时，专门听取了银滩规划方案的汇报
2002-06-25	自治区党委书记曹伯纯到北海进行了考察，代表自治区党委、政府首次提出一定要把银滩这个景点建设好，一定要把握好北海的城市定位，把北海建设成为世界上最漂亮的滨海城市
2002-06-30	自治区人民政府批准了北海银滩旅游区规划方案
2002-07-30	市领导温卡华、刘君、段文道、唐成良等听取了副市长李延强关于银滩中区改造思路的汇报
2002-08-06	李延强副市长与上海同济大学副校长杨东援教授就北海银滩中区改造规划设计问题签订了"校市合作，支援西部"的合同书
2002-08-16	北海银滩中区改造领导小组成立
2002-08-29	自治区党委常委、自治区常务副主席王万宾到北海银滩视察，并对银滩中区改造提出了"要把银滩还给北部湾，把银滩还给老百姓，把北海建设成为最漂亮的滨海城市"的基本思路
2002-09-19	北海市副市长、银滩中区改造指挥部指挥长李延强，向自治区副主席王汉民专题汇报北海银滩中区改造项目筹备工作的情况。王汉民传达了自治区主要领导的指示，并特别指出，银滩公园内的建筑物要全部拆除，这一点是坚定不移的，免费开放银滩是个方向，要还银滩于自然，还银滩于大海，还银滩于人民
2002-09-23	自治区王万宾副主席、王汉民副主席、袁凤兰副主席、王跃飞副秘书长、何宪副秘书长、宋晓天副秘书长、自治区计委主任杨道喜、建设厅厅长郑应炯以及自治区财政厅、旅游局、环保局等部门领导，专题听取北海银滩中区改造项目筹备工作的情况汇报
2002-10-11	市委书记温卡华主持召开书记办公会，专题研究银滩中区改造的项目启动问题

续表

日期	事件
2002-10-22	由中科院院士、上海同济大学原副校长郑时龄担纲指导,上海同济大学规划设计院编制的北海银滩中区改造规划方案中间成果评审会和论证会在北海召开,市委书记温卡华、常务副市长唐成良参加了会议
2002-11-14	在北京广西大厦宾馆,北海市副市长、北海银滩中区改造指挥部指挥长李延强向自治区党委曹伯纯书记、自治区李兆焯主席、袁凤兰副主席等领导详细汇报了银滩中区改造一期工程的规划与工作方案。温卡华书记、刘君市长以及规划、旅游局等有关部门的同志参加了汇报会
2002-11-26	市政府批转了市建委等部门关于北海银滩旅游区(中区)改造一期工程银滩公园、海滩公园建(构)筑物拆除工作方案
2002-11-28	北海银滩旅游区(中区)改造一期工程工作动员会召开。会议由银滩中区改造指挥部指挥长、副市长李延强主持,市委常委、常务副市长唐成良进行动员,市委书记温卡华作了重要指示,全市各相关单位100多人参加了会议
2002-12-05	市委书记、市人大常委会主任温卡华主持召开北海市十二届人大常委会第12次会议,听取市旅游局局长毛艳琼代表市政府所做的关于银滩旅游区(中区)改造项目的报告。经市人大常委会认真审议,通过了银滩中区改造决议
2002-12-06	实施对银滩公园内的鸿运阁、顺风楼等3栋建(构)筑物机械拆除。见证了银滩十多年沧桑变化的建筑物,完成了历史使命
2002-12-21	银滩旅游区(中区)改造一期工程海滩公园的建筑物开始拆除
2003-01-05	由上海同济城市规划设计研究院设计组和北海市城市规划设计研究院共同设计的北海银滩旅游区(中区)改造一期工程详细规划方案获得专家评审会的通过
2003-01-06	随着市委书记温卡华的一声令下,几声炮响,银滩公园内最后3栋建筑物应声倒下。至此,总面积超过45000m^2的银滩、海滩公园建(构)筑物拆除工作历时一个月宣告结束
2003-01-18	银滩旅游区(中区)改造一期工程护岸改造开工典礼在银滩公园内举行,这标志着银滩旅游区(中区)改造的环境整治和生态恢复工程的全面启动
2003-02-09	北海市市长刘君听取了银滩旅游区(中区)改造一期工程的进展情况汇报,并驱车来到银滩,深入现场检查施工进展情况
2003-02-10	北海市城市规划设计研究院完成一期改造工程施工图设计
2003-03-16	由北海市旅游有限公司与广西投资(集团)有限公司共同组成的银滩旅游区(中区)改造项目业主公司正式注册成立
2003-03-18	经过工程招标,9家施工单位分别进场施工,一期改造工程全面铺开
2003-03-26	银滩公园、海滩公园的护岸改造工程基本完成
2003-03-30	北海银滩旅游区标志暨吉祥物设计方案、专家评审会召开,专家们对来自全国的180幅作品进行了认真的评选,最后确定了标志暨吉祥物入围和中选方案

续表

日期	事件
2003-05-01	银滩公园的场地绿化、主园路已基本完成，并建设了能容纳200人同时使用的临时冲淡设备和一些水吧、简易的旅游服务设施，实现了自治区党委、政府、北海市委、市政府在"五一"节打开银滩围墙，免费向公众开放及"三还"的战略决策
2003-05-05	自治区副主席张文学听取了银滩中区改造情况汇报，并实地察看了银滩中区改造施工现场
2003-05-06	北海银滩"扬帆酒店"设计方案预审会召开。会议由市委副书记段文道主持，我市四套班子领导以及银滩中区改造领导小组成员参加会议，自治区副主席张文学、自治区旅游局局长陈听正出席了会议
2003-05-12	自治区副主席杨道喜在市长刘君的陪同下，视察了银滩中区改造工程
2003-05-15	中共中央政治局常委、全国政协主席贾庆林在全国政协副主席李兆焯和自治区党委书记曹伯纯等领导陪同下，来到北海银滩视察。贾庆林一行听取了北海市关于银滩旅游区总体规划方案和中区改造工程进展情况介绍，并兴致勃勃地漫步在改造后的银滩上，在离开银滩上车之际，嘱咐北海市领导，一定要按照规划把银滩建设得更好、更漂亮
2003-05-26	自治区党委副书记、纪委书记马铁山在市领导温卡华、段文道、杨康、罗恩平的陪同下，视察银滩中区改造工程

引自：《魅力银滩——北海银滩旅游区规划设计及中区改造》宣传画册，北海市城市规划局。

银滩中区改造项目运作坚持政府主导、市场运作、企业经营及统一规划、分别实施的原则。由广西投资集团有限公司代表自治区政府以现金出资3亿元，北海市旅游有限公司代表北海市政府以银滩、海滩公园价值3.3亿元的市属国有净资产出资，共同组建"北海银滩投资发展公司"作为项目业主公司，所得利润全部留存北海用于发展。

4.3.1 做规划

为了打造新的高标准、国际化银滩旅游区，按照自治区主要领导的指示，北海市政府斥资数百万元，面向国际招标，征集银滩旅游区规划设计方案。由美国莫里斯建筑设计公司规划设计的"珠联璧合"设计方案最终中标。

该方案以道路链、绿化链、水体链三条链，自西向东贯穿冠头岭、侨港、大冠沙三颗明珠，形成"珠联璧合"的结构脉络。按场地的自然要素，将24km岸线分为西、中、东三个区，西区静而雅，中区动而闹，东区以自然见长；西区休闲度假，中区娱乐观光，东区生态旅游；西区以开发建设为主，中区以改造为主，东区以保护控制为主。该设计方案获得了2002年度美国景观设计最高奖——社区造景设计奖。

4.3.2 拆 建 筑

银滩中区改造工程的指导思想是还银滩于大海，还银滩于自然，还银滩于人民，要求按照国际一流水准规划设计，按世界名滩的要求进行改造，把银滩建成旅游观光、休闲度假、健身娱乐的胜地。

银滩中区改造一期工程内容为：拆除银滩、海滩两公园内建（构）筑物，恢复、整治两公园自然生态环境，实现免费开放；整治与恢复沙滩、岸线；建设市民广场、停车场以及贯穿整段岸线步行道；景区内美化绿化；灯光工程的建设；景区内路网、管网等基础设施的配套建设。

一期改造工程于 2002 年 12 月 6 日正式实施，银滩公园和海滩公园内共 38 栋建（构）筑物成为首批拆除的对象。同时拆除的，还有银滩公园内 1800m 防浪堤，建筑岸线后退了 30m。在自治区和北海市政府的大力推动下，拆除工作进行的非常顺利，仅用一个月时间就拆除完毕。银滩改造工程给银滩十多年的不合理开发画上了句号。

仅用了十年时间，银滩就经历了从建设到拆除的过程，这个教训是极其惨重的。据北海市旅游局、建设局、规划局等有关部门负责人介绍，拆除构筑物及恢复自然景物的成本代价约 5 亿元，银滩重新规划改造，一期工程投资 3.5 亿元，全部工程建设则需要数十亿元。与显性的经济成本相比，盲目开发的短期行为对生态环境造成的破坏，可能是一笔永远无法偿付的"生态账单"。

4.3.3 设 机 构

银滩的管理体制经历了两分两合的变迁，在度假区管理方面有很多值得吸取的教训。对此，北海市政府已经有了一些切身体会。为了在新的起点上重新规划开发银滩，促进银滩管理的科学规范，2005 年 7 月 29 日，北海市委、市政府决定重新成立银滩度假区管理委员会，作为管理北海银滩国家旅游度假区各项行政事务的市人民政府派出机构，级别为正处级。

根据《北海银滩国家旅游度假区管理委员会主要职责、内设机构和人员编制规定》，新成立的度假区管委会主要职责如下：

（1）制定度假区发展、建设和产业发展规划，经市人民政府批准后组织实施。

（2）制定度假区各项具体管理办法，经市人民政府批准后组织实施。

（3）根据《中华人民共和国城市规划法》和有关规定，对度假区的规划管理提出审核意见，参与度假区内建设项目的选址定点和项目报建审核并提出意见。

（4）根据国家土地管理法规和北海市有关规定，对度假区内建设、经营项目的用地提出初审意见；负责对度假区以征用土地资源进行整合和开发。

（5）负责度假区内供水、供电、道路等基础设施的开发建设。

（6）根据市国资委委托，对度假区内市属国有资产进行管理。

（7）负责度假区土地使用权出让、租赁、作价入股的初审工作；负责度假区内房地产的转让、出租、抵押的初审工作。

（8）在度假区内设立财政专户，收取、管理和使用财政资金和其他资金。

（9）负责度假区内的招商引资工作。

（10）负责为投资商代办项目所需手续。

承办市委、市政府交办的其他事项。

从行政授权上看，新成立的银滩管委会行政权力较之以前有了较大幅度的扩充。但由于各种内外部条件的限制，银滩管委会距离真正意义上的度假区范围内独立性排他性行政授权仍有相当大的距离。

第5章 亚龙湾和银滩度假区发展历程及开发绩效比较

5.1 发展轨迹及发展阶段

前文对亚龙湾和银滩度假区发展历程的描述中不难发现,两处案例地表现出了截然不同的发展轨迹(表5.1)。亚龙湾度假区经历了较长时间的低位徘徊和缓慢发展,2000年以后进入快速发展时期,生命周期曲线表现为渐进成长型。而银滩度假区则在20世纪90年代初的北海地产泡沫中经历了短暂的超高速发展,地产泡沫破灭后银滩也随之迅速衰退,生命周期曲线表现为短暂高潮后的持续衰退型。

表5.1 亚龙湾和银滩度假区发展阶段比较

度假区	发展阶段	重要事件	阶段性特征
亚龙湾	1986年以前	赵紫阳视察亚龙湾	揭开亚龙湾开发序幕
	1986~1992年	海南省政府开发管理	小规模、起步开发时期,兴建少量旅游设施和基础设施,面临省市两级体制掣肘
	1992~1995年	三亚市政府收回开发管理权,组建国有亚龙湾公司,投资失误陷入困境	刚刚起步的度假区开发建设陷入停滞
	1995~2000年	中粮集团注资控股亚龙湾公司,兴建凯莱酒店	度假区进入大规模开发建设阶段,但由于市场条件不成熟,度假区开发仍较为缓慢
	2000年以后	土地市场转暖,滨海度假需求兴起	度假区进入快速健康发展时期
银滩	1987年以前	北海市政府投资兴建白虎头滨海游乐园	揭开银滩旅游开发序幕
	1987~1991年	三大度假单元初步建成	进入快速发展期,在首批国家级度假区中异军突起
	1991~1993年	北海地产泡沫	超常规快速发展,银滩成为各路资金争夺的焦点,土地出让和项目开发几近失控
	1993~2001年	地产泡沫破灭	陷入长时期的衰退和停滞阶段,银滩成为烂尾楼博物馆
	2001年以后	银滩改造	重新规划重新发展,未来复苏前景尚不明朗

5.2 政府介入程度及方式

亚龙湾和银滩度假区发展过程中政府介入程度及方式如表 5.2 所示。

表 5.2 亚龙湾和银滩度假区发展过程中政府介入程度及方式比较

度假区	政府介入		1992 年以前	1992~1995 年	1995 年以后
亚龙湾	地方政府	介入程度	不介入	高度介入	退出经营活动,转向规划控制及度假区宏观管理
		介入方式	不介入	以地区行政管理主体和控股股东双重身份全面介入度假区经营管理事宜	以地区行政管理主体身份,介入度假区规划控制及宏观管理;以非控股股东身份,介入度假区经营管理
	上级政府	介入程度	一般	轻微	轻微
		介入方式	通过省旅游公司间接介入	作为亚龙湾公司非控股股东,以股权方式介入	作为亚龙湾公司非控股股东,以股权方式介入
银滩	地方政府	介入程度	不介入	高度介入	高度介入
		介入方式	不介入	以地区行政管理主体身份直接介入	以地区行政管理主体身份直接介入
	上级政府	介入程度	不介入	积极介入	积极介入
		介入方式	不介入	通过正规或非正规渠道投资度假区开发	通过正规或非正规渠道投资度假区开发
	基层政府及社区	介入程度	一般	积极介入	积极介入
		介入方式	日常管理	以自有土地介入度假区开发	从事非正规部门经营

5.2.1 地方政府介入

无论是亚龙湾还是银滩,地方政府都是度假区发展过程中最重要的利益相关者(stake-holders)之一,其行为选择无不对度假区发展产生直接的重要影响。而且,地方政府自始至终都表现出介入当地度假区发展的积极性和舍我取谁的责任感(表 5.2)。这不仅是因为现行法律赋予了地方政府对度假区进行属地管理的权利,更重要的是,地方政府通过介入度假区开发管理能够给权利主体带来一定的经济和政治利益。利益驱动是地方政府包括其他利益相关者积极介入度假区开发管理的内在动力。具体来看,三亚市和北海市政府介入度假区开发管理的程度和方式存在显著不同。

首先,亚龙湾度假区开发之初,三亚市政府通过设立地方政府控股的国有股份公司，以地区行政管理主体和公司控股股东的双重身份全面介入度假区经营管理事宜。其中的原因是，政府直接介入度假区开发不可避免地会遇到巨额启动资金难以筹集的困境，而采用股份公司形式则比较容易筹集所需资金。在三亚市开发建设公司给三亚市政府的《关于申请招股开发牙龙湾旅游区的报告》中，有这样一段文字，摘录如下：

牙龙湾旅游区开发是我省的重点旅游开发项目。市政府对牙龙湾的开发，历来予以高度的重视和积极倡导，在目前市财政较为困难并短期内难以缓解的现实条件下，决定以组建三亚牙龙湾开发股份有限公司的形式，聚集各界力量，引进开发资金，是迅速的推动牙龙湾旅游区开发建设的战略性决策。

组建三亚牙龙湾开发股份有限公司，市政府将以牙龙湾旅游区内建设用地的土地使用权折价参股，并通过股本的占有在牙龙湾旅游区开发建设中获益，这就必须有市政府的所属企业作为载体，以政府资产管理者的身份进入股份公司，成为三亚市政府职能的代理人。同时，必须有市政府的所属企业负责牵头筹建股份公司，以达到优化组合的目的。

我公司是市政府所属的能承担城市综合开发任务的全民所有制企业，在市政府的支持下，以政府国有资产企业法人的身份进入三亚牙龙湾开发股份有限公司，成为股份公司中受政府直接领导和控制的股东。市政府将可通过我公司在股份公司拥有的控股地位，合理的引导和控制牙龙湾旅游区的开发进程。

该报告说明了三亚市政府设立亚龙湾开发股份公司的原因，以及三亚市政府如何介入度假区开发并从中受益。可见，亚龙湾从一开始选择走公司化开发道路，是三亚市政府在直接介入冲动由于资金约束无法满足的情况下，不得已选择设立控股公司间接介入的结果。正是这一出自地方政府自身利益的制度设计，无形中奠定了亚龙湾日后走上市场化开发运作的制度基础。

与三亚市政府不同，北海市政府则以行政管理者的身份直接介入银滩度假区开发管理（表5.2）。尽管在银滩度假区设立之初北海市政府也设立了相应的派出机构，即银滩度假区管理委员会具体负责度假区开发管理事务，但事实上银滩管委会既无钱，也无地，更无权，实际的度假区控制权仍掌握在北海市政府手中。

其次，由于国有亚龙湾公司投资失误，无力继续开发，三亚市政府不得不转让控股权，引入中粮集团增资扩股。三亚市政府也因而丧失了直接介入度假区经营性开发管理的权利，仅作为非控股股东参与公司日常经营管理。而亚龙湾公司作为度假区的主开发商，在规划许可的范围内对度假区用地享有充分的开发自主权。尽管如此，三亚市政府强化了作为行政管理主体对度假区进行规划控制及利益相关者之间利益协调的职能。三亚市政府适时退出度假区经营性开发，回归政府行政管理角色，对度假区开发施加有效的监督管理，是亚龙湾成功发展的又一个重要转折点。

与三亚不同，北海市政府在整个银滩度假区开发过程中均保持了高强度的全面介入，政府意志和行政行为渗透到了度假区从开发经营到行政管理的方方面面（图5.1）。银滩度假区经历的每一次重大事件都留下了地方政府行为的烙印。可见，银滩度假区是典型的地方政府主导开发的产物，北海市政府是度假区发展中最重要的控制者和利益相关者。迥异的度假区治理结构和发展模式使得两处案例地在度假区土地管理、招商引资及项目开发等方面表现出显著不同。

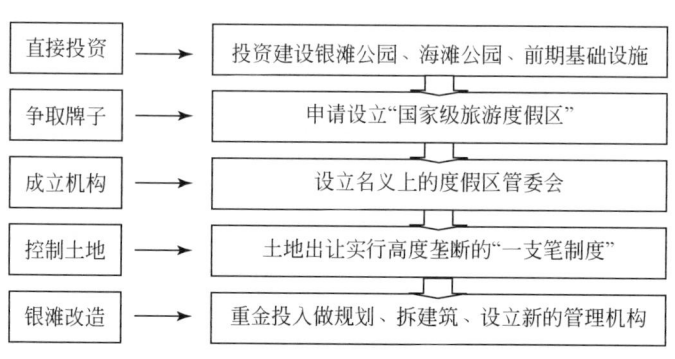

图5.1　北海市政府高强度介入银滩度假区开发过程

5.2.2　上级政府介入

此处所说的上级政府，指案例所在地的省级及中央政府或部门，及其由利益纽带关系结成的利益共同体。亚龙湾和银滩旅游开发过程中，两地上级政府介入度假区开发管理的方式和程度不同。

对于亚龙湾，海南省政府一开始是据为己有，使其成为三亚市的飞地。介入方式则是通过全资控股的海南省旅游总公司对亚龙湾进行开发管理。后来体制掣肘使海南省政府不得不寻求与三亚市政府合作开发，但在与后者的博弈中丧失了亚龙湾控制权，仅作为非控股股东进入股份公司参与度假区日常经营管理，介入强度大幅度降低。在后来亚龙湾公司的增资扩股中，海南省政府的股权被进一步稀释，经营性开发活动的介入强度几乎为零。尽管按照省市行政分权管理有关规定，三亚市政府需要就亚龙湾开发的有关事宜向海南省政府请示汇报，省政府在度假区开发行政管理方面还有名义上的裁量决策权，但更多时候这类请示报告只是履行必要的手续而已，海南省政府的实际控制介入能力很低。

与亚龙湾不同，上级政府介入银滩度假区开发的主要方式是通过正式或非正式渠道获得度假区土地，直接投资用于系统内福利性消费的楼堂馆所项目。这是我国转型时期出现的特殊旅游投资现象，与特殊历史背景下的政府投资管理体制有关。国有资金投资兴建楼堂馆所的现象为什么大规模出现在银滩度假区，而且是占用景观最好、生态系统最为敏感脆弱的沙滩上？显然，在面对来自地方政府内部及各级国有部门投资冲动时，银滩度假区管理部门在项目准入和规划控制方面缺乏足够的抵抗力和免疫力，而出现土地出让监管和规划控制职能弱化。相比之下，三亚亚龙湾度假区在开发早期也遇到与银滩类似的开发热潮，但亚龙湾受到的影响远远小于银滩，一线黄金滨海用地被完好的保护下来，没有遭到小规模投资商零敲碎打式的破坏性开发。亚龙湾公司实施的严格的项目准入和土地出让控制措施，为亚龙湾日后高档次开发预留了极为稀缺宝贵的一线滨海资源。

5.2.3　基层政府介入

基层政府主要指度假区所在的镇、区政府利益主体，也包括度假区内部及周边的村民社区。亚龙湾由于实现了度假区内社区整体搬迁，并授权企业进行排他性、封闭式开发管理，度假区实际上成了基层政府的一块飞地。因此，除了少量附近村民在度假区正规或非正规部门谋生外，三亚田独镇政府和当地社区的介入程度较低。

银滩则不然。由于北海市政府并没有对银滩度假区开发权进行明确排他性界定，银滩土地开发的超额利润吸引基层政府积极参与到度假区开发中来。作者从访谈中了解到，在1993年银滩土地开发热潮期间，度假区内村民在80m²宅基地上自建的三层半小楼，市场价可卖到100万元以上，而2005年时，20万元也少有人问津。紧靠银滩公园的白虎头村面积约1.9km²，村民约2300人。村民在银滩公园大门外的村集体用地上，兴建了23户豆腐块似的家庭旅馆，形成了家庭旅业一条街。尽管村民在旅游开发中得到了实惠，但这种低档次、毫无规划的无序开发与国家级度假区的开发建设要求相去甚远。此外，当地村民在度假区内混乱的经营行为也使度假区管理当局头痛不已，游客也是怨声载道（许滨海，2003；梁思奇，2005）。

5.3　地产热对度假区开发的影响

亚龙湾和银滩度假区在开发初期均经历了母城地产开发热潮，这必然会对度假区开发产生重要影响。短期来看，地产热对于度假区开发来说是一种机遇，是市场景气的表现，能够为度假区初期开发建设吸引大量资金和项目。但任何事情都有正反面，机遇把握不好或处理不当，就可能转化为负面因素，对度假区长远发展带来不利影响。地产热给两处度假区开发带来的影响完全不同。

5.3.1 三亚地产热对亚龙湾开发的影响

地产热对亚龙湾造成的最大影响并不是表现在土地开发方面，而是直接导致了亚龙湾开发权易主。正是由于地产投机热潮兴起，国有亚龙湾公司利用有限资本金大量投资房地产项目，欲作短期炒作牟利。地产泡沫破裂使得公司原始资本金血本无归，度假区开发无以为继。面临如此窘境，三亚市政府不得不出让控股股东地位，引入中粮集团成为亚龙湾公司第一大股东。短期来看，国有亚龙湾公司投资失败使得刚刚起步的度假区开发陷入停滞，丧失了一次难得的发展良机。但从长期看，中粮集团的注资进入确确实实成为亚龙湾发展极为重要的转折点，标志着亚龙湾度假区从地方政府主导下的国有企业开发模式，走上了现代企业制度下市场化开发的轨道。

地产热对亚龙湾度假区土地开发的影响主要体现在环湖旅游区的开发上。1994年，在三亚城市地产热潮的影响下，近十家投资商带资进入，环湖旅游区的地块基本上转让完毕，形成了亚龙湾度假区第一轮土地开发热潮。与银滩遭遇的地产开发热相似，此番进入亚龙湾度假区的投资商大多规模较小，实力较弱，且有一定的投机动机。但与银滩明显不同的是，亚龙湾此番土地开发热潮在规模上远远小于银滩，在范围上仅限于湾内属二、三线滨海用地的环湖旅游区，一线黄金滨海用地被完好的保护下来，丝毫没有遭到实力较弱的投资商的随意开发。严格的控制措施为亚龙湾度假区日后高档次开发预留了极为稀缺宝贵的一线滨海资源。

"亚龙湾公司在艰难时期挺了过来，并没有把滨海黄金地段切小块转让出去，保持了滨海地段的完整性，也成就了以后的成功。这是有实力的大公司才能做到的，不像那种小投资商，没有实力的投资商。若是换了政府开发的话就完蛋了，肯定切成小块零敲碎打的迎合小开发商，造成低层次开发。"

——三亚市土地管理局某资深人士

5.3.2 北海地产热对银滩开发的影响

总的来看，地产热对亚龙湾开发的影响利远远大于弊，而对银滩来说，却不啻于一件影响全面、深远且沉重的"巨型事件"（mega-event）。北海地产泡沫破裂后，大量遗留问题长期得不到解决，债务及土地清理问题积重难返，生态危机日益恶化，城市经济持续低迷，银滩度假区开发长期处于衰退和停滞状态。其中，有些问题通过政府强力干预有可能短期内得到缓解，如违规建筑拆迁、处理债务纠纷、树立城市及度假区新形象、重新对游客产生吸引力等，但已经造成严重的生态灾难、畸形的城市经济结构等问题，则注定将对北海及银滩度假区的长远发展产生持续性的深远影响。

地产热对银滩的影响涉及度假区发展的方方面面。经济方面的影响无疑最为直接。银滩度假区在地产开发热潮的推动下形成了土地大跃进式开发。泡沫膨胀的土地需求瞬时急剧释放，吸引了巨额资金进入，也造就了一批地产宠儿，银滩度假区一时间空前繁荣。泡沫的破灭给银滩畸形繁荣画上了休止符，大片土地闲置，巨额资金沉淀，留下了大堆难以厘清的债务纠纷。一些老总戏言，乘飞机到北海的，有一半是来打官司的。

社会影响方面。地产热过后，北海不仅经济发展增幅连年回落，也暴露出许多社会问题，如房地产闲置、三角债久困难解、承诺无法兑现以及官员腐败和机关作风劣化等。在一些新闻媒体以及在一些人的口头相传中，对北海的贬损之词盛极一时，如"金融高风险区"、"泡沫经济博物馆"、"产生腐败的温床"以及北海对投资者是"关门打狗"、"捉鸟拔毛"等。尽管这些言论有过分夸大的成分，但一时间传得沸沸扬扬，给北海造成了广泛的不良影响，银滩度假区的旅游形象也大受贬损。

生态影响方面更不容忽视。地产热时期不合理的过度开发，对银滩度假区的自然环境造成了巨大破坏。沙滩退化、沙丘消失、生态系统崩溃、环境污染加剧，银滩在重压之下渐渐失去了往日"滩长平，沙细白，水温净"的迷人风采，为不科学的盲目开发付出了沉重的生态账单。

5.4 度假区土地开发管理

亚龙湾和银滩度假区土地开发管理比较如表 5.3 所示。

表 5.3 亚龙湾和银滩度假区土地开发管理比较

类别	亚龙湾	银滩
土地时空开发战略	阶段性差异化土地开发战略，先期开发二线土地，保留一线黄金滨海用地，留待日后市场条件成熟后开发	整体性井喷式土地开发战略，无视市场条件和级差地租，所有土地在短期内出让完毕
土地开发进度	控制土地供给速度，成熟一块转让一块，谋求长期土地开发收益最大化	井喷式开发转让，追求短期效益
土地转让契约性质	市场契约，市场化定价，合理控制土地开发，使得土地级差地租得到真实体现，实现土地开发收益最大化	行政契约，无偿转让或政府定价，掩盖市场真实价格，滨海度假区土地级差地租耗散
土地用途控制	土地转让合同中对土地开发用途做出明确规定，严格控制炒卖土地或随意开发行为	未对投资商的开发行为做出明确规定，土地炒卖行为严重
土地闲置情况	仅有两宗转让地块闲置	大规模转让地块闲置

5.4.1 土地开发时空战略

亚龙湾的决策者对度假区土地开发有着全盘的战略考虑。根据度假区面临的内外部环境，制定了阶段性差异化的土地开发时空战略（表5.3）。他们充分认识到滨海度假区土地存在级差地租，即滨海一线用地具有潜在的巨大价值，同时也对市场需求和投资状况有着深入地研究和把握。在市场条件尚不成熟，不足以支撑一线豪华度假酒店开发时，亚龙湾公司做出了坚决保留滨海一线土地，避免低档次开发而先期启动二线环湖旅游区开发的战略安排。同时一如既往的加强和完善湾内基础设施建设和环境建设，为日后市场转暖度假区大开发做好充分准备。实践证明，这一科学的土地开发时空战略为亚龙湾度假区的迅速崛起提供了重要的战略保障。

银滩度假区则缺少清晰合理的度假区土地开发总体思路（表5.3）。在汹涌的地产开发大潮中，北海市政府的决策者显然未对度假区土地实施有效的开发控制，过量批租土地，导致涸泽而渔式的、掠夺性出让开发。银滩西区8.71km² 土地在短短2~3年内全部出让完毕，这么快的出让速度根本无暇顾及市场实际需求和消化能力，远远超过了生态环境和经济条件所能够提供的投资强度。这种掠夺性的土地出让开发尽管推动了银滩度假区短期繁荣，但却造成了银滩度假区深重的社会经济和生态环境灾难。

5.4.2 土地开发进度控制

在土地开发进度方面，亚龙湾公司没有盲目地开发一块转让一块以获取短期利益，而是十分注意控制好土地出售的节奏，做到有计划、高效益地开发有限的土地资源（表5.3）。亚龙湾公司根据对国内外高端度假客源的预测分析及湾内酒店客房数量的现状，每年制订定量的土地出售计划，以平衡发展，避免湾内酒店之间产生恶性竞争，保证度假区发展的长远效益。即使在市场环境转暖，土地价格日益上涨，公司形象和品牌效应日益凸现的快速发展时期，亚龙湾公司的管理层也没有被市场热度冲昏头脑，始终保持谨慎科学的态度，深入把握分析市场增长状况，合理制定土地出让计划，严格控制进入度假区内的开发商素质和能力。自中粮集团接手以来，亚龙湾公司基本上将湾内酒店数量控制在每年增长一间到一间半的速度，这样基本可以保证亚龙湾内酒店规模增长与市场需求增长大致保持一致。

类似的土地出让控制计划在银滩度假区开发中基本没有。不只是在20世纪90年代初的银滩，就是在当下北海城市经济持续低迷，商务酒店数量已经明显供过于求的情况下，具有国有资本背景的新的商务酒店仍不断获准开工兴建。酒店市场环境日益恶化，整体经营情况亏损，绝大多数酒店全年平均开房率不到40%[①]。

5.4.3 土地转让契约性质

亚龙湾度假区内土地一级和二级市场转让是市场化交易行为（表5.3）。1994年5月，三亚市土地管理局代表三亚市政府与亚龙湾公司签订了亚龙湾度假区起步区407hm² 土地的地租付款协议，明确约定了一揽子转让地租及付款方式。同时，亚龙湾公司和项目投资商也独立地缔结土地交易契约。土地转让价格是买卖双方真实意思的表示，是土地市场价值的真实体现。在市场价格信号的引导下，亚龙湾公司能够对自身的开发行为做出客观的市场判断，如增加基础设施投入、完善度假区环境、树立度假区良好形象等，从而获得市场对度假区土地价格的升值预期，并能够通过差异化定价策略，谋求度假区土地收益和综合开发效益的优化。

20世纪90年代初银滩内土地一级市场转让还实行行政划拨制度，1991年后才开始逐步推行城镇国有土地有偿划拨制度。在这种行政主导的土地出让管理制度下，度假区内土地一级市场转让脱离市场机制，土地要素的价值在一级市场得不到体现，价格信号基本失灵。这不仅带来极大的寻租风险，也给土地投机炒作留下了巨大的市场空间。

5.4.4 土地用途控制

亚龙湾公司与投资商签订的土地转让合同都是亚龙湾公司起草的标准合同，合同中对拟转让地块的用途及投资期限的限制都有严格具体的约定。这些限制性条款有助于亚龙湾公司严格规范项目开发商的个体投资行为，保证亚龙湾度假区内的土地转让和旅游项目建设能够按照总体规划的要求一体化进行。这正是综合型滨海旅游度假区的特色和精髓所在。如亚龙湾公司与三亚银泰城市开发有限公司签订的《亚龙湾国家旅游度假区国有土地使用权转让合同书》中，摘录若干条款如下：

第四条 转让地块用途

依据《亚龙湾国家旅游度假区总体规划》、《亚龙湾国家旅游度假区亚龙中心详细规划》的要求，本合同项下转让地块，受让方必须用于建设高级宾馆。详细规划方案见本合同附件《亚龙湾国家旅游度假区国有土地转让条件和使用规则》。

---

① 资料来源于作者对于北海香格里拉大酒店市场部负责人的访谈。

第八条　土地使用权的再转让、出租、抵押

（1）受让方可以将本合同项下地块的土地使用权的全部或部分再转让给第三人，但须征得转让方的同意，再转让合同关于地块的用途应与本合同保持一致。

（2）受让方可以将本合同项下地块的土地使用权的全部或部分出租，但须征得转让方的同意，出租合同关于地块的用途必须与本合同保持一致。

（3）受让方可以将本合同项下地块的土地使用权的全部或部分进行抵押。

第十一条　投资期限的限制

受让方在签订本合同后的360天内，应按本合同附件《亚龙湾国家旅游度假区国有土地转让条件和使用规则》的规定投资建设，否则转让方有权建议政府收回土地使用权。

第十二条　违约

受让方未按合同第四条的规定投入建设，构成严重违约，转让方有权建议政府终止合同，收回土地。

在新版的合同范本中又新增了一条，要求开发商在亚龙湾度假区内投资的五星级酒店，建成后必须聘请国际著名酒店集团进行管理。

而在银滩度假区井喷式的批租土地过程中，政府对于受让土地的开发建设没有设定具体限制和要求，甚至纵容土地恶意炒作行为，客观上助长了度假区内土地投机。

5.4.5　土地闲置情况

亚龙湾开发十多年来，仅发生了两宗转让地块闲置事件。两地块均位于环湖旅游区（图5.2），一块编号为G-15，面积为62.5亩，1996年9月由亚龙湾公司转让给海南联欧投资管理有限公司，拟用于兴建联欧大酒店；另一块编号为G-16，面积为50亩，1994年7月由亚龙湾公司转让给海南富源实业有限公司，用于兴建大使俱乐部。

关于闲置未开发的原因，海南联欧投资管理有限公司在给三亚市土地房产管理局的《关于无偿收回国有土地使用权的申辩意见》中这样辩称：

1997年底，国家对宏观经济进行调控，亚龙湾国家旅游区的开发前景如何，影响我们对项目投资的初衷。我们原来项目的规划是配合整个亚龙湾的规划建成一个近6万m^2的酒店，使整个酒店前可下海后可观湖，依托亚龙湾城市广场建设成为大的建筑群体。可是，随着亚龙湾区域的发展，建成的广场较原来规划的广场大，依着海边建起了新的酒店楼群，在我们拟建设的酒店地块边修建了城市道路，使我们对原设计方案有了重大的调整。如何从酒店穿越广场、道路下海，平衡亚龙湾区域酒店的容量等，

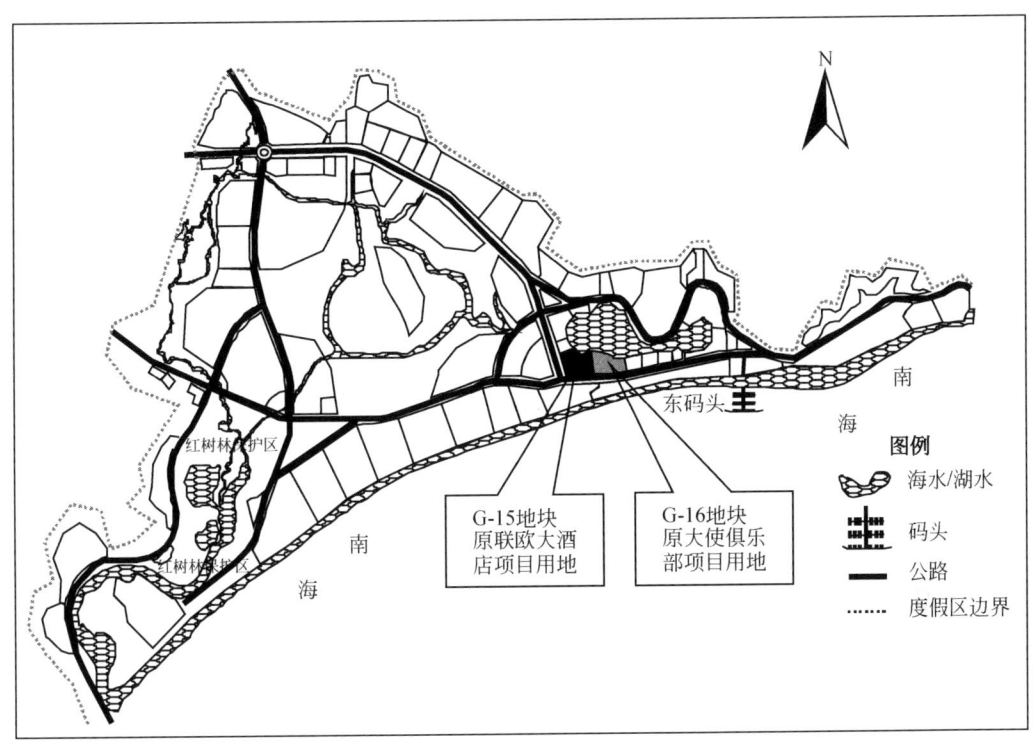

图 5.2 亚龙湾闲置地块区位示意图

数据来源：亚龙湾公司

这就需要我们对项目重新定位。本着对投资负责，对亚龙湾地区的规划建设负责，我们请专家对原有方案进行了修订，并一直在落实图纸，办理准备开发事宜……由于方案改变，设计变更，施工图修改耽误了时间，造成了土地闲置，为此我们表示歉意！

可见，投资商对 G-15 地块的闲置开发，一方面由于市场环境的波动导致投资商信心不足，另一方面，项目用地周边规划建设情况的变更也构成一定的客观因素。不管是出于何种原因，三亚市政府处理闲置土地的措施坚决，手段严厉，这两块闲置地块最终被市政府无偿收回，并以公开拍卖的形式转让给了山西华宇集团。

银滩度假区内的已转让未开发、或停缓建工程用地俯拾皆是。一进入度假区，放眼望去，到处是孤零零的烂尾楼和落荒的土地。最刺眼的当属由海泰公司投资建设的北海恒利海洋娱乐旅游度假中心，昔日的"童话王国"共 439 幢各种建筑，墙面剥落，荒草没膝，一片颓败荒凉，形如废墟，一度被媒体炒作为"进城民工的猪圈"。至银滩改造前，银滩中区内已完成开发的项目用地仅占 3.47%，12.59% 的用地被各式各样的烂尾楼所占据，还有近一半（44.29%）的"黄金宝地"闲置。

5.5　招商引资及项目开发

亚龙湾和银滩度假区招商引资及项目开发比较如表 5.4 所示。

表 5.4　亚龙湾和银滩度假区招商引资及项目开发比较

类别	亚龙湾	银滩
基础设施投入来源	来自亚龙湾公司，是现代股份制企业，资金技术实力雄厚	来自北海市政府，财政收入极其有限，难以保证基础设施建设投入
接待设施及旅游项目开发投入来源	一部分来自亚龙湾公司，大部分来自发达地区的市场化民营资本	一部分来自北海市政府，大部分来自各级各类政府部门或国有企业，资金技术实力缺乏，市场化程度低
对投资商的选择	高门槛策略，制定严格的进入规范，高度负责的态度，严格约束投资商的开发行为	低门槛策略，实行"三不"政策，放任投资商的投机和开发行为
示范性项目建设	以成功的示范性项目引领度假区开发	与滨海旅游度假区开发理念背道而驰
引入项目的规模	大型豪华度假酒店项目	中小型旅游接待设施
引入项目的档次	豪华型，高档次，引领高端消费	中低档

5.5.1　资金来源

度假区开发资金主要用于两个方面：一个是基础设施投入，即度假区初级开发投入；另一个是旅游设施及项目投入，即次级开发投入。一般来说，前者由度假区开发主体负责筹集，后者则由开发主体通过招商引资吸引项目投资商介入。

亚龙湾度假区的基础设施建设投入主要来自中粮集团控股的亚龙湾公司。此外，中粮集团还利用自有资金投资兴建了凯莱酒店、仙人掌酒店、中心广场、贝壳馆、蝴蝶谷等高档接待设施和观光旅游项目。中粮集团是实力雄厚的跻身世界五百强的国家大型企业，具有强大的资金和专业技术优势。经过股份制改造后，该公司已成为国有控股的大型股份制企业，并在香港成功上市。由其控股的亚龙湾公司也成为中外合资的股份制企业。因此，从度假区初级开发投入的资金来源和性质上看，亚龙湾度假区的基础设施建设来源于市场化的资本。

进入新世纪，一座座个性张扬的五星级滨海度假酒店陆续在亚龙湾内建成开业，度假酒店的投资商大多是来自国内发达地区的明星企业（表 5.5）。这些民营且资金实力雄厚的优秀企业抢滩登陆亚龙湾，不仅极大地推动了新时期亚龙湾度假区的高水平开发，而且充分说明亚龙湾度假区巨大的商业价值和投资者对亚龙湾市场前景的高度认同。

表 5.5 亚龙湾和银滩度假区主要接待设施投资来源比较

亚龙湾		银滩	
酒店名称	投资主体	酒店名称	投资主体
喜来登度假酒店	三亚盈湾旅业有限公司 股东： 　海口兆林实业有限公司 　北京盈生创新科技有限公司 　美国华美置业有限公司	海滩大酒店	中国电信集团广西电信公司
家化万豪度假酒店	三亚家化旅游有限公司 股东： 　上海家化（集团）有限公司 　上海瀚殷实业有限公司 　上海兴鑫房地产开发有限公司	金港酒店	中国工商银行广西区分行
红树林度假酒店	北京今典集团	翠苑宾馆	广西壮族自治区国税局
假日度假酒店	亚龙湾海景国际有限公司	中国人民银行广西北海干部培训中心	中国人民银行北海分行
天域酒店	三亚银泰城市开发有限公司	铁工宾馆	铁道部中国铁路机车车辆工业总公司
天鸿度假村	海南宝华实业有限公司 股东： 　北京天鸿集团 　北京宝晟住房有限公司	潇湘宾馆	湖南老干部局
华宇皇冠假日酒店	山西华宇集团	桂冠北海度假酒店	广西桂冠电力股份有限公司
金茂三亚希尔顿大酒店	上海金茂集团	海天宾馆	国家农业部
寰岛海底世界酒店	中国寰岛集团	银谷湾大酒店	广西壮族自治区粮食局
亚龙湾高尔夫球会	中国光大集团	渡海楼宾馆	昆明市官渡区政府
金棕榈度假酒店	中科联控股集团有限公司	银滩度假村	深圳中航物业公司
环球城大酒店	海南星华实业投资有限公司	武警北海干部疗养院	广西壮族自治区武警总部

反观银滩度假区内的基础设施建设，则要逊色得多。在银滩开发初期的1991年，北海市的财政收入仅为1.95亿元，有限的财政收入根本无法保证大规模高档次的度假区基础设施投入。至银滩中区改造前，除了三横三纵的度假区道路系统外，银滩内已建的旅游基础设施仅有一个污水泵站和一个加油站，其余水、电等能源均只能靠当地的村镇设施提供，尚未建立起独立完善的度假区基础设施系统。

与亚龙湾度假区内接待设施投资高度市场化不同，银滩度假区内的旅游接待设施投资绝大多数来源于各级各类政府部门或国有企业（表5.5）。这些项目带有浓厚的行政经济色彩，多属于各级政府部门利用体制内的公共资源所兴建的，主要为部门内部服务的楼堂馆所项目。此类投资项目尽管能够依靠政府的高强度介入在短期内推动度假区快速发展，但随着市场经济改革的逐步深入终究无法摆脱制度性衰退的困境。

5.5.2 招商引资

与国内其他度假区"英雄不问出处"、"一网打尽"式的招商模式不同，亚龙湾公司在开发商选择方面自始至终采取高门槛策略，对拟进入区内的开发商制定了非常严格的准入标准，并形成了一整套考评机制。通常，亚龙湾公司要与拟进入的开发商进行多轮谈判，对开发商的实力背景、投资理念、市场预期分析以及长远发展规划等进行全方位的了解和沟通，以此作为决策的依据。只有在确定开发商有能力并与亚龙湾整体发展理念相吻合时，亚龙湾公司才会考虑与其合作。甚至，亚龙湾公司对某些重要地块的转让都没有决定权，需要提交到集团层面由董事会来决策，最大程度保证决策的科学性和严谨性。可见，亚龙湾公司并没有将自己和开发商看成是简单土地买卖的商业关系，而是更高层面上的战略合作伙伴关系。自始至终严格执行的高门槛策略，保证了亚龙湾内度假接待设施的高品位和高端市场的定位策略。

5.5.3 示范性项目建设

综合型旅游度假区开发的长期性，使得度假区在起步阶段项目投资通常具有很高的风险。国外综合型旅游度假区开发案例表明，私人投资者一般都不情愿率先在一个新度假区冒险投资（爱德华·因斯克普和马克·科伦伯格，1993）。印尼努沙杜阿度假区在起步阶段也遭遇了同样的瓶颈，后来两家国有企业——国家航空公司加鲁达（Garuda）的子公司PT艾诺维斯特（Aerowsuta）和PTHI饭店公司，成为首批旅游度假项目的投资者。1987年，地中海俱乐部（Med Club）饭店集团在杜阿岛的投资开发，进一步提升了国际投资者对努沙杜阿度假区的信心，推动了度假区的快速发展。

亚龙湾公司利用其雄厚的资金和专业技术优势，在亚龙湾度假区开发过程中推行的示范性项目开发战略，对推动亚龙湾度假区的发展起到了非常关键的作用。该战略具体分三个阶段：

一是在中粮集团进入初期，通过投资兴建中国第一家五星级滨海度假酒店——凯莱酒店，引领和示范了国内五星级滨海度假酒店的设计理念和风格，彻底改变了国人对度假酒店的认识，给人们头脑中固有的酒店模式带来了巨大的冲击与震撼。同时激发了国内高端度假消费需求，并对湾内后续高星级度假酒店开发产生了显著的示范效应。凯莱酒店建成后，成为亚龙湾一线海景豪华度假酒店的标杆和样板，也奠定了亚龙湾在国内独树一帜的高端滨海旅游度假区形象。

二是通过投资兴建仙人掌酒店，示范了亚龙湾度假区二线滨海度假酒店开发模式。二线度假酒店主要定位于四星级，价格方面与五星级一线豪华酒店适当拉开档次，以规模和高性价比取胜，面向国内更大众化的度假游客和潜在市场。

三是在湾内酒店建设逐步成熟，品牌价值日益凸显的成熟期，适时引入度假房地产概念，充分利用度假区腹地空间，实施"度假酒店+度假房地产"开发模式。

通过三个阶段的示范性旅游项目开发，亚龙湾公司引领着度假区开发的重点项目和战略方向，始终走在亚龙湾度假区开发的前沿，逐步推动亚龙湾成为国内豪华滨海旅游度假区的旗舰。

5.5.4　项目规模及档次

亚龙湾和银滩度假区内已建成营业的度假酒店项目在规模和档次也不可同日而语（表5.6）。亚龙湾内一线滨海度假酒店占地面积都在 $10hm^2$ 以上，而银滩内规模最大的海滩大酒店占地仅 $1.1hm^2$，相差近十倍；亚龙湾内五星级度假酒店的客房数一般为500间左右，且基本上由国际著名酒店管理集团运营管理，而银滩内海滩大酒店仅有181间客房，更无法达到国际化管理水平；度假接待设施的档次更是相差悬殊，截至2009年，亚龙湾度假区内已建成运营的五星级度假酒店已有11家（包括待评五星），而银滩度假区尚无五星级酒店。此外，亚龙湾度假区内已建成一座国际标准的36洞高尔夫球场，紧邻度假区外围，18洞亚龙湾红峡谷高尔夫俱乐部也已于2004年10月开业；而银滩度假区内尚无高尔夫球场。

表 5.6　亚龙湾和银滩度假区内代表性酒店规模比较

	酒店名称	占地面积/hm²	客房数/间	星级
亚龙湾	凯莱度假酒店	10	403	五星
	喜来登度假酒店	10.6	511	五星
	家化万豪度假酒店	10.8	456	五星
	红树林度假酒店	10	502	五星
	华宇皇冠假日酒店	10.9	451	五星
	金茂三亚希尔顿大酒店	10	501	五星
银滩	海滩大酒店	1.1	181	四星
	翠苑宾馆	1.08	140	三星
	金港酒店	0.69	103	三星
	银滩度假村	0.25	200	三星
	桂冠电力北海度假酒店	不详	130	无
	海天宾馆	0.72	不详	无

数据来源：根据网络资料、各酒店宣传册收集整理；《北海银滩旅游区（中区）改造规划》，2002 年。

5.6　基础设施建设

基础设施建设对于综合型旅游度假区开发来说非常重要，这一点在世界旅游组织推荐的 6 个综合型旅游度假区成功案例中都有显著的体现。世界旅游组织的专家对每个度假区的基础设施建设都给予了详尽的介绍，并将度假区能否提供便利、畅通的交通基础设施和完善的公用设施，如水电供应系统、通讯设施、污水及固体废物处理系统，作为评价度假区综合开发是否成功的首要因素（爱德华·因斯克普和马克·科伦伯格，1993）。

5.6.1　度假区开发边际回报率

度假区基础设施等开发投入存在着边际回报率变化规律（图 5.3）。在外部市场环境才出现巨大波动的情况下，综合型旅游度假区开发进程可分为四个阶段。

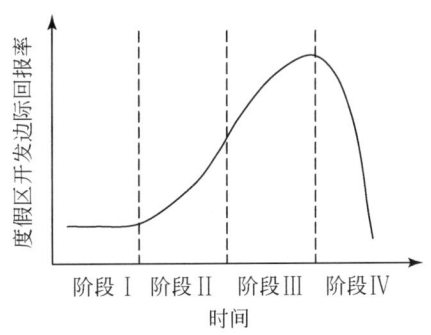

图 5.3 综合型旅游度假区开发边际回报率曲线

阶段Ⅰ：初期基础设施投入，回报率不明显。度假区作为一块尚未开发的生地，需要进行大规模前期投入，用于土地平整、区内社区居民拆迁安置等准备工作，大致处于净投入开发阶段，对度假区开发收益的贡献不明显，表现在地价上仍是生地价格。

阶段Ⅱ：大规模基础设施投入，回报率快速上升。"七通一平"工程全面铺开，大规模基础设施建设快速推进。如果市场条件景气的话，此阶段度假区内地价快速上涨，度假区土地的边际回报率随之快速上升。度假区开始有一些地块出让，以补充基础设施开发投入的现金流。

阶段Ⅲ：基础设施基本完成，回报率稳定上升。大规模基础设施建设接近尾声，开发投入以美化度假区环境为主，基础设施投入的绝对量下降。度假区设施配套，环境优美，开发日臻成熟，地价接近峰值，是土地转让的黄金时期，能够为开发商带来稳定丰厚的现金流。同时，随着大规模土地转让，度假区土地储备日益下降。

阶段Ⅳ：回报率快速下降。度假区内土地储备已经耗尽，地价达到峰值，继续投入的回报率迅速降低。

图 5.3 揭示了综合型旅游度假区基础设施投入和边际回报率之间的关系。显然，成功的综合型旅游度假区开发必须控制好开发投入和土地转让之间的比例，在适当的时机转让最大价值的土地，以获得最大的边际开发回报。

5.6.2 基础设施建设

亚龙湾度假区已完成的基础设施建设项目如表5.7所示。

表 5.7 亚龙湾度假区已完成的基础设施建设项目

类别	基础设施	类别	基础设施
道路	亚龙大道	通讯	卫星电视接收站
	亚龙大道复线		应急通讯中继线 88 门
	滨海大道		通讯管线
	百花路	给排水	东污水处理厂
	龙潭路		西污水处理厂
电力	110 万伏输变电工程		青田水厂
	35 万伏变电站增容扩建	邮电	邮电分局
	10 万伏供电和道路照明	绿化	每年投入 1000 多万元用于湾内清洁绿化
	10 万伏架空施工供电线路系统	拆迁补偿	投入 6000 多万元兴建 406 栋独户小楼，解决移民安置问题
燃气	燃气站		

数据来源：亚龙湾公司网站主页，http://www.ylb.com.

亚龙湾度假区的成功开发与几乎完美的度假区基础设施建设和开发商营造的超乎想象的优美环境是分不开的。度假区开发十多年来，亚龙湾公司对基础设施投入累计达到 12 亿元，建成了亚龙湾邮电分局、卫视中心、燃气站、东西污水处理厂、变电站及 15.6 km 的道路及各种市政管线，实现了"七通一平"①。更重要的是，亚龙湾内最具开发价值的滨海一线用地，大多是在湾内基础设施日臻成熟的阶段Ⅲ转让的。此时开发商的基础设施投入已经在地价中得到了较为充分的体现，开发商能够获得较高的边际回报率。

银滩度假区内的基础设施投入和建设状况则要逊色得多。前已述及，不再赘述。需要指出的是，银滩度假区内土地大规模转让先于基础设施建设，大部分转让土地仍属生地。较高的转让地价中绝大部分是土地投机造成的价格泡沫，而实际开发投入转化为地价增值部分的比重则较小。

5.6.3　环保设施建设

亚龙湾公司一直倡导生态至上的环保设施超前发展理念。公司先后投资 3000 多万元在湾内建起东、西两个污水处理厂。亚龙湾东污水处理厂设计日处理量为 5000 吨；西污水处理厂采用先进的生物接触氧化法，设计日处理量为 5000 吨，现日均进水量约 2500 吨，污水处理率达 100%，出水水质良好。经处理后的污水各项指标都达到国家

---

① 亚龙湾公司网站，http://www.ylb.com/disp.asp?class=19%20or%20boardid=39&id=130.

综合排放一级标准，并全部用于绿化浇灌，实现污水处理零排放。伴随亚龙湾度假区的深度开发，2005 年亚龙湾公司又斥资 2400 万元实施西污水处理厂二期项目建设。该项目建成后，亚龙湾度假区将形成一套工艺先进并满足需要的污水处理及回用系统，使区内在环境保护方面走在三亚市乃至海南省各景区的前列。2005 年 4 月，亚龙湾公司获得了"海南省生态环境保护先进"称号①。在度假区整体环境营造方面，亚龙湾公司也不遗余力，成立专门的绿化园林部，每年花费 1000 多万元用于度假区内环境卫生工作。

银滩度假区内原生的自然资源条件非常优越，尤其是沙滩质量实属罕见。但经过十多年的开发，现在的银滩几乎随处可见污水横流，垃圾遍地的景象。环境恶化固然与人类不合理开发有关，政府部门缺乏必要的环保设施投入也是重要原因。根据北海市市政规划，银滩中区污水将通过市政污水干管，送入北海市唯一的位于城北的红坎污水处理厂进行处理。但目前整个北海市污水市政管网还不完善，度假区内产生的污水大多未经处理直接排入银滩邻近海域，造成对近海水体及海岸线沙滩的污染②。

5.7 客源市场结构

度假区的游客来源地结构一定程度上反映了度假区的市场吸引力和开发绩效。亚龙湾度假区的客源市场以国内游客居多，外国游客所占比重较低。近年来，随着亚龙湾影响力的日渐扩大以及三亚旅游国际化程度的日益提升，来亚龙湾度假的外国游客越来越多，尤其是俄罗斯游客对于三亚和亚龙湾的兴趣日渐浓厚。2005 年以来，三亚市接待的外国游客中，俄罗斯游客数量增幅最为显著，俄罗斯已成为三亚最重要的海外客源国（图 5.4）。2005 年元旦期间，珠江国旅、康辉国旅、机场国旅接待的俄罗斯游客分别达到 1800 人、1000 人和 500 人，2004 年三亚市星级饭店接待的俄罗斯游客首次超过 10000 人（高虹，2005a）。据亚龙湾万豪度假酒店公关部经理介绍，"来三亚度假的都是当地中产或富人阶层"，"（2005 年）元旦以来，不下百名俄罗斯人同时入住万豪，一住就是十天半月，而且出手阔绰、消费惊人，新年那天每人光喝酒就花了几百块钱"。三亚市人民政府副市长李柏青先生这样比喻，按照外国游客和国内客源目前的旅游花费水平，3 万俄罗斯人在三亚住上 10 天，所带来的收益相当于 100 万名国内普通游客创造的价值。

---

① 亚龙湾公司网站，http：//www.ylb.com/dongtai/indexx.asp？class＝44&id＝210。
② 中国环境科学研究院《广西北海银滩环境综合整治工程项目建议书》1999 年 5 月，第 10 页。

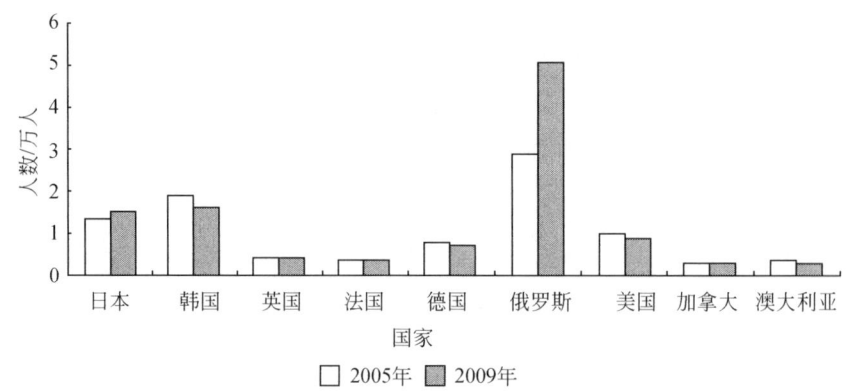

图 5.4 2005 年和 2009 年三亚主要外国客源国游客人数变化
数据来源：三亚市旅游产业发展局

在银滩度假区则很少有机会看到外国人。2004 年银滩大酒店仅接待入境游客 269 人次[①]。银滩度假区的国内游客主要来自广西本地和邻近西南各省，如重庆、四川、云南、贵州等内陆省份。对这些内陆省份游客来说，来北海看大海是最大的吸引。据北海市某资深导游介绍，近年来贵州游客数量显著上升，原因是有旅行社超低价竞争，在贵阳打出"300 元看大海"的广告招揽游客。300 元团费包括来回交通费、三天两晚的住宿餐饮费，旅行社在每个游客身上的利润仅 10 元左右。导游们戏称这种低价团队为"垃圾团"，而且这种"垃圾团"在北海国内游客结构中占有相当大的比例。可见，北海及银滩度假区在全国旅游市场上还只是区域性的中低端滨海观光旅游目的地。

5.8 小　　结

亚龙湾是唯一采用企业化开发管理模式并取得成功的国家级滨海旅游度假区，银滩则是国内地方政府主导下滨海旅游度假区发展模式的典型代表。迥异的度假区治理结构和发展模式，以及在地方政府介入程度及方式、土地管理、招商引资、开发水平和绩效等方面体现出的巨大差异，折射出我国滨海旅游度假区在政策导向、市场化程度、开发管理以及需求环境等方面的诸多深层次矛盾和制度特征。

亚龙湾度假区是企业主导下市场化开发的结果。第一，它的开发主体是完全市场化且资金技术实力雄厚的现代化大型股份制企业。第二，度假区经营性开发行为完全遵循市场规律，度假区土地资产、开发商的投入和产出等都能够通过市场价格机制得到真实体现，交易双方能够形成稳定客观的市场预期。第三，度假区主开发商通过市

[①] 数据来源：北海市旅游局。

场性契约获得度假区开发经营权，各项目投资商也独立承担开发行为产生的收益和市场风险，这有助于形成良性且有效的激励和约束机制。第四，地方政府对度假区内投资开发进行有效的外部监督控制，保证度假区总体规划和详细规划得到落实，并适度介入度假区内利益主体间的协调管理，度假区主开发商、各项目投资商及地方政府之间就度假区开发管理的权利边界界定清晰。

而银滩度假区则是地方政府主导下行政经济的产物。第一，它的开发管理主体是地方政府，行政任期的周期性和利益集团的复杂性常使得度假区开发管理权界定模糊，容易出现"公地悲剧"。第二，地方政府行政行为高度介入度假区开发管理，官员意志取代市场机制成为配置度假区资源的主导标准。第三，地方政府通过行政性契约获得任期内的度假区开发管理权，行政经济色彩浓厚的度假区项目投融资机制，使得地方政府、项目投资方与度假区开发绩效之间缺乏内在的、天然的、有效的利益联结和激励约束机制。第四，度假区开发管理权高度集中于地方政府首脑，容易受到领导个人认识水平和外部制度环境等诸多因素的影响。缺少有效的外部制约机制也易诱发领导者的机会主义行为。

第6章 气候因素对于滨海旅游度假区发展的影响

6.1 滨海旅游目的地的气候

气候因素是滨海旅游度假区发展重要的限制性条件，关系到滨海旅游目的地的质量和旅游季节的长短（范业正和郭来喜，1998）。其中，气温条件是决定滨海度假旅游开发的关键因素。从全球来看，已开发的国际著名滨海旅游目的地主要集中在中低纬度，即热带、亚热带的海岛或滨海地区。美国的加利福尼亚、夏威夷、墨西哥湾，澳大利亚的黄金海岸、阳光海岸，西班牙的太阳海岸、布拉瓦海岸，意大利的卡普里岛，希腊的罗得岛，印度尼西亚的巴厘岛等，都是著名的亚热带或热带海岛滨海旅游胜地（池雄标，2004）。

除了气温以外，对人体生理环境影响显著的气候指标还包括滨海旅游目的地的湿度、风力、日照等，它们直接影响到人体与外界环境的热量和水分交换，从而影响游客从事滨海旅游的生理感受和舒适性。为了准确测定气候因素对人体生理环境的影响，20世纪20年代起，国外学者陆续建立了相关气候生理指标，主要有有效温度（standard effective temperature，SET）、温湿指数（temperature humidity index，THI）、风效指数（index of wind effect，WEI）和舒适指数（comfort index，CI）。近年来，国内地理学者利用这些指标体系对国内各滨海旅游目的地的旅游气候条件进行了定量比较研究（赵宁曦和杨达源，1996；范业正和郭来喜，1998），揭示了我国滨海旅游气候资源的区域性特征。

值得一提的是，我国著名旅游地理学家郭来喜先生在他主持的"北海市旅游业总体规划（1997）"中，首次对我国滨海避寒气候条件进行了深入的比较分析。由于我国整体上处于北半球中纬度地区，从滨海旅游的气候资源价值来看，冬季避寒相对于夏季避暑气候来说更为稀缺，因此旅游价值更大。郭先生的研究发现，北海在国内具有发展避寒疗养旅游的气候比较优势。尽管这一结论还需要旅游开发实践的进一步检验，但这一观点对于我国南方滨海地区旅游开发具有十分重要的指导意义。

6.2 三亚气候条件的特殊性

从气候条件看，我国滨海地带从北至南跨越了三个大的气候带，即温带、亚热带和热带，具体又分为暖温带、北亚热带、中亚热带、南亚热带、北热带、中热带。有研究表明，我国滨海城市总体来说南方比北方适宜旅游期长，但以渤海湾沿岸城市及琼南沿岸城市适宜休疗养时间最长（4~6个月），是我国滨海度假和疗养的黄金地带（范业正和郭来喜，1998）。其中，渤海湾的大连、兴城、北戴河、昌黎为我国避暑胜地，海南三亚为避寒度假胜地，是我国唯一一处适宜于冬季（12月、1月、2月）度假的滨海旅游地。这一结论揭示出三亚在我国滨海旅游带中的独特气候优势。

本研究进一步发现，三亚在国内具有垄断性冬季避寒气候资源优势是亚龙湾度假区成功开发的关键因素。与之相比，北海虽具有一定的避寒气候条件，但优势并不突出。总体上，北海仍属于夏季避暑气候资源，这在一定程度上限制了银滩度假区的独特资源优势和发展空间。

6.3 若干证据

6.3.1 近海海水表层水温对比

近岸海水表层水温是滨海度假适宜性最直观、最直接的指标。不同水温给人的体验和感觉是不一样的，而且气温与水温之间存在一定的关联度。根据北方城市的观测和经验总结，水温在5~14℃，气温与水温几乎相当，入水以后有四肢轻微疼痛的感觉，不适宜进行水中活动。当水温在14~25℃时，气温要比水温平均高0.5~3.5℃，入水时比较舒适。而当气温高于25℃时，气温与水温相差不多，此时，水温稍凉，水中的感觉是舒适、爽快。

三亚近海表层水温的四季变化相当平稳（图6.1），各月份水温平均值为26.9℃，方差仅为2.022。北海近海表层水温的季节性变化幅度相对较大，平均水温为23.75℃，方差为5.7445。在适宜夏季避暑度假的6、7、8、9月，北海近海表层水温要略高于三亚；其他月份的海水温度均低于三亚。尤其是在冬季的11、12、1、2月，三亚近海表层海水温度平均高出北海8℃左右，三亚的冬季避寒优势表现得十分突出。实际的游客体验也是如此，三亚是我国唯一一个冬天能够下海的滨海城市，国内具有垄断性的滨海避寒度假气候优势十分显著。

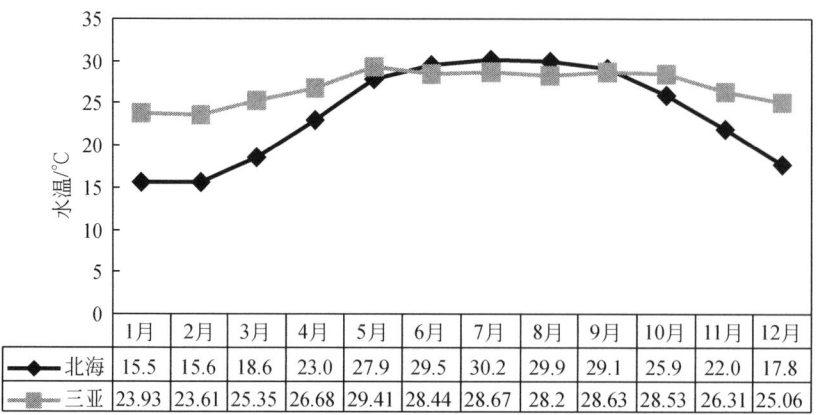

图 6.1 三亚和北海近海表层海水温度比较

数据来源：黄福祺，2002

6.3.2 旅游饭店季节性开房率对比

1. 旅游定点饭店季节性开房率对比

图 6.2 显示，三亚旅游饭店的季节性开房率变化曲线表现为 W 型，即夏淡冬旺。其中，6 月和 9 月是最淡的两个月份，7 月和 8 月则由于暑假的原因，形成了小旺季。冬天三亚旅游的火爆，正是其避寒气候优势的体现。北海则正好相反，季节性变化曲线表现为 M 型，即夏旺冬淡。旅游旺季在适宜下水的夏季，一到冬季开房率则降至冰点，这是典型的夏季避暑旅游活动特点。可见，郭来喜先生从理论上揭示的北海冬季避寒的气候优势，并未得到市场的充分验证。换言之，北海虽具有一定的冬季避寒气候条件，但总体上仍属于夏季避暑型的气候曲线。

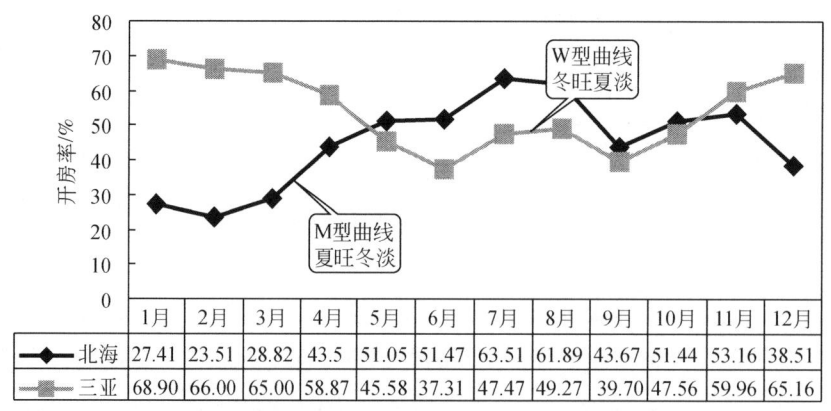

图 6.2 2004 年北海和三亚旅游饭店季节性开房率比较

数据来源：三亚市旅游产业发展局，北海市旅游局

2. 度假区内旅游饭店季节性开房率对比

选取亚龙湾和银滩度假区内的两处具有代表性的度假酒店，对其季节性开房率进行进一步的比较分析。亚龙湾仙人掌酒店是由亚龙湾开发股份有限公司按四星级标准投资兴建的度假酒店。该酒店于1998年1月开业，拥有客房585间，由凯莱国际酒店集团管理。北海海滩大酒店是由中国电信集团广西电信公司投资兴建的四星级度假酒店，酒店于2000年8月开业，拥有客房181间，是北海银滩度假区内规模最大、档次最高、经营业绩最好的酒店。

图6.3显示，两酒店的季节性开房率变化曲线形状与母城旅游饭店业整体情况基本一致，即亚龙湾仙人掌酒店呈现W型，而银滩海滩大酒店呈现M型。亚龙湾度假区内酒店冬季的火爆与这一结论相互印证。

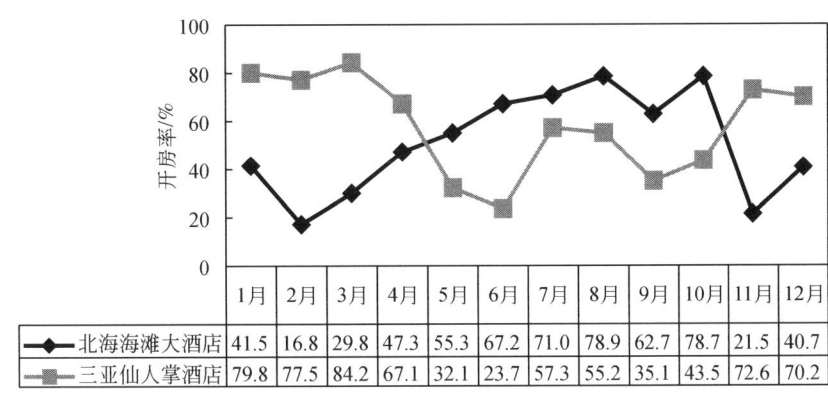

图6.3　2004年北海和三亚两家四星级酒店季节性开房率比较
数据来源：三亚亚龙湾开发股份有限公司，北海市旅游局

6.3.3　亚龙湾度假酒店市场需求特征

三亚在国内具有垄断性的避寒气候资源优势，不仅表现在旅游季节性方面与众不同，也引致了亚龙湾内度假酒店特殊的市场需求特征。

1. 奢侈性消费

如表6.1所示，亚龙湾内五星级度假酒店的平均房价（平季折后实价）在800元左右，和三亚其他两大度假酒店群落大东海和三亚湾海坡度假区的同档次酒店客房相比，房价高出一倍甚至两倍以上。如此高的房价不仅在经济相对落后的三亚独树一帜，就是在北京、上海、广州等经济发达的中心城市，也足以跻身于高档豪华酒店之列。可见，亚龙湾度假酒店消费水平在我国现阶段旅游消费中属于高档的奢侈性消费。

表 6.1　三亚三大区域五星级度假酒店房价比较

地区	酒店名称	高级海景房/元	高级园景房/元
亚龙湾	喜来登	1058	978
	凯莱	868	600
	天域	840	720
	万豪	898	784
	假日	680	580
	红树林	880	780
大东海	银泰	460	400
	山海天	580	380
	丽景海湾	450	300
三亚湾	椰林滩	380	300
	天福源	260	200
	假日	550	450
	海航	310	280

注：表中数据来源于海南三亚丽岛旅游服务有限公司网上预定系统 www.sylanhai.com，查询时间 2005 年 8 月。表中房价均为平季标准间折后实价。

2. 需求旺盛

如此高的房价并不是有价无市、曲高和寡，而是门庭若市、生意兴隆。尤其是在每年春节旅游旺季期间，亚龙湾度假区内酒店的平均入住率保持在 90% 以上[①]。以凯莱酒店为例，自 1996 年开业以来，该酒店的营业收入和上缴的地方税收持续走高（图 6.4）。2002 年以后，由于亚龙湾度假区内数家国际连锁品牌的度假酒店陆续开业，凯莱酒店的市场垄断地位受到了一定削弱，但仍然保持了较高的竞争力和盈利水平，目

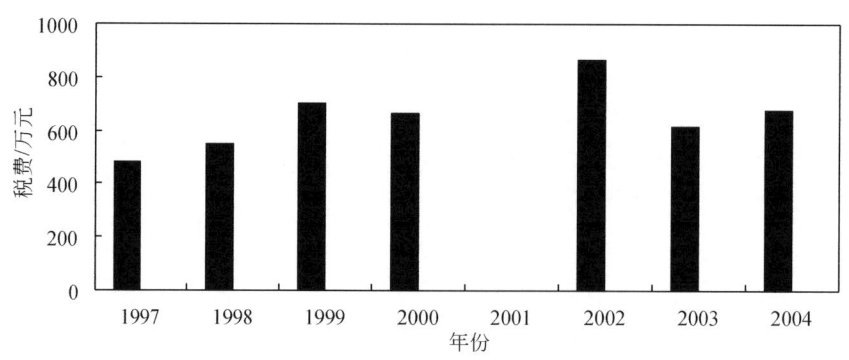

图 6.4　1997～2004 年亚龙湾凯莱度假酒店上缴的地方税费
数据来源：三亚市地方税务局。2001 年数据缺失

---

① 数据来源：三亚市旅游信息中心。

前仍是亚龙湾度假区内最受客人欢迎的度假酒店之一。2003年1月开业的喜来登度假酒店，是目前亚龙湾内盈利状况最好的酒店之一。2004年，喜来登度假酒店缴纳的地方税收收入达到1412万元①，超过湾内排名第二的天域度假酒店一倍以上，开业仅两年营业收入就突破了2亿元大关。自开业以来，喜来登度假酒店连续两年成为世界小姐组委会指定入住酒店，被誉为"世姐之家"。2005年，亚龙湾内的喜来登度假酒店与红树林度假酒店和假日度假酒店一起，入选了《21世纪经济报道》评选的"国内十大最受欢迎度假酒店"。

2004年岁末，印度洋海域突发海啸，东南亚一带滨海度假地旅游设施破坏严重。这使得国内部分出境度假游客临时改变计划涌向三亚，原本就较为火爆的三亚冬季度假旅游市场急剧升温，接待设施供不应求。作为三亚度假酒店市场领导者的亚龙湾喜来登酒店率先涨价，在春节房价的基础上进一步上调20%，豪华海景房房价达到6300元/间天，园景房、高尔夫景房也卖到4888元/间天。喜来登酒店的涨价行为迅速在亚龙湾内形成示范效应，十几家度假酒店纷纷以此为标杆制定房价，一时间涨声一片。家化万豪度假酒店最便宜的山景房价格为4393元/间天。2005年正月初二至初五，天域酒店的标准间房价达到3998元/间天。四星级的金棕榈酒店房价也为3000~4000元/间天。2005年1月底才试业的红树林度假酒店，尽管会议厅等许多相关设施还未完善，也将海景房和豪华海景房房价分别提高到5000元/间天和5500元/间天（高虹，2005b）。亚龙湾度假酒店此番得益于特殊机遇的涨价行为虽带有一些集体非理性性质，事实上，天价房价已远远超过市场的承受能力，后来不得不"集体跳水"，但这的确从一个侧面反映出亚龙湾内度假酒店具有的独特市场竞争优势和强大的旅游吸引力。

3. 广义的国内公款型消费支撑

首先，从国内外游客来源结构来看，亚龙湾度假区内酒店客源主要是国内游客，外国游客所占比重较低。这主要是由于周边东南亚等地滨海度假地发展相对成熟，以及亚龙湾及三亚旅游的国际竞争力仍相对较弱所致。近年来，随着"世界小姐"评选等一系列有影响力的大型活动成功举办，以及三亚城市吸引力和国际影响力的不断提升，亚龙湾的外国游客数量也在显著增加，尤其是俄罗斯游客比重上升较快。但在可预见的未来一段时间，亚龙湾内酒店以国内游客为主的客源结构不会发生根本改变。

其次，从国内游客的来源地空间范围来看，亚龙湾度假区游客的来源地非常广泛。旅行社组织的团队游客自不必说，散客和住店消费客人也来自全国各地。访谈得知，除了来自珠三角、长三角、京津等发达地区的度假客人比重较高外，东北、山东、西

---

① 数据来源：三亚市地方税务局。

北、西南等省份的客人都占有一定比例。这说明亚龙湾度假酒店的吸引力是全国向性的，能够吸引全国范围内高端度假消费需求，潜在市场范围广、规模大。

再次，从国内游客的消费形态来看，近乎天价的度假消费水平远非普通的自费游客所能承受。访谈中得知，目前亚龙湾内顶级度假酒店的消费客人大多属于广义的公款消费，如政府官员、大型国有企业和民营、外资企业高官人员在职消费等。此外，国内外大型企业会议度假需求所占的比重日渐升高，成为湾内酒店新的利润增长点。可见，亚龙湾内高端度假酒店所吸引的细分市场需求具有弱弹性的特征。正是这种缺乏弹性的特殊消费形态，构成了现阶段亚龙湾度假区快速发展的需求支撑。

综上，亚龙湾内度假酒店需求体现出的高消费、强需求、弱弹性特征，归根结底是亚龙湾滨海度假产品在市场上稀缺性的反映。而这种稀缺性，则来源于三亚在国内具有垄断性的滨海气候资源优势。

6.4 小　　结

三亚特有的冬季避寒气候资源优势是亚龙湾度假区成功开发的关键因素。由于滨海度假气候资源在国内具有相对垄断性，亚龙湾能够获得国内高端度假细分市场的青睐和追捧。独有的滨海度假气候资源与特殊的滨海度假需求形态相互作用，为亚龙湾度假区快速发展提供了充足的市场需求支撑。与亚龙湾相比，北海银滩虽具有一定的避寒气候条件，但优势并不突出，总体上仍属于夏季避暑型滨海气候资源。由于气候资源的遍在性，以及季节性、区域经济背景、区位交通等因素综合作用造成有效度假需求不足，银滩度假区在经历初期发展热潮以后长期处于衰退状态。

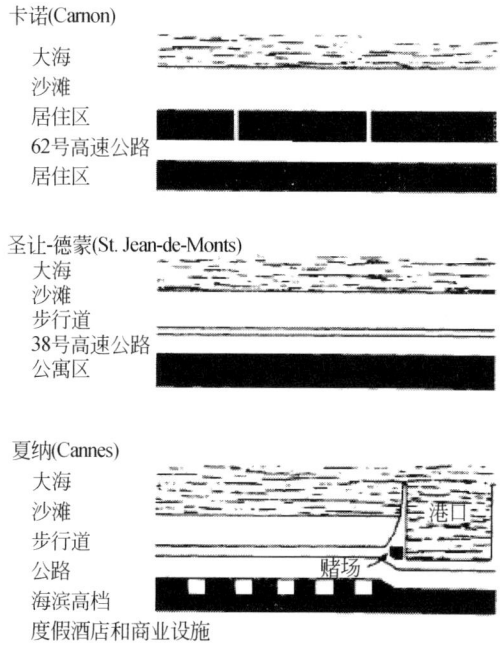

图 7.1　法国三个滨海旅游目的地线性形态

引自：Pearce，1978

7.2　滨海旅游度假区形态模型

7.2.1　滨海旅游度假区核心项目

旅游度假区是旅游者的短期居住地，旅游者希望能够体验他们在城市惯常生活中难以得到的休闲居住环境。因此，滨海旅游度假区的核心竞争力就在于为度假客人提供亲近大海，享受阳光沙滩的私密性休闲空间，品质卓越的滨海度假接待设施是滨海旅游度假最重要的旅游吸引物。从经济效益来看，尽管旅游度假区内有多种旅游服务设施，但若没有旅游者停留居住，其他的一切旅游设施必然得不到充分利用。事实上，国外成熟的旅游度假区经济收益，主要来源于住宿接待设施的收入（刘家明，2000），一个度假区的档次和市场影响力也在很大程度上取决于度假区内有没有一流的度假酒店。高水平的高尔夫球场也是一流度假区所不可缺少的娱乐设施。纵观世界著名的滨海旅游度假区，高尔夫球场总是与豪华度假酒店相辅相成。换言之，符合国际标准的高尔夫球场已成为高尚度假区的标准配置。尽管在某些度假区，高尔夫球场的

第7章　形态规划对于滨海旅游度假区发展的影响

7.1　滨海旅游度假地的形态规划

20世纪中期以来，滨海度假活动在世界范围内获得了大发展，同时也造成了广泛的滨海旅游度假地城市化现象（Pigram，1977；Mullins，1991；Smith，1992b）。在东南亚、澳大利亚的一些滨海地区，酒吧、夜总会、按摩室等旅游设施绵延数千米，无序的线性扩张、未加控制的过度商业开发对海岸环境的影响巨大。滨海旅游度假地城市化是在缺乏有效规划管制的情况下，开发商的求利动机和滨海度假者的亲海动机相互作用的结果，是自然状态下滨海旅游度假地发展的必然归宿（Wong，1998）。

度假设施的线性形态分布是滨海度假地的固有特征。巴瑞特（Barrett，1958）对于英国滨海度假地的研究，皮尔斯（Pearce，1978）对于法国滨海度假地的研究（图7.1），史密斯（Smith，1991）对于东南亚滨海度假地的研究，以及穆林斯（Mullins，1991）对于澳大利亚黄金海岸的研究等都发现，在缺少规划控制的城镇型滨海度假区（coastal town resort），无规划的线性扩张会产生多方面的负面影响。一是，由于滨海土地级差地租的作用，最靠近沙滩的一排建筑往往高度很高且很密集，这样既会造成视觉障碍，又会阻碍在后面居住的居民前往沙滩；二是，紧靠沙滩修筑的公路阻碍了度假客人自由的前往沙滩，尤其是在公路作为当地的主干要道时更是如此；三是，这种沿海岸线状或带状拓展的空间形态既不美观，又会造成环境破坏。建筑距离海滩过近或建设强度过大，由此所造成海岸线和海滩侵蚀问题必须引起高度重视。

未加规划控制的滨海度假地城市化，给东道社区带来了日益严重的生态环境危机。为了避免无规划发展的后果，综合型滨海旅游度假区发展模式应运而生。综合型滨海旅游度假区高度重视度假区的统一规划和建设，强调总体规划的制定能够保证在整体利益最大化的前提下，实现对度假区资源的有效利用和管理，并实现度假区在经济、环境和社会三方面均衡可持续发展。其中，度假区形态规划是综合型滨海旅游度假区规划研究及管理的重要内容。

开发条件由于各种原因尚不成熟，但在规划中预留足够的用地是必须的。

7.2.2 滨海旅游度假区形态模型

1. 旅游区形态分区模型（TDZ）

目前，比较流行的度假区形态分区模型是冈恩（Gunn，1988）提出的"旅游区分区"（tourism destination zoning，TDZ）理论，核心理念是"服务社区－吸引物聚集体"（community and attraction clustering，CAC）。冈恩认为，旅游区通常由两种功能组团和线状连接通道构成（图7.2），一种组团是服务社区（service community），另一种组团是吸引物组团（clustering of attractions），两组团之间通过道路连接系统贯穿起来，整个旅游区与外界的连通是通过服务社区作为枢纽实现的。

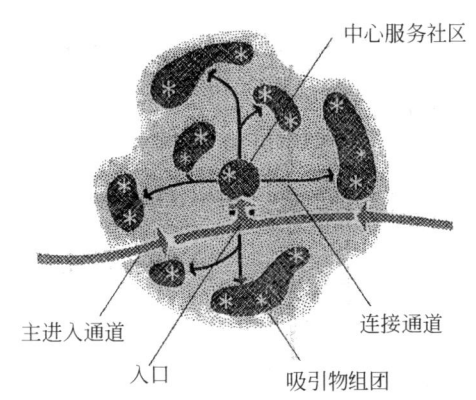

图7.2 旅游区形态分区的 TDZ 模型

引自：Gunn，1988

在旅游开发实践中，受旅游区类型和自然条件的限制，TDZ 模型一般有四种具体形式：带状式、单核式、双核式和组团式（图7.3）。带状式布局适用于滨海、河流或峡谷地区，旅游区的形态结构呈带状扩展，发展规模受到一定限制。单核式布局有一个服务中心，集中布局住宿、娱乐、餐饮等设施，其他吸引物和设施围绕中心分散分布，其间有交通联系。双核式布局一般适用于风景名胜区或自然保护区周围的度假区，其核心是受严密保护的自然区，限制乃至禁止游客进入。在保护区的边缘建立辅助性度假服务中心，集中配置野营、划船、越野、观望点等设施与服务，主要的度假设施则依托其边缘的度假城镇。组团式布局形成多个功能相对独立的组团，功能互补搭配，是目前旅游度假区规划与开发中较常用的结构。

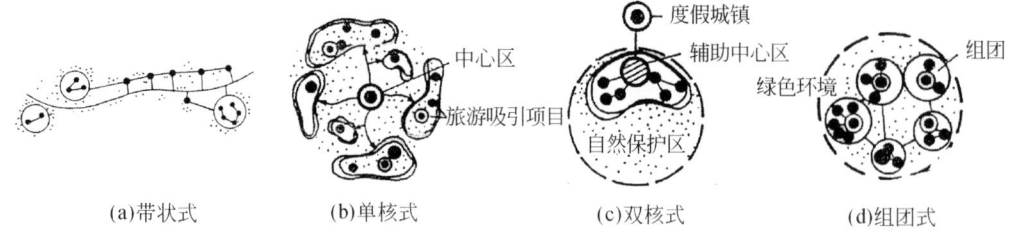

图 7.3　旅游地常见的空间布局模式

引自：柳意云，1999

冈恩的 TDZ 形态分区模型在我国国家级旅游度假区形态分区规划中得到了广泛的应用（表 7.1），每一个国家级度假区都规划了一个综合服务区，对应于 TDZ 模型的服务社区。此外，度假区其他的分区主要是各种类型的旅游吸引物组团，相当于冈恩的吸引物聚集体（刘家明，2000）。

表 7.1　国家级旅游度假区的形态分区

度假区	面积/km²	形态分区
大连金石滩	13.6	综合服务区、度假别墅区、地质景观游览区、高尔夫球场、国际游艇俱乐部、游乐运动场、森林狩猎区、海上运动游览区
青岛石老人	10.8	综合服务区、度假别墅区、海洋公园及海上游乐区、啤酒文化城、高尔夫球场、休闲健身区
苏州太湖	11.2	综合服务区、度假别墅区、吴文化城、水上风情园、桥岛风光区、高尔夫球场
无锡太湖	13.5	综合服务区、度假别墅区、水上活动区、康复中心、高尔夫球场
上海佘山	20.5	综合服务区、大众别墅区、乡野别墅区、佘山主景区、农田观光、水上漂流区、果林采摘区、环保教育区、生态核心区、休闲垂钓区、植物赏析区、爱心动物园区、野营烧烤区、主要入口区、快乐嘉年华、体育公园区、竞技比赛区、训练基地、攀岩蹦极区
杭州之江	9.9	综合服务区、度假别墅区、游乐购物区、高尔夫球场、大型淡水沙滩浴场
福建武夷山	12.0	综合服务区、度假别墅区、水上活动区、游览娱乐区、休闲区、武夷文化区
福建湄州岛	13.5	综合服务区、度假别墅区、妈祖文化城、高尔夫球场、贸易中心
广州南湖	15.0	综合服务区、度假别墅区、东方野生世界、高尔夫球场、娱乐购物区
北海银滩	12.0	综合服务区、度假别墅区、海滩康复区、海上运动区、娱乐购物区、高尔夫球场、文化活动区
昆明滇池	10.0	综合服务区、度假别墅区、高尔夫球场、现代游乐园、大型淡水沙滩浴场、民族文化风情园、垂钓基地、水上娱乐园、珍稀动植物观赏园
三亚亚龙湾	18.6	管理区、红霞区、龙溪区、高尔夫球场区、港城区、滨海酒店区、环湖区、环湖东区

修改自：刘家明，2000。

TDZ 形态分区模型是对各种类型旅游区空间结构的高度抽象，并没有考虑旅游区功能定位及主导吸引物的差异。首先，旅游度假区的主导功能是以短期居住为主的度假活动，而不是传统的吸引物导向的观光活动。国家级旅游度假区更应该强调高水平的接待设施在度假区项目开发中的重要性，度假区的形态分区应以度假酒店类接待设施为核心，辅之以必要的娱乐休闲项目。其次，滨海旅游度假区的形态分区应体现滨海用地的级差地租原则，合理安排度假区的土地利用和项目布局，使得旅游项目的形态分区更符合滨海旅游度假区土地的经济属性。

2. 功能和级差地租导向的滨海旅游度假区形态分区模型

基于以上认识，作者提出功能和级差地租导向的滨海旅游度假区形态分区模型（图7.4）。

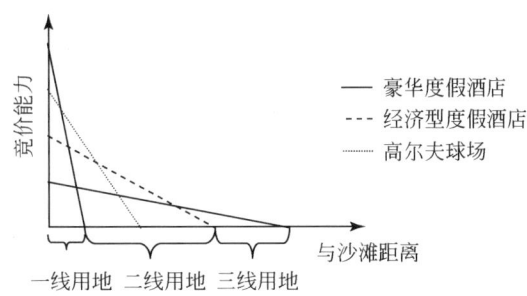

图7.4　滨海旅游度假区主要项目竞价能力与级差地租匹配示意图

注：此图受到中山大学旅游发展与规划研究中心徐红罡教授的启发，特此致谢！

功能导向，即强调度假接待和娱乐功能在滨海旅游度假区项目开发中的主体地位，以滨海度假酒店、高尔夫球场、潜水、游船等体验性度假项目作为招商引资和项目开发的重点，并在度假区空间安排和土地资源分配方面优先考虑。其他的诸如观光项目（海滨公园等）、大型游乐项目（主题公园等）、地产项目（旅游房地产等），应在主体功能得到满足的情况下酌情开发。

级差地租导向，即在滨海度假区功能地块划分时，考虑各类旅游项目的竞价能力（willingness to pay）与地块的级差地租相一致，使得滨海旅游度假区土地资源的开发价值得到优化，并实现投资商的投资回报和度假游客的消费体验的双赢。具体来说，一线滨海用地的租金最高，相应的也要安排投资回报率最高的豪华度假酒店或酒店群落。这是滨海旅游度假区最重要的接待设施核心组团，一线用地的开发档次和水平直接决定了滨海旅游度假区的市场竞争力和开发绩效。经济型度假酒店的竞价能力相对较低，可安排二、三线用地。高尔夫球场对土地的需求量大，单位土地的竞价能力较低，但考虑到高尔夫球场与豪华度假酒店在空间上的度假功能互补性，可安排邻近度假酒店的二线或三线用地。其他项目同样依据竞价能力酌情安排用地。

需要指出的是，如果从短期看，旅游商业地产项目的竞价能力往往最强，投资回报率最高，因此最有能力占用滨海一线用地。但商业地产项目的过度开发无疑是与滨海旅游度假区的度假功能定位相违背的，是以损害度假区长远利益为代价获得短期投资效益。因此，对于有着既定发展目标和功能定位的综合型滨海旅游度假区来说，度假区的开发管理者需要始终对商业地产项目保持谨慎的态度，否则，旅游度假区极有可能蜕变为高尚地产居住区。

7.3 亚龙湾与银滩度假区形态比较

亚龙湾和银滩在度假区形态方面有诸多不同。这可能是因为两处度假区地理形态本身存在差异导致规划形态不同，也可能是由于度假区开发失控，导致土地利用和形态规划与规划方案不一致。亚龙湾度假区是在严格规划控制下发展起来的，亚龙湾的实际形态与其规划基本一致，而银滩度假区的规划控制力度相对较弱。此处的比较研究基于两处度假区的实际形态和对度假区发展的影响而展开（表7.2）。

表7.2 亚龙湾和银滩度假区形态及影响比较

度假区	形态要素	土地利用	影响
亚龙湾	封闭收费的中心广场	挤占一部分公共海滩	形成度假区内地标性景区，为开发商带来丰厚收益，一定程度上剥夺公众享受海滩的权利
	开放的公众海滨公园	预留一部分一线滨海用地	降低度假区开发强度，保留更多公共绿地，但也损失了较多开发收益
	高档滨海度假酒店	位于一线滨海用地，但与沙滩保持足够距离，沙滩资源由各酒店分段实行半封闭式管理	体现滨海度假级差地租，提升度假区消费档次和市场形象，对海滩自然环境没有造成显著危害
	旅游地产项目	不占用一线滨海土地，主要集中在二线和三线用地	维护度假区主体功能，在度假区形象树立及度假功能实现的基础上，通过房地产开发进一步加大度假区开发的现金流，形成度假区房地产开发良性互动
	商业购物娱乐设施	在度假区核心区集中布置商业设施	规范管理，方便度假客人，丰富度假活动
	原住民社区	整体性搬迁，度假区封闭性开发管理	对度假区土地利用不构成影响，保证度假区一体化开发，但原住民社区有被边缘化的危险
	度假区地块分区	体现滨海旅游度假区级差地租和优化利用原则	度假区有限土地资源得到优化开发利用，实现度假区开发高收益与度假客人高体验的良性统一
	地块分割	相对完整且比较集中	能够满足高档次大型旅游项目开发需要

续表

度假区	形态要素	土地利用	影响
银滩	封闭收费的海滨公园	挤占公共海滩	剥夺公众享受海滩的权利
	小型接待设施	直接建在沙滩上，并在沙滩上兴建人工防浪堤	降低度假区开发档次，对生态环境造成严重破坏
	旅游地产项目	缺少明确的分区建设规划，一线滨海用地大量用于房地产项目	旅游地产项目过度开发，偏离度假功能定位
	商业购物娱乐设施	没有统一规范的商业区	零售摊贩流动经营，难于管理，宰客现象严重，严重损害度假区形象和口碑
	原住民社区	社区与度假区空间混杂	度假区土地多头分割占用，类型混杂，无法实现有效的一体化开发管理，社区生产生活对度假区造成重大影响，损害国家级度假区形象
	度假区地块分区	没有体现级差地租和优化开发原则	度假区开发无明显的功能区块定位导向，缺乏实际的规划指导意义
	地块分割	零散，规模偏小	只能用于小型低档次项目开发，造成度假区整体开发档次低下

7.3.1 海滨公园

亚龙湾和银滩都在度假区核心区域建有封闭性收费管理的海滨公园。由亚龙湾公司投资兴建的中心广场是亚龙湾内最重要的观光景点之一。该广场的建筑设计曾获得中国建筑界最高奖项"鲁班奖"，并在1996年1月1日作为"96中国休闲度假旅游年"开幕式的主会场。该广场绝佳的地理位置也为亚龙湾公司带来了丰厚的投资收益。尽管如此，占地7.1万 m² 的中心广场直接建在度假区核心区段的沙滩上，并实行封闭式收费管理，该项目的规划建设也引起了众多异议。银滩内的银滩公园和海滩公园同属封闭式收费管理的旅游项目。2003年5月1日起，两公园的围墙正式拆除，实现了对普通民众免费开放。无论如何，在公共沙滩上修建海滨公园收取门票，不仅偏离了旅游度假区的项目和功能定位，对脆弱的海岸带生态环境造成危害，也有违滨海沙滩免费向公众开放的国际惯例。

值得一提的是，亚龙湾内除了中心广场外还保留了较大规模的一块滨海一线用地作为公共海滨公园，面积约155亩（图7.5）。这一规划举措有助于降低亚龙湾滨海一线用地的开发强度，为公众提供更多的滨海公共休闲空间，因此具有很强的公益性色彩。从商业开发角度看，此地块的商业价值巨大，据保守估计，2002年该地块转让价至少过亿①。如果当初规划者有意开发此地块，并将滨海路东段北移，以留出更多可开发用地的话，该地块的商业利润将更为可观。亚龙湾一、二线滨海酒店房价之间的显著差异，也佐证了公共利益对该地块商业开发价值的影响。亚龙湾度假区内位于滨海路内侧的一线度假酒店，豪华海景标间的均价达到 800～900 元左右（平季折后实价），喜来登度假酒店更是一枝独秀，以 1596 元的高价成为湾内五星级酒店的房价领导者。而位于滨海路外侧的二线酒店，如天鸿度假村、金棕榈酒店等，海景标间的均价仅在 500～600 元左右。从追逐利益最大化的投资商看来，这似乎是一种巨大的资源浪费。在滨海度假区土地利用和微观形态设计层面，如何处理公众利益和私人利益、低密度开发和高密度开发之间的矛盾，这已经超出了滨海旅游度假区形态规划的技术层面要求。

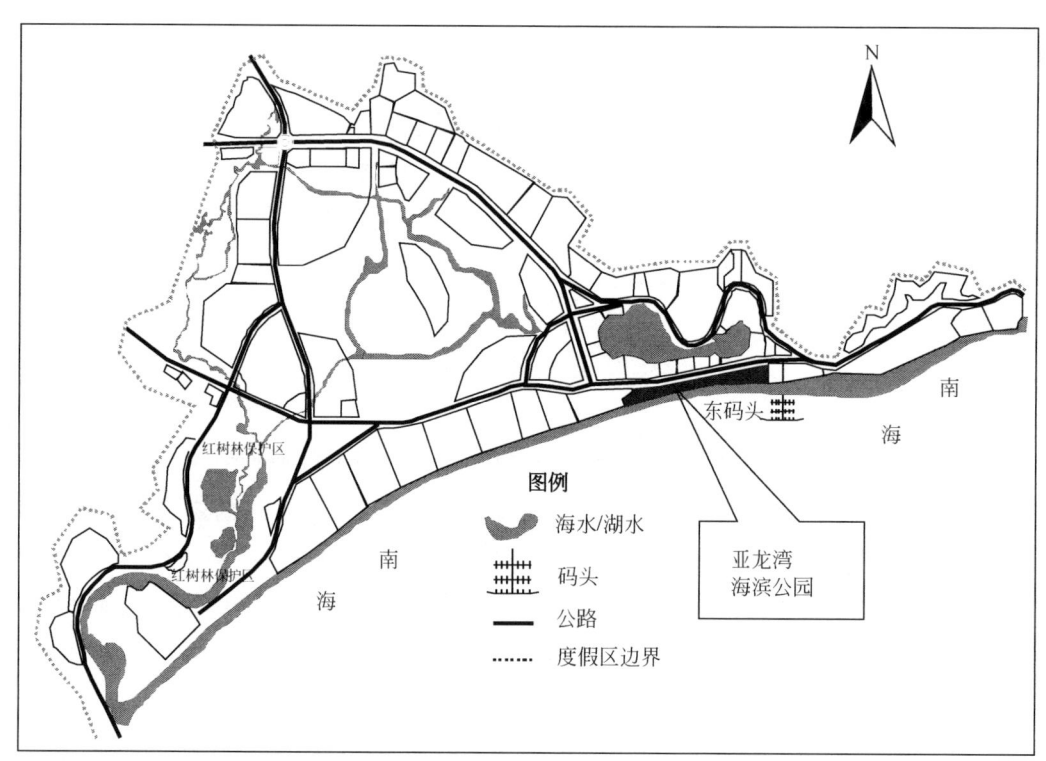

图 7.5　亚龙湾海滨公园区位示意图

"亚龙湾目前的规划确实存在着诸多不合理，如果换一个规划师重新规划，很可能开发效果要比现在好。但规划的制定有很多历史的因素，而且无论什么样的规划都有历史性，都会随着人们认识的逐步深入显得越来越不合时宜，现在都很难改变。十年前建的楼房现在来看肯定会发现很多不足。因此，规划的问题比较复杂，对历史形成

---

① 相似区位条件的喜来登酒店用地，转让价为 80 万元/亩，按此行情推算所得。

的规划现状过多指责于事无补,但在历史和现状的基础上总结经验教训,提高人们认识和未来规划的水平,则是非常有价值的。"

——亚龙湾公司某资深人士

7.3.2 滨海度假酒店

亚龙湾度假区最令游客称道的是位于一线滨海的众多个性张扬的豪华滨海度假酒店。这些酒店位于滨海大道和沙滩之间,充分利用了海景资源,给游客提供了超乎想象的私密性滨海度假空间,也给亚龙湾公司和酒店投资方带来了丰厚的投资回报。在生态影响方面,酒店与沙滩之间保留了相当的空地,尚未有研究发现滨海度假酒店建设对亚龙湾海岸生态造成显著影响。沙滩资源分段成为各酒店的附属资源,由酒店自行进行半封闭式管理,沙滩的卫生状况和度假娱乐环境明显好于完全公共开放的岸段。需要说明的是,这种半封闭式管理并不排斥非住店客人进入并使用沙滩,各酒店只是规定非住店客人不能使用酒店提供的沙滩设施,如太阳椅、浴巾、酒水服务等。不过在一般情况下,观光客人大多在旅行团的带领下经由公共入海通道进入沙滩,只有少数的散客会穿过酒店大堂进入沙滩。总之,亚龙湾一线豪华度假酒店群的形态规划和开发建设,无论在开发效益、游客体验和评价,以及海滩休闲环境质量方面都产生了积极影响。

银滩公园内的 34 栋建筑物是银滩开发最大的败笔。这些建筑物直接建在沙滩上,原生的沙坝被铲平,原生的防风林被砍伐,海岸自然生态环境和景观遭到了严重破坏①。建在潮间带上部分防波堤及挡浪建筑,使沿岸泥沙动力平衡受到破坏,割断了沙丘与沙滩物质相互交换的条件,影响了沙滩的正常发育。沙滩上的建筑物大多没有污水处理设施,污水直接排入大海,造成沙滩和近岸海水污染。

7.3.3 旅游商业地产

亚龙湾度假区内旅游商业地产项目开发在空间和时间上都受到了严格控制。申亚山庄是最早进入亚龙湾的房地产开发商,1998 年开始动工兴建一期工程,包括 2 栋 8 层高公寓楼和 16 栋别墅,选址位于亚龙大道东侧,属红霞区三线海景用地。问及当初进入亚龙湾时为什么不选择靠近海边的黄金地块时,申亚山庄的负责人解释道,亚龙湾总体规划中明确规定,一线海景用地严禁用于住宅类项目开发。1997 年编制的《亚

---

① 中国环境科学研究院,广西北海银滩环境综合整治工程项目建议书,第 13 页。

龙湾国家级旅游度假区控制性详细规划》进一步明确，将别墅式度假村等地产项目集中布局在度假区入口东侧的红霞区。

从旅游商业地产项目开发的时序上来看，亚龙湾度假区一直以来都是以度假酒店项目开发为主，只是2000年以来随着亚龙湾内度假接待设施开发日渐成熟，亚龙湾在市场上已经形成一定影响力，以产权酒店为代表的新型旅游地产项目开发才逐渐提上议事日程。因此，亚龙湾内旅游商业地产开发走的是度假旅游带动旅游地产，旅游地产推动度假区深度开发的良性互动发展模式（图7.6）。具体来说，依靠成功的旅游度假项目开发在市场上形成影响力，聚集人气，提升地价，为旅游商业地产项目高位进入提供平台；旅游商业地产项目的巨大利润成为度假区新的增长点，为度假区深度开发或区外投资寻求新的发展空间提供稳定的现金流。

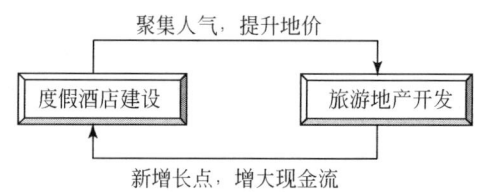

图7.6　亚龙湾旅游商业地产开发与度假区建设互动发展模式

与亚龙湾不同，银滩度假区内商业地产项目开发缺乏必要的规划控制。一线滨海地块大量用于兴建各类房地产类项目，成为地产投机商炒作的热土。最具代表性的当属海泰物业（北海）投资有限公司兴建的恒利海洋运动娱乐度假中心，兴建别墅439栋，当时盛极一时。然而地产泡沫破裂后，这里成为银滩难以抹去的一道深深的伤痕。类似失控的商业地产项目开发在银滩俯拾皆是。

时序方面，银滩内商业地产项目开发在度假区开发初期便大量出现，与度假接待设施建设几乎齐头并进，开发势头甚至强过后者。然而，仅仅以自然资源的吸引力作为地产项目支撑，而缺乏度假区整体旅游功能的依托，这种追求短期效益的旅游度假区商业地产项目开发往往偏离度假区的功能定位，难以实现度假区与地产开发的互动双赢。

7.3.4　商业购物娱乐设施

为了体现综合型滨海旅游度假区服务设施集中布局的原则，亚龙湾度假区规划了"一主两副"的公共旅游服务设施空间结构（图7.7）。"一主"是亚龙中心，位于亚龙大道和滨海路交点处，紧邻环湖旅游区，是整个度假区的商业与服务中心，设置兼顾度假游客与观光游客需求的商业、饮食业、服务业和文娱设施。"两副"分别是港龙中心和管理中心。其中，港龙中心位于滨海路、港城路和滨港路围合地带，安排公共旅游服务设施和商业设施，如美容美发、桑拿按摩、风情酒吧、情调茶座等。管理中心位于度假区入口处，主要用于安排度假区管理机构、医疗救护中心、金融、文化娱乐等公共设施。

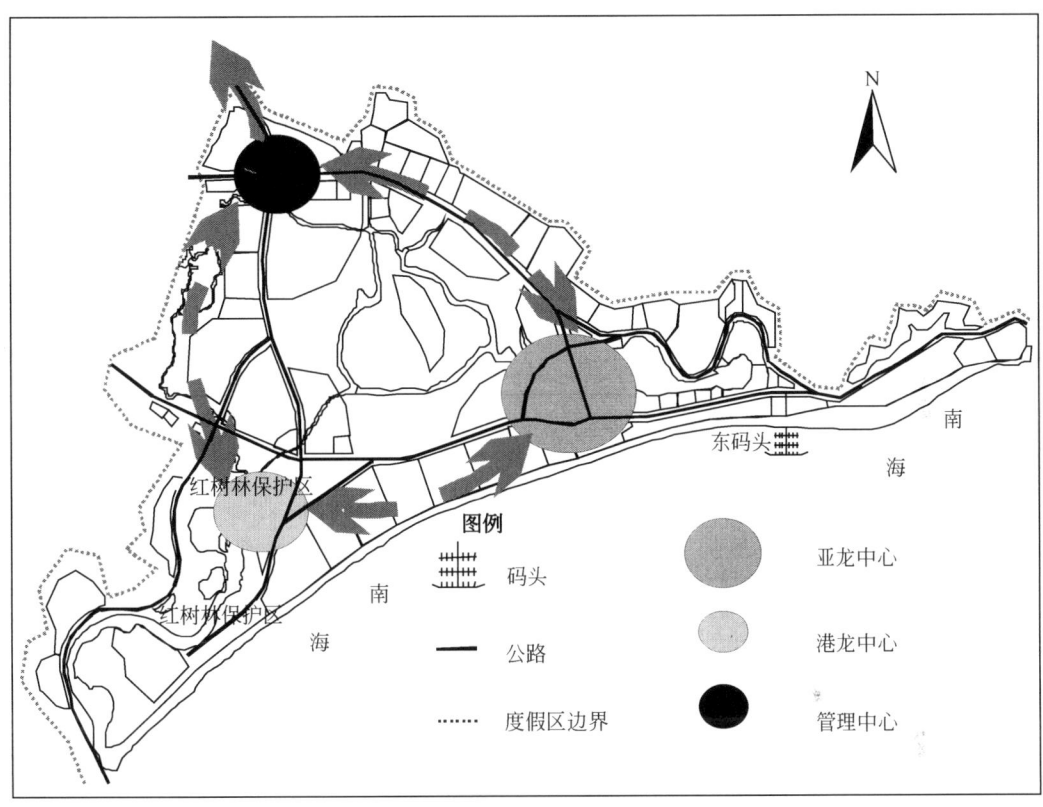

图7.7　亚龙湾度假区服务中心规划示意图
引自：《亚龙湾国家旅游度假区控制性详细规划》，1997年

亚龙湾公司投资兴建的大型湖滨商业街项目，正是为了打造亚龙中心成为整个度假区的商业中心区。该项目总用地面积约67400 m^2，其中商业用地约42400m^2，停车场约25000m^2。该项目选址参考了国际上著名度假区内商业设施的布局规律，即位于滨海一线度假酒店内侧，交通干线附近，形成统一规划的游憩商业中心区（图7.8）。

银滩度假区内除一部分固定营业场所的小型零售商业和餐饮业外，很多属于非正规的流动商贩。固定商业设施以点状和不规则的线状布局为主，比较零乱且档次较低，服务对象同时面对本地居民与游客。小商小贩沿街摆卖、拉客兜售和强买强卖旅游产品的现象非常普遍，严重影响银滩度假区的旅游商业环境。2001年，位于银滩公园北门的银滩旅游购物市场开业，该市场占地面积1080m^2，共有上百个摊位，主要经营旅

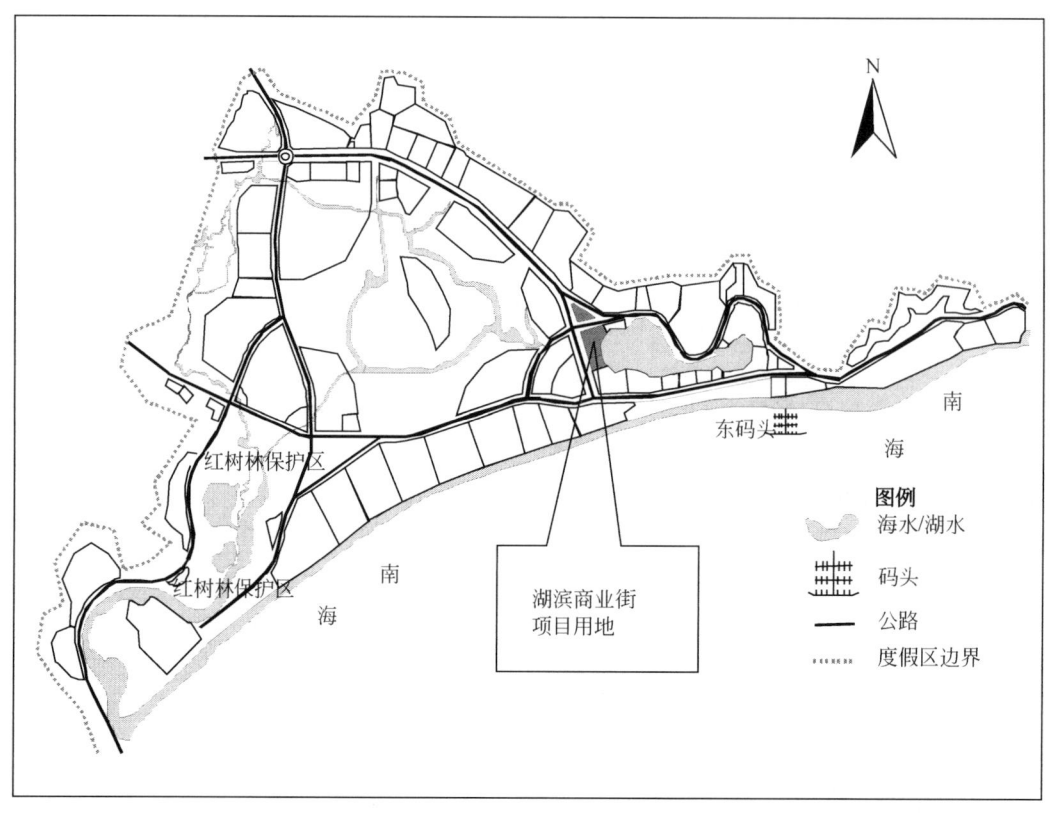

图 7.8　亚龙湾湖滨商业街区位示意图

引自：亚龙湾公司，http：//www.ylb.com/disp.asp? class=39&id=128

游工艺品、海味、珍珠、玉器、土特产品等。该市场的建成尽管在一定程度上改善了银滩内各摊点杂乱分散经营的面貌，但银滩的整体旅游商业环境仍与国家级旅游度假区的要求相差甚远。

7.3.5　分区规划和级差地租

亚龙湾度假区的分区规划具有两个显著特点：一是拟开发地块的用途和功能导向，二是级差地租导向。前者是指规划地块的开发用途非常明确，功能定位清晰，如管理区集中布局与度假区开发相关的公共管理设施，如消防、边防、派出所、医疗救护中心、开发公司管理中心、工作人员居住公寓等；滨海酒店区作为度假区最主要的旅游接待区，用于开发高档次的一线滨海度假酒店；高尔夫球场区用于开发高尔夫项目，等等。后者是指地块的功能和布局与滨海度假区土地的级差地租相适应，简言之，最适合的土地资源用于最适合的项目开发（图 7.9）。

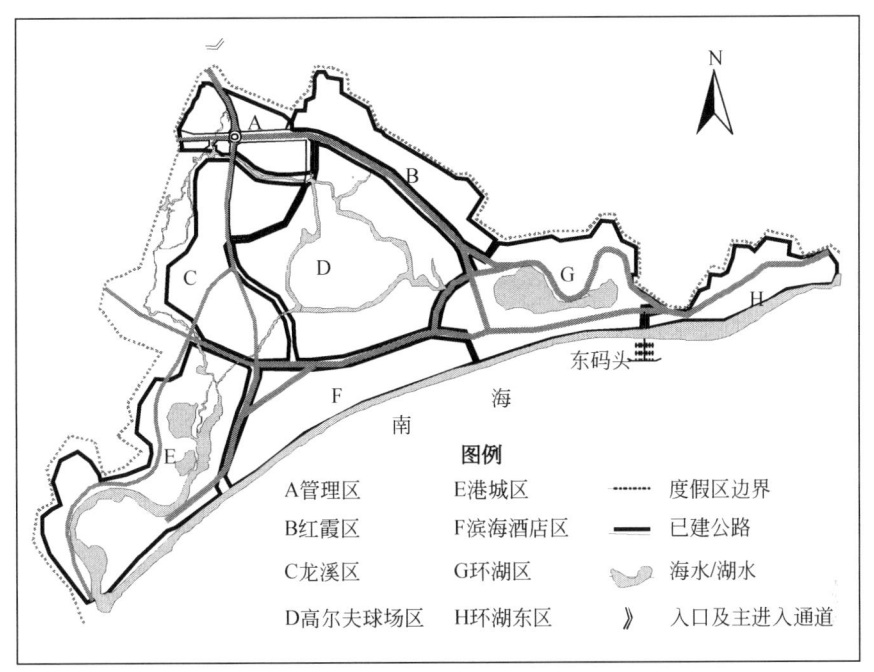

图 7.9 亚龙湾度假区规划分区示意图
修改自：《亚龙湾国家旅游度假区控制性详细规划》，1997 年

银滩度假区的分区规划和功能定位的原则则显得较为模糊（图 7.10）。这可能是银滩本身的用地条件错综复杂，以及大量历史遗留问题所造成的规划人员的无奈之举。如北海港旅游、渔业、商业运输功能的长期混杂，村落生产生活与度假区开发相互影响，地产泡沫破裂后长期得不到解决的烂尾楼问题，等等。无论如何，度假区分区规划和地块功能定位的模糊，必然会导致度假区土地利用和项目建设缺乏科学的空间导引，从而出现规划控制弱化和无规划开发的结果。

1. 亚龙湾度假区级差地租

亚龙湾度假区内土地的级差地租如图 7.11 所示。滨海一线用地的地价最为昂贵，据作者所掌握的资料，编号为 F-08 的喜来登酒店用地，当年的土地使用权转让价达到 80 万元/亩。处于二线海景的环湖旅游区，1994 年出让的编号为 G-17 的原中商俱乐部用地[①]，转让价为 45 万/亩。位于亚龙大道东侧的三线用地由亚龙湾公司投资开发公主郡旅游商业地产项目，具体地块的地价不详。尽管由于亚龙湾度假区整体土地市场价格

---

① 后来，中商公司将其名下的 G-17 和 G-18 两块地转让给海南信孚投资有限公司，2001 年 1 月由后者投资建成金棕榈酒店。

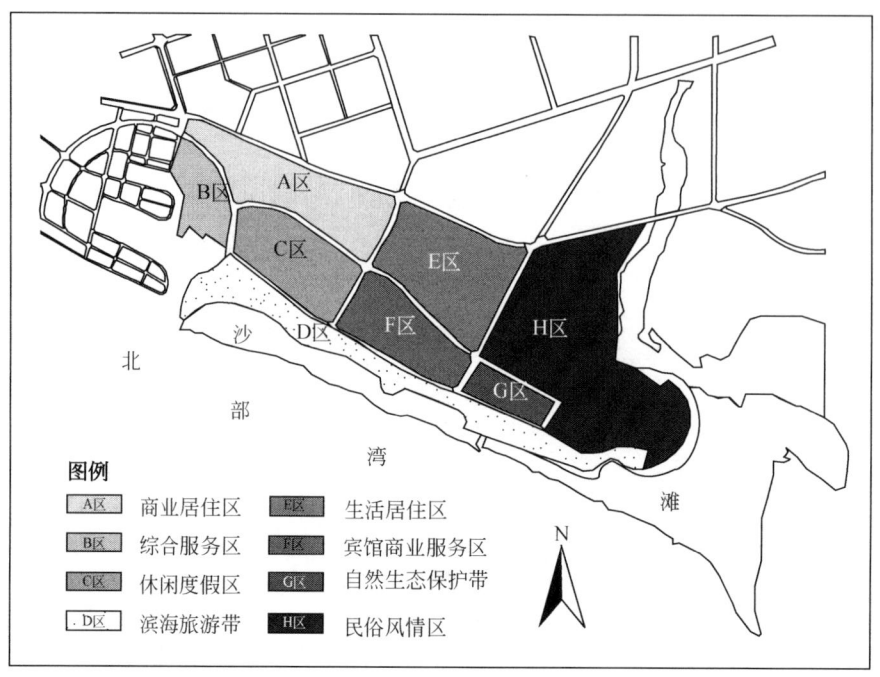

图 7.10 银滩中区规划分区示意图

引自：《北海银滩旅游区（中区）控制性详细规划》，2004 年

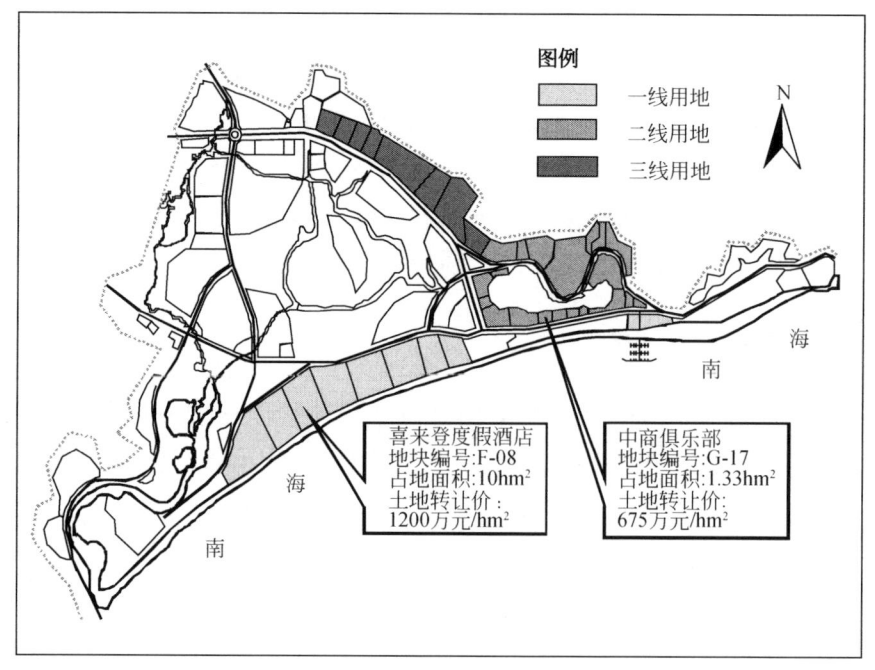

图 7.11 亚龙湾度假区内级差地租示意图

数据来源：笔者根据实地调研访谈资料整理所绘

起伏波动较大，不同年份的地价存在一定的不可比性，但在同一时期，一、二、三线用地之间存在的级差地租还是非常显著的。

亚龙湾度假区内不同地块之间地租的差异与所建酒店的档次和房价是对应的（图7.12）。截至2005年8月，一线滨海用地共开发了7座五星级豪华度假酒店，平均房价水平达到800元/间（平季折后实价）。可见，高地租带来了可观的高回报，2003年初建成营业的喜来登度假酒店，在短短5~6年内已收回全部投资。二线滨海用地主要用于开发四星级酒店，平均房价水平在600元/间左右。位于龙潭湖以北的仙人掌酒店是湾内唯一的经济型度假酒店，是大众团队客人的首选，平季房价在250元/间左右。由此可见，亚龙湾内度假酒店的档次和消费水平较好地反映了酒店所在区位的地租差异，高水平体验带来高消费，高消费支撑高房价，高房价回报高地租。换言之，用最适合的用地建最适合的酒店，湾内土地的价值得到了较为充分的体现。

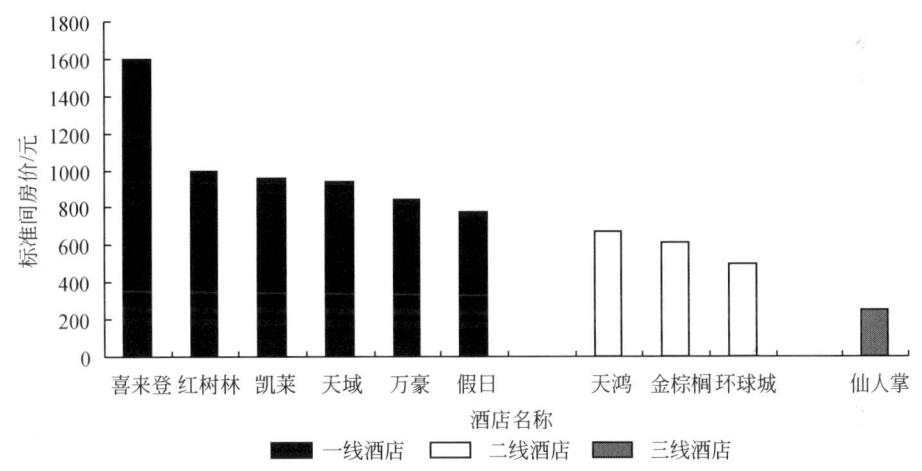

图7.12　亚龙湾度假区内一、二、三线酒店豪华海景标准间房价比较
数据来源：海南三亚丽岛旅游服务有限公司网上客房预定系统，查询时间2005年8月

除了滨海一线用地以外，亚龙湾内其他用地的功能分区也较好地体现了级差地租原则。如管理区不产生直接的开发效益，付租能力最低，因此位于距滨海最远的度假区入口处；红霞区主要用于房地产开发，是度假区未来潜在利润增长区域，置于三线用地位置；高尔夫球场区对土地需求量大，单位面积土地的开发效益低于滨海度假酒店，因此不能占用一线滨海用地，但同时滨海酒店与高尔夫球场又是相互补充的功能聚合体，因而将高尔夫球场置于紧邻滨海酒店的二线用地。

2. 银滩度假区级差地租

级差地租是滨海旅游度假区土地价格的市场反映，但如果在行政力量的过度干预下，级差地租极有可能模糊甚至消失。亚龙湾和银滩度假区形成了非常鲜明的对比，银滩在当年大规模大跃进式的开发中级差地租消耗殆尽。从这个意义上说，亚龙湾度假区开发最成功之处在于通过科学的形态规划设计和有效的规划控制管理，使得滨海度假区土地的级差地租得到市场承认，通过度假区土地利用和项目空间导引最终在度假区开发绩效上得到充分体现。因此，在滨海旅游度假区形态规划和开发控制过程中，要特别注重级差地租的影响，做好分区规划和项目空间导引，以体现滨海旅游度假区土地的级差地租属性。

7.3.6　度假区地块分割

亚龙湾度假区内土地分割出让的面积比较均等，且根据地块功能定位和拟引进项目的实际需要合理分割出让，较好满足了度假区整体发展和具体项目开发的需要。如滨海酒店区用于开发大型高档滨海度假酒店，用地条件比较平整，单位地块划分面积平均在 $10hm^2$ 左右，能够满足豪华滨海度假酒店开发需要；环湖旅游区用地条件较为局促和复杂，不适宜开发大型旅游项目，单位地块划分面积比较小，且预留出必要的公共绿地；高尔夫球场区对土地的需求量大，因此实行整体控制，弹性开发策略。

银滩度假区内的土地分割相当零散，单位项目的用地面积较小，有限的土地处于零敲碎打的开发状态，难以满足大型旅游项目投资需要。以旅游接待设施最密集的 F 区和 G 区为例（表 7.3），地块总面积为 $46.54hm^2$，总共涉及开发业主 39 家，平均每个项目占地仅 $1.19hm^2$。

表 7.3　银滩度假区 F 区和 G 区项目占地情况

类别	面积/hm^2	比例/%	涉及单位/家
保留建筑	8.93	19.2	11
停缓建工程复工	5.00	10.0	6
停缓建工程拆除重建	1.51	3.2	2
闲置土地整合开发	10.59	22.8	9
征用拆迁集体用地	20.51	44.8	11
合计	46.54	100	39

数据来源：《北海银滩旅游区（中区）控制性详细规划》，2004 年。

7.4　三亚滨海旅游度假区形态比较

从前文对两处案例度假区形态要素的对比中不难发现，亚龙湾在度假区形态规划方面的科学性远远优于银滩，这些成功的形态规划措施有力地推动了亚龙湾度假区高水平规划开发。同时，滨海旅游度假区形态规划的要求具有一定的共性，基于亚龙湾、大东海、海坡、印度尼西亚努沙杜阿等国内外其他具有代表性的滨海旅游度假区形态规划研究成果，可为国内其他滨海旅游度假区规划开发提供借鉴和参考。

7.4.1 案例概况

随着三亚滨海旅游快速发展，已逐渐形成了亚龙湾、大东海、海坡三个旅游接待设施聚集的滨海旅游度假区（图 7.13）。三大滨海旅游度假区形态各异，各具特色，分别代表了国际滨海度假区发育的三种典型形态特征。亚龙湾是统一规划、自成一体、封闭开发的综合型滨海旅游度假区。大东海开发较早，但设施布局较为局促混乱，出现了一定程度的城市化。随着近年来三亚湾路的更新改造，邻近凤凰镇的海坡一带开发骤然升温，成为众多国际酒店品牌和度假房地产的新宠儿。度假酒店和房地产项目沿三亚湾路一字排开，形成了海坡度假区。三种形态不同的典型滨海度假区共同在一个城市发育生成，这在中国滨海城市中尚不多见。

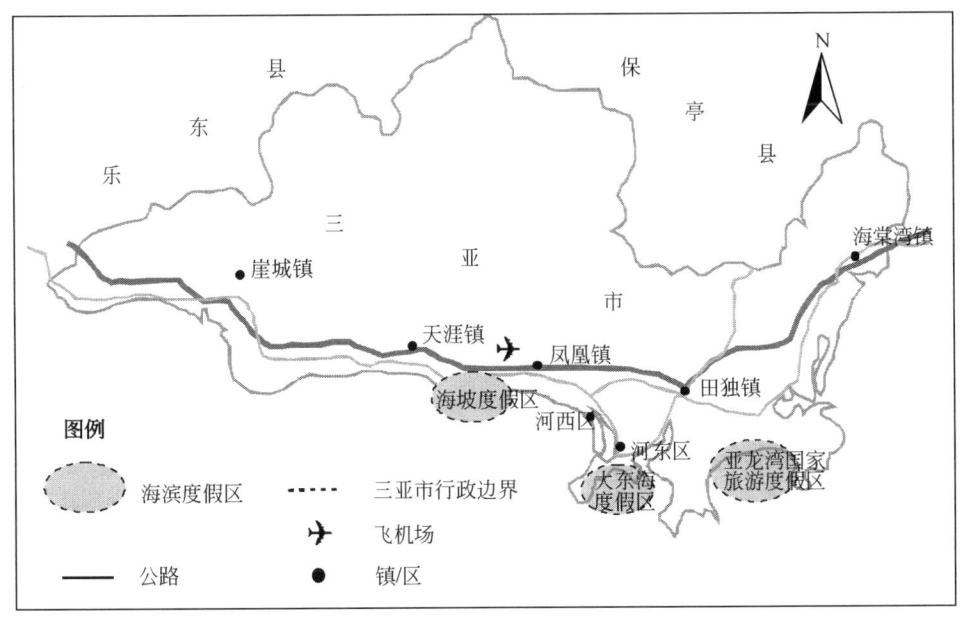

图 7.13 三亚三大滨海旅游度假区区位示意图

1. 亚龙湾

亚龙湾度假区位于三亚市东南约 20km 处，陆地规划面积 18.6km²，是首批设立的12个国家级旅游度假区之一。20世纪80年代末期海南省旅游总公司负责开发亚龙湾，后来度假区的开发权被三亚市政府收回。1992年5月三亚市成立了国有亚龙湾股份公司，由市政府授权该公司对亚龙湾度假区进行统一开发、统一规划、统一征地、统一招商、统一建设，是目前国内开发最为成熟的综合型滨海旅游度假区（图7.14）。

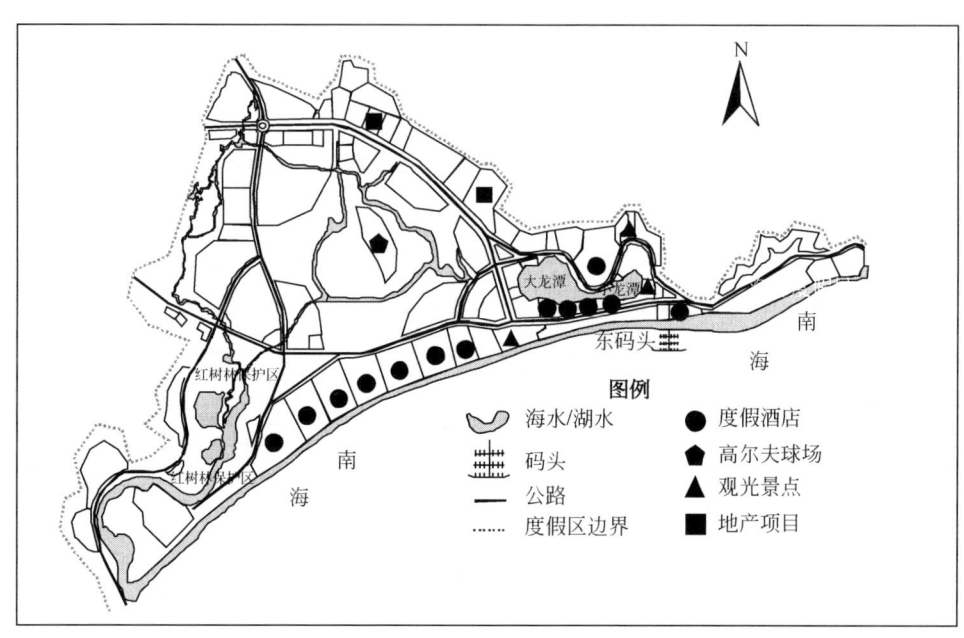

图7.14　亚龙湾度假区形态及设施分布示意图

2. 大东海度假区

大东海度假区位于三亚市区以东约3 km处，是三亚最早开发的滨海旅游区。由于优越的资源和便利的区位条件，20世纪80年代末，大东海开始吸引众多开发商前来投资建设酒店和其他旅游设施。1988~1996年间，大东海成为三亚旅游开发的重点区域，到处一片热气腾腾的施工景象。此间建成的代表性酒店有南中国大酒店（1992年8月开业）、夏威夷大酒店（1994年9月开业）、城市酒店（1995年2月开业）。由于当时国内滨海度假酒店的设计理念尚不成熟，大东海内城市商务酒店的规划痕迹过重，且酒店档次和规模普遍偏低。1996年以后，又有几家酒店在此建成开业，在档次和规模上虽有了提升，但仍没有完全跳出都市酒店的套路。

大东海度假区的开发自始自终缺乏严格的规划控制，已经出现了一定程度的城市化现象（图7.15）。酒店密集，沙滩开放，居民住宅、新建房地产项目和各种各样的旅游设施混杂在一起，区内景观与城区别无二致。尽管如此，由于紧邻市区，购物和娱乐设施配套相对完善，且酒店价廉物美，大东海仍受到国内外许多度假客人的青睐。

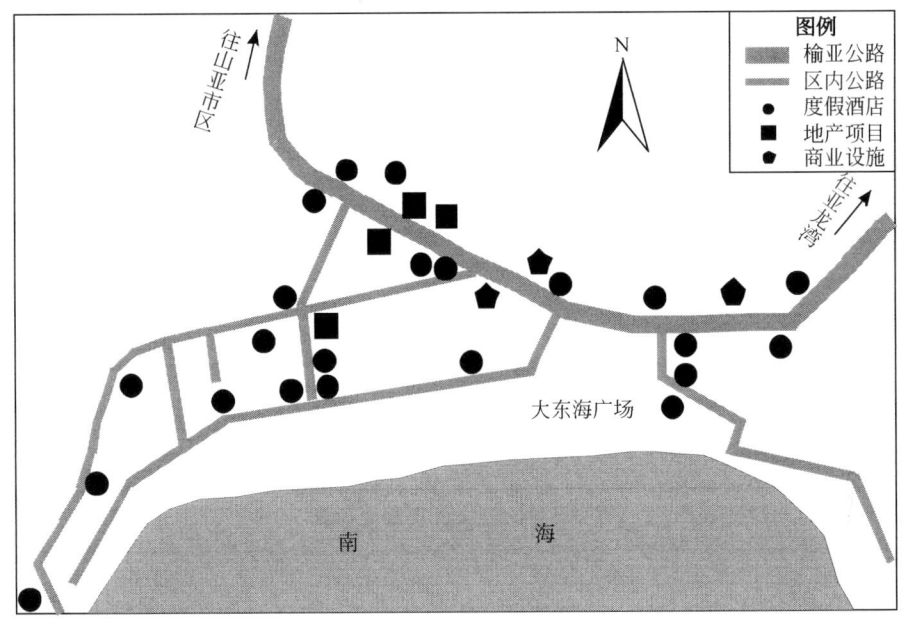

图7.15 大东海度假区形态及设施分布示意图

3. 海坡度假区

三亚湾绵延10多km，是三亚市最长的海湾，众多酒店散布其中。酒店和度假房地产较为集中的海坡度假区位于三亚湾西部，临近凤凰国际机场和凤凰镇（图7.16）。海坡旅游开发始于20世纪90年代初期三亚地产热，硝烟弥漫的圈地运动沿三亚湾快速向

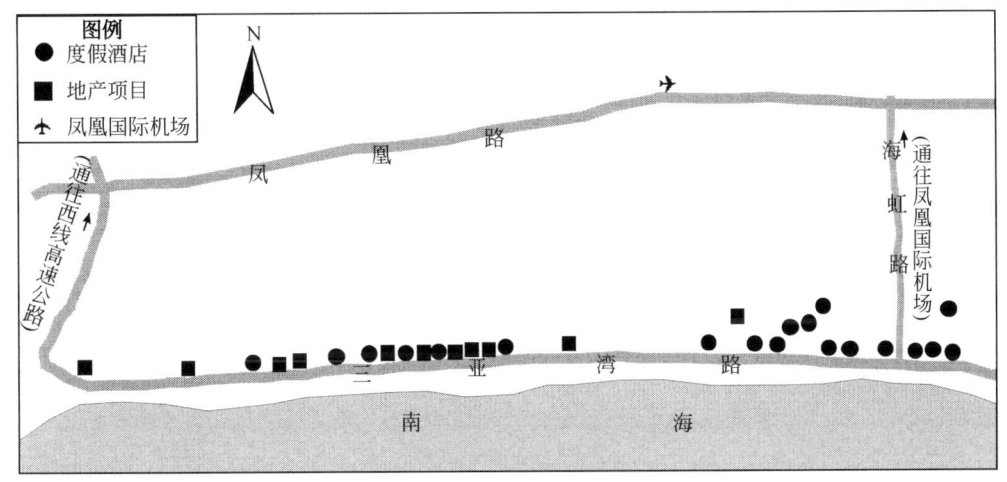

图7.16 海坡度假区形态及设施分布示意图

西蔓延。地产泡沫破灭后,这里成了三亚市烂尾楼博物馆,总计120宗停缓建工程多数就集中在三亚湾畔。这一时期海坡度假区并未形成规模,仅建成三亚度假村(1989年2月开业)、银苑度假村(1994年3月开业)、金海大酒店(1997年9月开业)等少数酒店设施。1999年开始三亚市政府加大了处理积压房地产的工作力度,三亚湾的投资开发出现复苏。尤其是2001年,三亚市政府斥资2.4亿元对三亚湾路进行更新改造,打造极富休闲情调的"椰梦长廊",三亚湾土地市场急剧升温,地价连创新高,掀起了新一轮圈地运动。度假酒店和旅游房地产项目大量进入,海坡逐渐发育成为继亚龙湾和大东海后三亚市一处新的滨海度假区。

7.4.2　滨海度假区形态比较

三亚三大滨海度假区形态比较如表7.4所示。

表7.4　三亚三大滨海度假区形态比较

形态要素	亚龙湾	大东海	海坡
度假区与社区空间关系	度假区与社区完全分离	度假区与社区混杂	度假区与社区分离
海滩空间私密性	半封闭式管理,部分海滩区段进入收费	开放式,公众可自由进入	开放式,公众可自由进入
设施类型	度假酒店,高尔夫球场,还有少量房地产项目和观光型景区(点)	度假酒店,城市居住区,旅游房地产,大量商业设施	度假酒店,旅游房地产
土地利用	有确定的功能分区,一线用地集中布局豪华度假酒店	无显著的功能分区,各类设施混杂,酒店风格各异,规模参差不齐	所有设施集中在三亚湾路北侧,呈线型布局,无显著功能分区
度假酒店与海滩空间关系	一线豪华酒店与沙滩连为一体	个别酒店相对封闭,与沙滩连为一体	三亚湾路将酒店和沙滩隔断

1. 度假区与社区空间关系

亚龙湾度假区与当地社区完全分离。早在度假区开发之初,亚龙湾公司就投资6000多万元,在度假区外围兴建了面积为 $13hm^2$ 的安置区,将区内原六盘村406户村民整体搬迁安置。这使得亚龙湾度假区成为完全意义上的旅游经济开发区。大东海由于紧邻市区中心,除了旅游度假的游客以外,还有相当数量的当地居民生活在度假区内,度假功能与生活居住功能混杂在一起,度假区已成为主城区的一部分。海坡度假区离市区较远，绝大部分集体用地已被征收转让，原住民大多搬迁到滨海内陆地区，度假区与当地社区基本上相互隔离。

2. 海滩空间私密性

亚龙湾度假区的海滩实行半封闭式管理。中心广场岸段由亚龙湾公司投资开发并收取进入门票。西线豪华度假酒店区段沙滩由各酒店实行分段管理，并为住店客人提供太阳椅、浴巾、酒水等度假服务设施，但并不排斥非住店客人进入并免费使用沙滩。观光客人大多在旅行团的带领下经由位于度假区东面海底世界前的公共入海通道进入沙滩。目前来看，由度假酒店实行半封闭式管理的沙滩岸段，其卫生状况和度假娱乐环境明显好于完全公共开放的岸段。大东海度假区是开放性的城市海滩，公众可自由进入沙滩享受海浴，因此邻近的度假酒店私密性会受到一定影响。海坡度假区的海滩资源也完全向公众开放。

3. 设施类型

亚龙湾度假区内的旅游服务设施主要有豪华度假酒店、高尔夫球场、观光景点、少量房地产项目，以及各类旅游基础设施。高档滨海度假的功能定位非常突出，且旅游服务设施自成一体，度假区能够提供客人所需的绝大多数度假消费项目。大东海度假区内充斥大量酒店、家庭旅馆、旅游房地产、原住民社区、商业设施及各类非正规部门，且接待设施规模和档次参差不齐，建筑风格各异。海坡度假区内的接待设施构成相对简单，主要是度假酒店和旅游房地产。

4. 土地利用

亚龙湾度假区在土地利用方面有严格的规划控制，滨海酒店区集中布局一线豪华度假酒店，环湖旅游区主要是经济型度假酒店，房地产项目只能在远离一线滨海的红霞区开发。大东海度假区内设施布局显得杂乱无章，缺乏必要的规划控制。大东海广场及一线酒店过分挤压海滩，各类商业设施见缝插针，生活垃圾和污水对海滩环境造成了一定影响。海坡度假区的开发受到了严格控制，度假酒店和旅游房地产全部集中于三亚湾路外侧，沿公路呈线型一字排开，海滩内侧除简易度假娱乐设施外，严禁任何项目开发建设。

5. 度假酒店与海滩空间关系

亚龙湾度假区内的一线豪华酒店与沙滩连为一体，保证了度假环境的私密性，给游客提供超乎想象的滨海度假体验。大东海度假区只有个别酒店与沙滩连为一体，如银泰酒店和山海天酒店，大众游客和市民的光顾对住店客人享受海滩造成了一定影响。海坡度假区的度假酒店全部位于滨海公路外侧，住店客人须穿越公路才能进入沙滩，较为不便且容易造成交通意外。

7.4.3 滨海度假区开发绩效比较

1. 高星级度假酒店数量分布

三亚市已开业的绝大多数高星级酒店都集中在三大度假区。其中，亚龙湾内五星级或待评五星级酒店数量最多，达到11家；大东海和海坡分别有5家和6家。亚龙湾内有4家四星级或待评四星级酒店，大东海和海坡分别有9家和10家（表7.5）。可见，尽管三处度假区都集中了众多高星级滨海度假酒店，亚龙湾度假区的接待设施档次从软硬件条件上仍略胜一筹。

表7.5 三亚三大滨海度假区高星级酒店分布

星级	三亚市	三大度假群落			
		亚龙湾	大东海	海坡	合计
五星（包括待评）级酒店数量	23	11	5	6	22
四星（包括待评）级酒店数量	35	4	9	10	23

数据来源：三亚市旅游产业发展局，数据截至2009年11月。

2. 高星级度假酒店平均房价

亚龙湾内高星级度假酒店平均房价远远高于大东海和海坡度假区（表7.6）。以高级海景房为例，亚龙湾喜来登度假酒店均价高达1058元，湾内其他五星级酒店的平季房价也大多在800元上下。相比之下，大东海度假区内五星级酒店的海景房均价约在500元左右，海坡度假区内度假酒店的均价水平则还要低。

表7.6 三亚三大滨海度假区内五星级度假酒店房价比较

度假区	度假酒店	高级海景房价格/元	高级园景房价格/元
亚龙湾	喜来登度假酒店	1058	978
	凯莱度假酒店	868	600
	天域度假酒店	840	720
	家化万豪度假酒店	898	784
	假日度假酒店	680	580
	红树林度假酒店	880	780

续表

度假区	度假酒店	高级海景房价格/元	高级园景房价格/元
大东海	银泰度假酒店	460	400
	山海天度假酒店	580	380
	丽景海湾假日酒店	450	300
海坡	椰林滩大酒店	380	300
	天福源度假酒店	260	200
	假日酒店	550	450
	海航度假酒店	310	280

数据来源：海南三亚丽岛旅游服务有限公司网上预定系统 www.sylanhai.com，查询时间 2005 年 8 月。

注：表中房价均为平季标准间折后实价。

3. 度假酒店对地方税收的贡献

根据我国税法规定，酒店行业所缴纳的地方税收主体税种是营业税，计税依据是当年营业额，一般税率为 5%。营业税占地方税的比重很高，以亚龙湾喜来登度假酒店为例，2004 年所缴纳的营业税占其地方税的比例为 77%[1]。因此，各酒店缴纳的地方税收可大致反映出酒店的营业收入水平。根据三亚市地税局提供的数字，2004 年三亚市重点纳税企业（以地方税收贡献为依据）中酒店类企业共 24 家，其中亚龙湾度假区内酒店有 11 家，大东海和海坡分别有 5 家和 4 家。将这些酒店缴纳的地方税收额进行指数化处理，按三大度假区分布绘制成图 7.17。可见，亚龙湾度假区内喜来登、天域、凯莱、假日酒店的地方税收贡献远远高于大东海和海坡度假区内酒店，喜来登度假酒店更是一枝独秀。家化万豪和红树林度假酒店由于开业不久，经营业绩还有很大上升空间。

4. 结论

以上对比分析显示，滨海旅游度假区的形态会对区内接待设施的消费档次和开发效益产生重大影响，亚龙湾度假区内的度假消费档次最高，大东海和海坡度假区次之，两者不相上下。房价水平是度假酒店在市场上竞争能力的综合体现，这种竞争能力不仅与酒店自身条件，如硬件设施水平、服务质量、酒店品牌、微观区位等有关，更与度假酒店所处的环境高度相关。三大滨海度假区内的五星级酒店所面对的外部市场需求条件基本相同，自身的硬件设施和服务质量的些许差距也不至于造成房价的巨大差

---

[1] 本节关于三亚旅游企业地方税收数据来源于三亚市地税局。

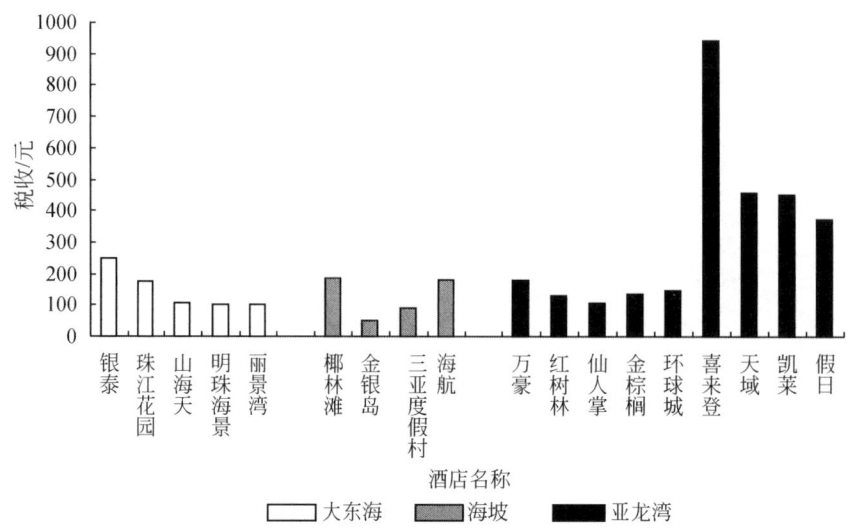

图 7.17　2004 年三亚三大滨海度假区内主要度假酒店地方税收贡献比较

数据来源：三亚市地方税务局

异。大东海和海坡度假区内也有一些国际著名连锁酒店品牌，如位于海坡的假日酒店与亚龙湾内的假日酒店均由假日集团管理，但前者的房价水平远不及后者。此外，绝大多数度假酒店都配有专车负责接送客人，交通非常方便，酒店与市区和机场的距离似乎也并不造成房价之大不同。况且亚龙湾度假区距离市区和机场最远。三大滨海度假区酒店房价迥异的重要原因是度假区形态和度假环境的私密性。滨海旅游度假区的核心竞争力在于为度假客人提供亲近大海，享受阳光沙滩的私密性度假空间。在度假设施内外部环境一定且区位交通便利的条件下，度假环境私密性越强，消费空间的专属性和排他性越高（exclusivity），度假客人愿意支付的心理价位越高，市场认同的度假酒店房价水平就会越高。

7.4.4　滨海度假区形态评介[①]

1. 亚龙湾度假区

尽管亚龙湾度假区很好地贯彻了综合型滨海度假区的形态规划要求，但在度假区土地利用和产品开发方面仍有一些值得商榷之处，突出表现在高端度假需求与大众观光产品之间矛盾的处理上。亚龙湾度假区在积极引进高端滨海度假酒店、高尔夫球场等度假设施的同时，也兴建了中心广场、蝴蝶谷、贝壳馆等观光型景点。中心广场作

---

① 本小节内容主要来自导师保继刚教授观点。

为亚龙湾度假区的标志性景点，曾作为"96中国度假休闲旅游年"开幕式的主会场受到广泛好评。尽管如此，占地7.1m²的广场直接建在度假区核心区段的沙滩上，并实行封闭式收费管理，不仅可能对脆弱的海岸带生态环境造成危害，也在一定程度上偏离了度假区的项目和功能定位。

海底世界是亚龙湾度假区内另一具有代表性的观光娱乐项目。由于该项目是度假区内唯一的海上及海底观光娱乐项目，再加上活动本身很有吸引力，开业以后经营火爆，成为众多来三亚的旅游团队必游的景点之一。海底世界酒店位于滨海路北侧，是旅游团队的集散中心。参加海上观光活动的游客必须穿过滨海路才能前往海滩，熙熙攘攘的团队游客常将这里挤得水泄不通。2000年，在三亚市政府的协调下，海底世界酒店投资建成通往海滩的下海通道，游客拥塞问题虽得到了一定缓解，但喧嚣的观光客流对邻近假日酒店度假环境的私密性造成了重要影响。

大众观光活动对度假酒店经营的影响可从假日酒店与其他一线酒店的房价对比中清楚地看出（表7.7）。亚龙湾度假区内现建成营业的五星级（包括待评五星）酒店绝大部分位于中心广场西侧、度假环境相对封闭的滨海酒店区，只有假日酒店位于中心广场东侧、邻近海底世界的环湖旅游区。位于湾内滨海一线的五星级度假酒店中，假日酒店的平季房价水平最低。作者对于其他酒店住店客人的访谈也发现，客人不选择假日酒店的最主要原因不是酒店硬件设施和服务水平较差，而是周边环境比较嘈杂①。

表7.7　亚龙湾度假区五星级酒店平季房价比较

酒店	高级海景房价格/元	高级园景房价格/元
喜来登度假酒店	1058	978
凯莱度假酒店	868	600
天域度假酒店	840	720
家化万豪度假酒店	898	784
红树林度假酒店	880	780
假日度假酒店	680	580

数据来源：海南三亚丽岛旅游服务有限公司网上客房预定系统，查询时间2005年8月。

注：表中房价均为标准间折后实价。

2. 大东海度假区

大东海度假区的形态有众多不尽如人意之处。大东海广场及一线滨海酒店过分挤

---

① 作者在凯莱度假酒店和喜来登度假酒店前的海滩上随机访谈了共10位前来度假的住店客人。问及为什么不选择假日酒店时，除了3位客人回答"由于是第一次来，对湾内酒店没有认知，旅行社或朋友代订"之外，其他7位熟悉湾内酒店的客人都回答"假日酒店的位置不好，不愿意受到团队游客的打扰"。

压海滩，蚕食本已不多的公共滨海休闲空间。一到节假日或旅游旺季，海滩上人头攒动，拥挤不堪。酒店、家庭旅馆、旅游房地产等接待设施过多过密，且规模和档次参差不齐，建筑风格各异。缺乏规划的商业设施过度开发，大量生活垃圾和污水对海滩环境造成了一定影响。

大东海度假区位于三亚主城区，应定位于公园化的城市公共海滩，主要为居民和游客提供休闲娱乐和观光服务功能。既如此，海滩附近酒店等接待设施不应过多过密，且滨海一线酒店应往内陆退缩，尽可能多的将有限的海滩休闲空间留给公众享用，营造环境宽松、休闲气息浓郁的城市公共海滩公园氛围。

如何在有限的滨海用地上规划布局海景酒店，使得海景资源得到充分且合理的开发利用，是滨海度假区规划者必须考虑的问题。大东海的珠江花园度假酒店形态值得商榷。该酒店位于大东海度假区入口处，紧邻大东海广场，占据了大东海度假区最佳的地理位置。酒店设计呈狭长的波浪形，整体面向大海（图 7.18）。这种形态设计对于占地面积仅 8240 m² 的酒店来说可能是利用海景资源的最佳选择，但对于度假区整体来说，则是对宝贵的一线用地及海景资源的极大浪费。国外成熟的滨海旅游度假区，滨海酒店一般呈楔形面向大海，且酒店与酒店之间保持一定距离（图 7.19）。这种布局和形态使得每座酒店都有相当数量的海景客房，从而提高滨海度假区海景资源的整体利用效率。

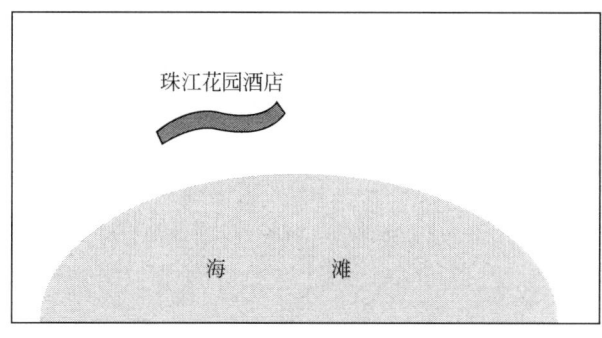

图 7.18　大东海珠江花园酒店与海滩空间关系

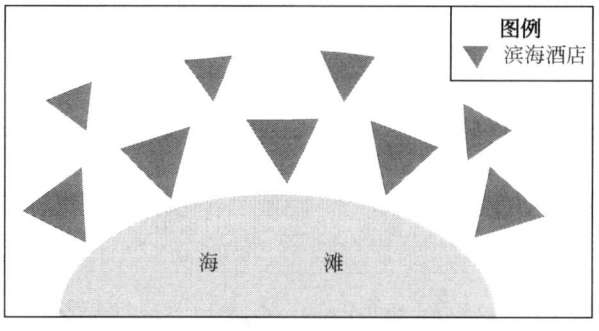

图 7.19　城市海滩度假酒店概念性布局和形态示意图

3. 海坡度假区

三亚湾路紧贴平直的三亚湾海滩修建，是一条名副其实的滨海路。这样的城市景观大道在国内滨海城市并不鲜见。三亚湾路以北几乎与之平行的凤凰路，西面与环海南岛的高速公路相连，是三亚市东西向交通的另一主要通道。在这样的交通格局下，三亚湾路和凤凰路显然应在功能定位上有所分工和侧重：凤凰路应承担较多的快速交通功能，而三亚湾路则应更多地强调景观及旅游功能。

以旅游功能定位来审视三亚湾路的形态设计，显然，红线宽度达到20m、双向四车道的三亚湾路过于平直和宽阔。这样的形态设计强化了三亚湾路的交通功能，而景观游憩功能则受到了削弱，游人穿越马路进入沙滩极为不便且容易造成意外。此外，三亚湾路的另一大卖点是靠近沙滩一侧近80m宽的滨海绿化带。此区域禁止修建任何建筑，完全留作公共绿地免费向公众开放。政府为公众提供了城市中最美丽、最有景观经济价值的地段和奢侈的休闲空间，并且耗巨资进行园林绿化和美化环境，园林绿化投资占了整个道路建设总投资的40%（佚名，2006）。然而，令人尴尬的是，由于过度强调滨海路的交通功能，游客的行为规律受到了影响，政府精心打造的景观大道无法成为游客驻留把玩的旅游景点。代价如此昂贵的豪华公共旅游产品，即使是在旅游旺季前来享受的游客及市民也并不多。绝大多数游客只是在前往下一个景点的旅游车上，透过车窗对三亚湾的美发出几声赞叹而已。

从更好地满足旅游需求和滨海空间经济性利用的角度出发，三亚湾路应避免单调乏味的平直形态，缩短路面宽度，并有针对性地对滨海地块加以开发利用。一种备选的方案是采用波浪形态设计，滨海路与海滩时而亲近，时而远离。道路两边根据需要配以椰树、棕榈等热带植物，用以隔离游客视觉空间，形成滨海风光有开有合，景观富于变化的不同视觉感受（图7.20）。绝大多数度假酒店及商业、接待设施依滨海路形

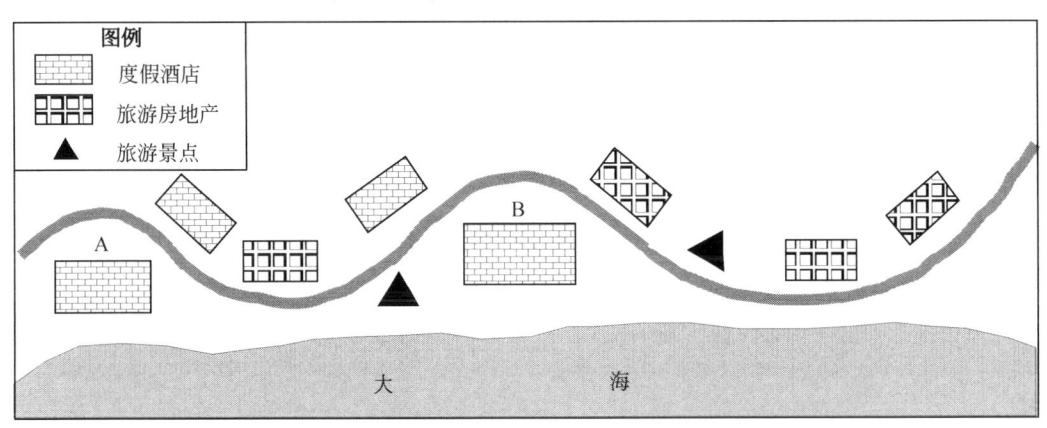

图7.20　海坡度假区概念性形态规划示意图

态分布在公路外侧，内侧开发条件较好的用地，如 A、B 处，也可规划开发自成一体的豪华度假酒店。此外，沿途可设置小型特色景点、观景平台、休憩设施等，供游客拍照、把玩和短暂休息。

4. 结论

滨海旅游度假区的类型和功能定位不同，形态规划的要求也应做适应性调整。亚龙湾是封闭性的综合型滨海旅游度假区，服务对象是高端度假细分市场而不是普通大众。因此，项目引进和开发应以高档度假消费为导向，与之可能会产生冲突的观光型景点、中低档接待设施、广场等项目应受到规模和空间上的严格控制。同时，对于度假区核心区段的重点开发用地，应充分征求各方意见，争取在公众利益和商业利益之间达成协调统一，实现度假区综合开发效益的优化和提升。大东海是公共性的城市海滩型度假区，是市民日常休闲娱乐和大众游客观光游览的重要场所。因此，接待设施的数量和布局应受到控制，不应过度挤压和蚕食稀缺的公共海滩休闲空间。海坡度假区的土地利用方向和强度与滨海交通干道的形态高度相关。作为一条景观游憩通道，滨海路不应承担过多的交通功能，因此在形态及宽度方面应作相应调整，以提高景观及度假服务功能和土地开发效益。

7.5　三亚亚龙湾与印尼努沙杜阿度假区形态比较

努沙杜阿度假区位于印度尼西亚巴厘岛，陆地规划面积 3.5km²。该度假区作为印尼政府和世界银行以及联合国开发计划署（UNDP）三方合作开发的项目，由印尼中央政府授权的巴厘旅游开发公司（BTDC）负责开发管理。努沙杜阿度假区于 20 世纪 70 年代开始建设，至 20 世纪 90 年代初具雏形，被认为是东南亚地区第一个真正意义上的综合型滨海旅游度假区（Smith，1992c）。由法国专家起草的度假区开发规划受到了世界旅游组织的高度评价，并被推荐为综合型滨海旅游度假区的成功典型在世界范围内加以宣传推广（爱德华·因斯克普和马克·科伦伯格，1993）。

亚龙湾和努沙杜阿度假区均属于已成功开发的综合型滨海旅游度假区，两者在形态规划方面存在较多共性（表 7.8），如一线滨海用地的高水平开发、区内外道路系统设计等。可以说，亚龙湾较好的复制了努沙杜阿度假区的形态规划模式，并在此基础上有所创新，如对环湖区的开发利用等。

表 7.8 亚龙湾和努沙杜阿度假区形态规划比较

比较	形态要素	亚龙湾度假区	努沙杜阿度假区
共同性	度假区与社区空间关系	度假区有明确的区域界限，实行封闭式开发管理，度假区与东道社区空间分离，东道社区搬迁至度假区入口处外围	
	重点地段度假设施开发	豪华度假酒店是度假设施开发重点，且集中布局于滨海一线重点地块	
	道路系统规划	度假区主要进入通道垂直穿越度假区核心腹地，平行于海岸的区内公路在度假酒店背部，酒店和沙滩合为一体，且酒店与沙滩保持一定距离	
	旅游服务中心	商业零售设施集中布局的旅游服务中心，位于一线滨海度假酒店内侧的核心区段	
差异性	度假区面积	陆地面积 18.6km²	陆地面积 3.5km²
	度假酒店分区	度假酒店有一、二线之分，档次不同	度假酒店全部集中在一线滨海地块
	观光型旅游项目	中心广场、蝴蝶谷、贝壳馆、海底世界等大众性观光景点，对度假活动造成一定影响	度假区内无观光型景点，完全针对度假会议市场
	游憩商业区	位于环湖区西侧	位于度假区外，进区道路两侧
	本地购物区	六盘村安置区内零星分布	位于度假区外，沿度假区边界公路两侧

7.5.1 保持度假区与社区的空间隔离

在度假区选址开发过程中，度假区与东道社区往往出现空间混杂，这势必会导致度假区一体化管理与社区居民自治之间的矛盾。度假区内村镇的扩张冲动、难以规范的村民行为、与度假氛围格格不入的村镇风貌等，都会给度假区开发管理造成极大困难。度假区与东道社区由于空间混杂而产生的难以协调的矛盾冲突，成为长期以来困扰我国旅游度假区开发管理的重要问题之一。

亚龙湾和努沙杜阿度假区均采取了与东道社区空间隔离的策略。早在度假区开发之初，亚龙湾公司就投资 6000 多万元，在度假区外围兴建了面积为 13hm² 的安置区，将区内原六盘村 406 户村民整体搬迁安置，度假区与东道社区实现了空间分离。这使得亚龙湾度假区成为了完全意义上的旅游经济开发区。后来亚龙湾的开发实践证明，这一举措彻底理顺了度假区开发用地的权属关系，有利于屏蔽原住民社区生产生活对于度假区开发的不利影响，消除开发过程中可能产生的度假区与社区之间纷繁复杂的利益纷争，对于亚龙湾度假区的统一开发管理意义重大①。

---

① 这一观点在作者对亚龙湾公司副总俞峰先生的访谈中得到了证实。

努沙杜阿度假区则在选址时就将邻近的布阿鲁村（Bualu）和明诺村（Benoa）排除在度假区范围外，保证度假区开发用地权属关系的统一性，避免空间混杂。东道社区的利益并没有因为与度假区隔离而被忽视，相反，规划者高度重视通过度假区开发使当地社区受益。具体措施包括：大力改善社区交通、水、电等基础设施；组织社区培训，鼓励开办小型企业，如手工艺品商店和餐馆来为游客服务，提高社区参与旅游程度；充分利用本地资源，推进原料供应本地化，如酒店直接由当地渔民提供新鲜的海鲜食品和蔬菜（Telfer and Wall，1996）。这些措施有效地改善了度假区与当地社区的社会经济关系，村民们从度假区开发中获得了很大利益。

7.5.2　统一规划的度假区交通系统

综合型旅游度假区往往远离中心城镇，为提高外部交通进入性，一般需要修建旅游专用公路。从经济性角度考虑，旅游专用公路应能够垂直穿越度假区腹地，径直达到滨海地带度假酒店密集的核心区。此外，鉴于滨海度假区主要接待设施线性布局的特征，沿海岸线平行的度假区内公路也是必不可少的。这条公路一般与主进入通道垂直相交，但应与沙滩至少保持200m的距离（Pearce，1978）。这样做的目的，一是为了降低公路建设对脆弱的海岸生态系统的破坏，避免岸线或沙滩侵蚀；二是为滨海一线度假酒店开发预留足够用地，使得度假酒店与滨海沙滩有机地融为一体。

滨海旅游度假区内道路走向对度假酒店经济效益的影响十分明显。亚龙湾和海坡度假区内各有一座由假日集团管理的五星级度假酒店。两酒店都处于滨海地带，区别仅在于前者位于滨海公路内侧，酒店与沙滩连为一体；而后者位于滨海公路外侧，酒店与沙滩有一路之隔（图7.21）。这种空间布局上的差异必然带来游客度假体验的不同。体现在房价上，亚龙湾内假日酒店海景房的平季折后房价约为700元，而后者仅为480元[①]。

因此，滨海度假区内滨海路规划设计应在保证海岸生态环境不被破坏的前提下，尽可能保持一线滨海度假酒店与滨海沙滩的一体性。这样既为度假客人提供相对封闭、免受外界侵扰的度假环境，也有利于提升滨海重点地块的开发价值。此外，为解决单一主干道容易出现的交通拥塞问题，进一步提高滨海区域各酒店的交通便利性，垂直于度假区内主干道可修建若干次干道，每一条都通往滨海或滨海酒店的停车场，从而形成"梳子形态"（comb structure）或"手套形态"（glove structure）的布局模式（Pearce，1978）（图7.22）。

---

① 资料来源：三亚蓝海旅游网三亚酒店房价表，http：//www.sanyalh.com/hotel/price.asp，查询时间2005年11月。

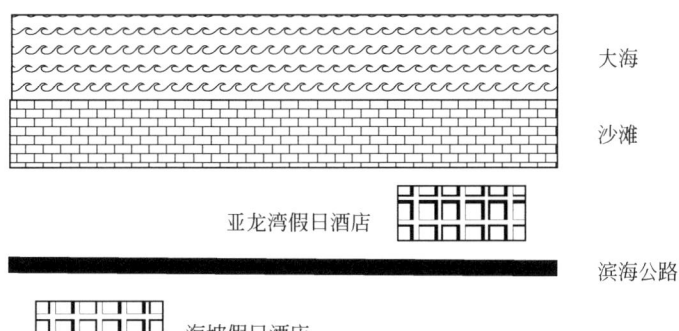

图 7.21　度假酒店与沙滩、滨海公路的空间关系

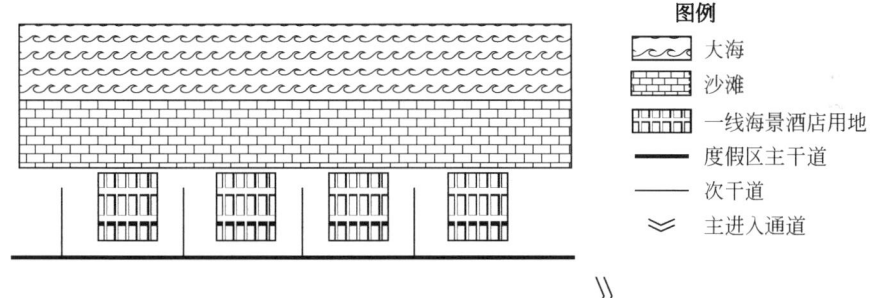

图 7.22　滨海度假酒店与滨海公路形成的"梳子形态"

7.5.3　地块建筑控制指标

在级差地租规律的作用下,滨海度假区一线用地的高成本使得开发商对于滨海一线旅游接待设施的高度和容积率也会有更高的要求,造成滨海度假区一线用地的开发强度往往较大。在这种情况下,度假区的规划者将面临一个选择,是追求低密度开发下的高档次目标市场定位,还是允许一定的开发强度,迎合更大众化的度假需求。如果是前者,那么严格的建筑控制指标就是必不可少的。

努沙杜阿和亚龙湾度假区的管理者都制定了严格的度假区开发标准和设计准则。努沙杜阿度假区的开发管理当局制定了适用于全巴厘岛的楼房高度为 15m 的最高限度,这个高度限制将使楼房顶层低于树木顶端,有助于建筑物与自然环境的融合。同时,规定每片饭店用地所容纳的客房数要低于最高密集度标准(度假区整体密集度为每公顷大约 20 间客房),每家饭店楼层面积最高比例是 0.5,建筑物最高覆盖率(建筑密度)为 25%。此外,所有建筑物都必须距离海岸 50m 以上,建筑应采用传统的巴厘建筑主题和使用当地的建筑材料等(爱德华·因斯克普和马克·科伦伯格,1993)。

亚龙湾度假区的开发也是在严格的规划控制下进行。以度假酒店密集的滨海酒店区为例,各地块的具体控制指标如表7.9所示。

表 7.9　亚龙湾度假区滨海酒店区规划地块控制指标

用地编号	用地性质	建筑密度/%	容积率/(万 m²/hm²)	绿地率/%	层数控制/层	限高/m	建筑后退红线控制/m
F-01	公共旅游活动设施	25	0.25	50	1	5	N24S14E03W14
F-02	公共设施用地	15	0.40	60	4	14	N24S14E08W08
F-03	公共设施用地	10	0.40	75	5	18	N24S14E33W10
F-04	旅游度假用地	10	0.70	75	10	38	N35S100E18W18
F-05	旅游度假用地	12	0.60	70	6	27	N30S100E12W12
F-06	旅游度假用地	12	0.50	70	5	18	N24S100E10W10
F-07	旅游度假用地	15	0.50	65	5	18	N24S100E10W10
F-08	旅游度假用地	8	0.60	75	8	34	N30S100E20W20
F-09	旅游度假用地	15	0.50	65	6	27	N30S100E10W10
F-10	旅游度假用地	12	0.50	70	6	27	N30S100E10W10
F-11	旅游度假用地	15	0.55	77	6	27	N30S68E10W10

引自:《亚龙湾国家旅游度假区控制性详细规划》,1997年。

7.5.4　度假区商业服务设施

融餐饮、娱乐、购物于一体的商业设施集群,对一个成熟的度假区来说是必不可少的。相对于度假酒店、高尔夫球场等正规部门来说,小型的商业设施属于度假区内的非正规部门(tourism informal sector,TIS)。在统一管理的综合型度假区内,由于非正规部门的流动性,并有可能对正规部门造成一定影响,其发展常受到管理当局的严格控制(Kermath et al.,1992)。努沙杜阿度假区的管理者成功地将这些非正规商业企业挡在度假区以外(Smith,1992c)。亚龙湾度假区内流动商贩也一度成为开发商十分头痛的问题(佚名,2004)。

度假区内的非正规商业部门一般是由当地社区居民经营的,这些商业机会是度假区对目的地社区经济带动性的重要体现。在以本地风情为主要吸引物的度假地,本地的非正规部门和特色活动始终是度假地发展的重要推动力量(Kermath et al.,1992)。商业活动受到严格控制的努沙杜阿度假区,由于缺少商业氛围也显得缺少生气和活力。规划师和度假区管理者已经开始反思,这样统一规划,严格管理的度假区是不是太沉闷乏味了(Smith,1992c)。

不加控制、随意经营的小型商业活动固不可取，统一规划管理、合理布局的商业区对于综合型度假区来说是必不可少的。亚龙湾公司的管理者已经意识到了这一点。首先，在亚龙湾内观光客人最主要的集散地——海底世界酒店前设立统一的销售摊位，将原先随地兜售旅游纪念品的流动摊贩统一管理，商业秩序大为改观。其次，已建成营业的湖滨商业街项目正是参考了国际上著名度假区内商业设施的布局规律，即位于滨海一线度假酒店内侧，交通干线附近，形成统一规划的游憩商业中心区。

7.5.5 综合型滨海度假区外围用地控制

亚龙湾与努沙杜阿在度假区形态方面最大的不同是，后者在度假区入口外围形成了大量非正规商业设施，包括为游客服务的旅游商业区，和为东道居民服务的本地购物区。而前者在度假区外围则没有旅游商业设施聚集的现象，少量的为六盘村村民服务的零售购物点仅在村内零星分布。

根据史密斯（Smith，1992c）对于努沙杜阿度假区的研究，尽管度假区开发管理当局成功将流动性商贩拒之度假区外，但这些商贩集中在度假区入口公路的两侧，形成了无序经营的旅游商业区。此外，由于滨海度假设施线性侧向扩张（lateral spread）的内在冲动，在度假区边界以外的两侧海滩上出现了许多乱建的接待设施。在这些地方随处可见拥挤的道路，堵塞的下水管道，路边堆放的垃圾和受污染的水源。这种状况与泰国芭提雅度假区缺少规划、过度开发的情况极为相似。因此，尽管努沙杜阿度假区的开发管理当局在度假区内部环境管理和规划控制方面取得了巨大的成功，但从整个度假区域来看，度假区外围的环境质量与其他缺乏规划管理的滨海度假地一样在衰退。这必将对度假区发展产生潜在的负面影响。

亚龙湾度假区外围还没有出现类似于努沙杜阿度假区外围非正规旅游企业聚集现象，这可能与当地黎族村民相对保守和重农轻商的社区心理特征有关。亚龙湾度假区外围用地的商业开发已经出现，由香港东迅（国际）发展有限公司投资兴建的18洞亚龙湾红峡谷高尔夫俱乐部已于2004年10月开业。此项目仍属于高档次开发的度假项目，不会对亚龙湾开发造成显著的负面影响。尽管如此，度假区外围用地的不适当开发对亚龙湾可能产生的潜在危险依旧存在，这需要从协调利益相关者，即亚龙湾公司、三亚市政府、田独镇以及村民社区多方面利益的角度，对相关用地的规划开发达成一致。

综合型旅游度假区有确定的区域边界和开发管理主体，保证了区内的开发活动能够在统一规划管理下进行。但度假区外围用地的开发利用往往缺少有效监管。区内外土地的级差地租，以及区外投资者"搭便车"（free rider）心理，很有可能造成邻近度假区的外围用地开发失控，由此对度假区发展造成潜在不利影响。努沙杜阿度假区的教训让我们对综合型滨海度假区的"综合性"（integrated）有了新的理解：度假区内部的规划控制固然重要，度假区外围用地的控制同样不可忽视，即不仅要求度假区内部设施规划建设的一体化，还要注意度假区内部规划与外部开发的综合统一。综合型滨海度假区的规划师和开发商需要对度假区土地利用规划和管理进行重新审视，为避免综合型滨海度假区再度陷入环境衰退危机，需要对包括度假区核心在内的整体用地进行综合性规划和管理，而不仅仅针对度假区核心。

7.5.6 综合型滨海度假区形态模型

史密斯（Smith，1992c）对努沙杜阿度假区的形态进行了较为详尽的描述研究，提出了综合型滨海度假区形态模型（model of integrated resort development，MIRD）（图2.7）。该模型的不足之处在于将度假区整体抽象成了"内核"，只描述了"内核"与度假区外部商业和居住环境，以及交通组织等的空间关系，没有表达出度假区内部形态。

本研究基于对亚龙湾度假区形态规划的考察，对上述模型进行补充修正，提出改进的综合型滨海度假区形态模型（图7.23）。此模型揭示了综合型滨海度假区内部各形态要素之间的空间关系，包括一线用地、二三线用地、中心商业区、内部道路组织等。同时，该模型还需要其他滨海度假区案例研究的进一步验证和修正。

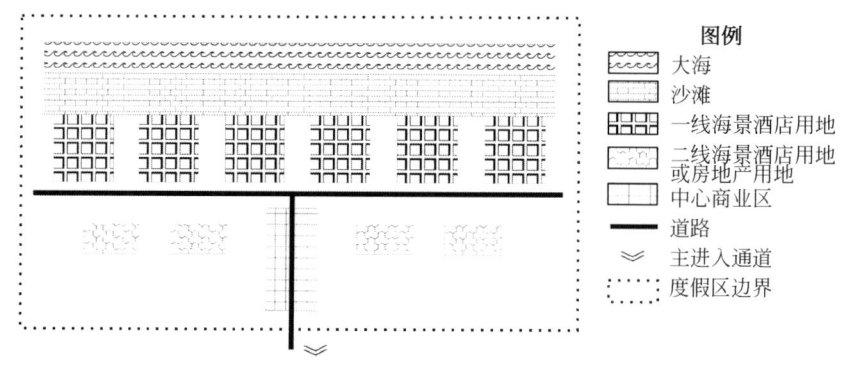

图7.23 基于亚龙湾的综合型滨海度假区形态模型

7.6 小　　结

滨海旅游度假区土地利用及规划开发应遵循其内在的形态规律，科学合理的度假区形态规划对于综合型滨海旅游度假区发展至关重要。亚龙湾度假区的形态规划较好的复制了国际著名的印尼努沙杜阿度假区，其共性特征可作为综合型滨海度假区形态规划的一般规律，主要有：高档滨海度假区必须进行封闭式开发管理，与东道社区在空间上相互隔离；应在项目引进时更多地考虑度假酒店、高尔夫球场、潜水、游船等体验性度假项目，并在功能分区和地块划分时将项目的竞价能力和地块的级差地租相匹配；区内道路系统设计简洁通畅，应在保证海岸生态环境不被破坏的前提下，尽可能保持一线滨海度假酒店与沙滩的一体性；度假区内应合理布局若干商业服务中心，这既可以满足度假客人多样化需求，营造度假社区氛围，也能够为东道社区增加就业机会，带来经济收益，促进度假区与社区一体化良性发展。

第8章 治理结构对于旅游度假区发展的影响

8.1 旅游度假区管理体制

前两章分别从滨海旅游度假区的气候资源和形态规划角度,对亚龙湾和银滩度假区在发展中表现出的差异给予了理论解释。本章将进一步探讨度假区治理结构对于中国旅游度假区发展的影响。这一方面是因为,首批设立的12个国家级旅游度假区中,只有亚龙湾采用企业化开发模式并取得了成功;而其余度假区均由地方政府主导开发,开发的结果无一例外均不甚理想。因此,度假区管理体制很可能成为影响我国旅游度假区发展的又一重要变量。另一方面,大多数关于中国旅游度假区发展的国内文献都或多或少的提到了度假区管理体制问题,"管理体制不顺"字眼出现频率很高。但度假区管理体制究竟怎样不顺?度假区管理体制不顺究竟如何影响了度假区开发管理?现有文献对此问题并未给出令人信服的回答。

8.2 度假区治理结构

8.2.1 治理及公司治理

1. 治理

治理(governance)在英文中的原意指在特定范围内行使权威,与统治(government)的含义部分交叉。20世纪80年代西方提出"少一些统治(government),多一些治理(governance)"的口号,赋予了它新的含义。用治理理论家罗茨的话说:"治理标志着政府管理含义的变化,指的是一种新的管理过程,或者一种改变了的有序统治状态,或者一种新的管理社会的方式。"

这种改变了的公共管理方式是什么呢?一方面,"治理"与"统治"一样,都需要运用权力和权威,维持社会秩序和对公共事务进行管理。另一方面,它们之间又存在着重要的区别。首先,治理所需要的权威并非只是来自政府机关,政府机关并非唯一的权力来源。治理可以指公共机构的治理，或者私人机构的治理；也可以是政府的治理，或者是非政府组织的治理。而传统的"政府统治"中的主体是唯一的，是与"国家"这一具有浓厚政治蕴含的概念联系在一起的。其次，治理与政府统治行为中权力运行的方式和向度不一样。在治理中，因为政府不是唯一的权力、权威和资源拥有者，所以治理除了强制、命令的行为方式外，更有合作、协商、谈判和交换等方式。这种行为不再是一元的、自上而下的行为，单向度的权力线也变成了多纬度权力网，共同作用于公共事务。同时，各种不同权力主体和权力主体之间也形成了多种方式的互动（郁建兴等，2004）。

可以看出，治理作为公共管理方式的一种新发展，其中的公私部门之间以及公私部门各自的内部的界限均趋于模糊。"与行政与政治这两个范畴相比，'治理'更动态、更具体、更注重方式，而相对缺少意识形态上的关怀与争论"（智贤，1995）。治理的本质在于，它所偏重的统治机制并不依靠政府的权威或制裁（郁建兴等，2004）。

2. 公司治理

对于公共部门，即政府治理的普遍关注，在西方是近二三十年的事情。而在私人部门，即公司治理理论的兴起和发展，则源于20世纪30年代。西方公司治理理论的提出是基于这样一个事实，即20世纪以来，随着现代股份公司的发展，股权日益分散化，出现了资产所有权和经营权的分离。这种分离表现在两个层面上：一是财产的最终所有权与法人产权的分离（即股东与董事会）；二是法人产权与经营管理权的分离（即董事会与经营者）。公司内部权力的分离使得原来单一化的股东权利结构面临重组，由此产生股东怎样监督、激励和控制董事会和公司经营者的问题。其中，后一层面的问题是西方学者研究的重点内容。

20世纪70年代以来，公司治理日益引起西方学者的重视，并进行了大量的研究。学者们普遍认为，设计一套完备的公司治理结构，即以公司产权为核心的契约或制度安排，是解决公司治理问题的关键。总的来看，西方学者对于公司治理结构的研究从两条线索展开：一条线索是股东控制模式，强调公司内部产权安排的重要性；另一条线索是市场控制模式，研究外部治理机制和市场竞争环境对在职经营者的约束（李孔岳和罗必良，2002）。

8.2.2　度假区治理结构的概念及功能

1. 度假区治理结构的提出

奥利弗·哈特（Oliver Hart）在"公司治理：理论与启示"（Corporate Governance：

Theory and Implication）一文中提出，代理问题和合约的不完全性是公司治理存在的条件和理论基础。所谓代理问题，是指组织成员（可能是所有者、工人或消费者）之间由于利益目标函数不一致，在信息不对称的情况下可能存在利益冲突。要确立和维持委托代理关系需要代理费用（Jenson et al.，1976），一个有效的契约关系即公司治理结构，有助于降低代理费用，以便促使代理人在任何情况下都能像委托人本人那样行动（方福前，2000）。合约的不完全性则是由于世界和未来事件的复杂性和不确定性，与交易人的有限理性和机会主义行为的矛盾而产生的。不完全的合同影响激励一致和承诺的有效性，诱致缔约人的违约行为（费方域，1998）。哈特指出，如果出现代理问题并且合约不完全，则公司治理结构就至关重要。治理结构被看做是一个决策机制，而这些决策在初始合约下没有明确地设定，更确切地说，治理结构分配公司非人力资本的剩余控制，即资产使用权如果没有在初始合约中详细设定的话，治理结构将决定其如何使用。

中国旅游度假区发展中也天然的存在代理问题和合约不完全问题。

旅游度假区的核心资产是区内土地及附着在之上的自然及人文资源。按照《中华人民共和国土地管理办法》规定："国家所有土地的所有权由国务院代表国家行使"，"城市市区的土地属于国家所有"，"农村集体用地可依法征用后归国家所有"。假设旅游度假区内的集体用地完全被征用，则在法律意义上全国人民将享有度假区的所有权。然而，全民所有的公有产权在现实中根本无法行使，传统体制下政府作为唯一的合法代理人，天然的获得度假区产权。在中央地方分权的制度框架下，各级政府成为不同的利益主体，度假区产权面临着重新分割，最终的产权归属是各级政府利益博弈的结果。由于现行行政分权改革的中心思想是中央向地方放权，增强地方政府属地管理的职能，因此地方政府往往成为事实上的各地旅游度假区产权主体。

随着中央向地方分权化改革的逐步深入，地方政府作为市场主体的角色和功能日益加强（李义平，2004），地方政府对于辖区范围内行政事务的管理权也更为完备。事实上，中央向地方让渡的度假区开发管理权是一种行政性委托契约关系，在地方政府利益日益内在化的制度框架下，契约合同往往是不完全的。换言之，地方政府在辖区内旅游度假区开发方面拥有非常大的权力空间，事实上拥有了度假区的实际控制权。控制权的过分集中必然会导致地方政府行为缺乏约束，一方面导致自利性的政府官员很可能违背委托人的意志，以牺牲公共利益换取私人利益；另一方面出现度假区由"受所有者控制"变为"受经营者控制"，即贝利和米恩斯所称的"内部人控制"现象（Berle et al.，1932）。

理论分析的结果在实践中不难得到验证，由于激励约束机制设计不当而导致的国内旅游度假区失范性开发行为俯拾皆是。这些失范行为主要有：在缺少规划的前提下盲目开发；或不依照规划的科学要求，规划让位于开发；不考虑环境、社会的承载能力，以牺牲度假区长远发展为代价换取短期经济效益；度假区项目的引进脱离旅游度假的功能定位，度假区名不副实；无视度假区开发管理的综合性和长期性，一切以招商引资为中心，以完成年度招商任务为最高目标；度假区内土地掠夺性开发，再加上相关配套设施不完善，导致环境急剧衰退；度假区土地交易中的暗箱操作和违法犯罪行为，等等。因此，在国内旅游度假区发展普遍面临管理体制困境的背景下，度假区治理研究凸显出很强的理论和实践意义。

2. 度假区治理结构的概念

参考 20 世纪 80 年代美国公司董事协会对于公司治理结构的定义（李孔岳等，2002），度假区治理结构（resort governance）是确保度假区长期战略目标和计划得以确立，确保整个管理结构能够按部就班的实现这些目标和计划的制度安排。狭义地讲，度假区治理结构是指度假区开发中的利益相关者之间权利义务的制度安排，即度假区开发管理体制；广义上，度假区治理结构包括度假区剩余控制权和剩余索取权分配的一套法律、文化和制度安排，它决定着度假区的发展目标，谁在什么状态下实施控制，如何进行控制、风险与收益，如何在不同成员之间进行利益分配等问题。

3. 度假区治理结构的功能

总体上说，度假区治理结构的功能是配置度假区开发过程中的责、权、利，协调利益相关者之间的利益关系，降低度假区运作的代理成本，减少机会主义行为，提高度假区治理绩效。具体来说，理想的度假区治理结构应能够实现三项基本功能：

第一，能够通过产权合理界定，实现度假区开发管理的排他性授权。
第二，能够建立良好的管理者选择和退出机制。
第三，能够实现对于管理者有效的监督和激励机制。

8.2.3 度假区治理结构的类型

首批设立的 12 个国家级旅游度假区的治理结构可分为两大类，一类是企业开发的治理结构，一类是地方政府主导的治理结构。在国家级旅游度假区设立初期，地方政府主导的治理结构具体又分为多种亚类，如地方政府直接治理、管委会治理、过渡型和政企合一型治理（表 8.1）。随着旅游度假区开发建设的逐步深入，一些度假区的治理结构出现了变迁，形成了新的治理模式，如行政边缘化治理和政区一体化治理。无论是何种形式的政府主导治理结构，中央政府的介入力度都很弱，而地方政府则在旅游度假区开发管理中起绝对主导作用。

表 8.1 国家级旅游度假区设立初期的度假区治理结构类型

度假区治理结构		度假区
地方政府治理	地方政府直接治理	北海银滩
	管委会治理	大连金石滩、昆明滇池、福建湄州岛、无锡太湖、青岛石老人
	政企合一型治理	杭州之江、苏州太湖、福建武夷山
	过渡型治理	广州南湖、上海佘山
企业化公司治理		三亚亚龙湾

1. 地方政府直接治理

由度假区所在的地市级政府直接介入旅游度假区开发管理，实行高度垄断的度假区土地批租及项目引入政策，地级市政府行政首脑作为度假区开发的第一责任人。北海银滩度假区是这种治理模式的典型代表。尽管在度假区成立之初，北海市政府也仿照其他度假区设立了管委会，由管委会代理行使度假区开发管理的行政职能。但在实际开发过程中，由于土地、财政、建设等许多重要的管理权限不能到位，度假区管委会成为形同虚设的协调机构。

2. 管委会治理

度假区管委会是市政府派出的职能管理机构，独立的行使开发建设和管理的权利。与北海银滩不同，度假区管委会的行政性授权相对充分有效，管委会下面设有规划、计划、土地、公安、财政、金融、工商等管理部门，行使政府同等的权力。大连金石滩、福建湄州岛、昆明滇池等均属于此类治理模式，其中昆明滇池管委会属于在行政级别上属于副厅级，金石滩和湄州岛还直接管辖着满家镇和湄州镇。

3. 政企合一型治理

旅游度假区的管理机构同时挂开发度假区集团公司和管委会的牌子，管委会和开发公司两套牌子、一套人马，管委会的主任又是开发公司的董事长和总经理。例如，苏州太湖、杭州之江和福建武夷山度假区的管理机构都是这种模式。该模式是行政管理模式的延伸，初衷是为了使政府从经济开发活动中解脱出来，实现政企分开。但实际情况与改革初衷相差甚远。一方面，管委会与开发公司一套人马、两套牌子，看似分，实则合，根本无法实现政府和公司的彻底分离。另一方面，按照制度设计的初衷，与度假区市场化开发的一切经济活动都应交由开发公司负责，管委会只专注于度假区规划、管理等行政性事务。但绝大多数度假区的实际情况是，管委会仍然一统天下、大权独揽，开发公司仅作为管委会的"施工队"，主要从事度假区基础设施建设和设施修缮等工作。因此，政企合一模式实质上仍是政府主导的行政管理模式。

4. 过渡型治理

还有一些没有最后确定管理机构形式的度假区，如广州南湖暂挂筹建办公室的牌子，由省、市有关部门和有关部门的领导参加；上海佘山尽管挂"管理委员会"的牌子，组成人员有市、县、镇等方面领导，但最终的机构也尚未确定。

5. 企业化公司治理

亚龙湾是唯一采用企业化公司治理模式的国家级旅游度假区。主开发商亚龙湾公司通过地方政府授权，获得了亚龙湾度假区70年开发权，政府把度假区范围内的土地分期出让给亚龙湾公司，亚龙湾公司负责筹集资金并利用转让土地的增值收入，完成度假区的基础设施建设以及旅游项目的招商工作。为了保证度假区内的各项经济活动纳入政府的统一管理，三亚市政府另外筹建了亚龙湾管理局，作为市政府派驻度假区内的管理部门。该机构后来撤销，由三亚市政府各职能部门直接负责度假区的各项行政管理职能。

8.2.4　度假区治理结构的变迁

我国国家级旅游度假区成立伊始主要形成了地方政府治理和企业化公司治理两种治理模式。随着旅游度假区开发建设的逐步深入，公司治理下的亚龙湾度假区逐步开发成熟，而地方政府治理模式则经历了度假区发展困境的严峻考验，出现了比较明显的适应性调整，即度假区治理结构变迁。度假区治理结构变迁主要沿着两个路径进行，一是度假区管委会实际受权的变化，二是创新的管委会模式向传统的行政区模式复归。

1. 度假区管委会实际受权的变化

度假区管委会成立之初，尽管都是市政府派出机构，但获得的实际受权不尽相同。表现在行政级别上，大连金石滩、青岛石老人、昆明滇池等一些单位定位副厅级的级别；无锡太湖、北海银滩等一些单位定为正处级的级别；苏州太湖是吴县市派出的机构；还有些单位暂不定级。度假区管委会名义上应享有度假区范围内与度假区开发相关的一切行政权力，包括规划、项目立项审批、项目建设、用地审批、税收、设立一级财政等，但由于涉及与原有行政区管理体制的行政分权，体制摩擦不可避免。不同地方行政长官对度假区的认识和支持力度不同，新旧体制权力争夺激烈程度不同，管委会实际争取到的受权也各不相同。但有一点是共同的，即新体制无一例外的遭遇到了旧体制的顽强抵抗。在强大的旧体制面前，行政地位相对弱化的度假区管委会，实际得到的受权往往并不充分。

1) 北海银滩度假区案例

前文对北海银滩度假区开发管理体制及变迁过程进行了详细分析，这里不再赘述。银滩度假区管委会经历了非排它性受权—有限扩权—与市旅游局合并的发展路径，是度假区管委会行政受权弱化的典型。

2) 杭州之江度假区案例

与北海银滩度假区相比，杭州之江度假区管委会则较早走上了扩权的道路。1994年11月，浙江省人民代表大会常委会审议通过了《杭州之江国家旅游度假区条例》[①]，在地方法律框架内确定了度假区管委会的法律地位和相对独立完整的管理权力。《条例》明确了度假区管委会代表杭州市人民政府，对度假区实行统一领导和管理，并依法赋予管委会下列职权：

（一）编制度假区总体规划和发展计划，经杭州市人民政府批准后组织实施。

（二）制定度假区的各项行政管理措施，并组织实施。

（三）审批或审核报批度假区内的投资建设项目。

（四）负责度假区的规划、建设管理以及土地的征用、开发、土地使用权的出让、转让和房地产管理工作。

（五）负责度假区的园林绿化、环境保护工作。

（六）负责度假区的财政、税务、审计、物价、统计、劳动、人事、治安和工商行政管理工作，受托监管国有资产。

（七）管理度假区的旅游业务、对外经济技术合作和其他涉外经济活动。

（八）处理度假区涉外事务。

（九）统一规划和管理度假区的市政公用基础设施。

（十）保障度假区内的企业依法自主经营。

（十一）协调管理有关部门设在度假区内的派出机构的工作。

（十二）杭州市人民政府授予的其他职权。

---

① 杭州之江国家级旅游度假区网页，http://www.hz-zj.com/economy/economy.htm.

度假区管委会根据工作需要，可设立若干工作机构。

杭州市人民政府有关职能部门在度假区设立的分支机构，由度假区管委会与市政府有关职能部门实行双重领导，以度假区管委会为主。

可见，通过地方人大立法，事实上承认了度假区管委会在地方上的法律地位，并授予了管委会在度假区范围内充分独立的行政权力。这种授权的意义在于有效地屏蔽了新体制和旧体制之间的冲突和摩擦，降低制度运行成本，保证管委会对度假区实行统一有效的开发管理。在全国性旅游度假区法律文件缺位，度假区管委会法律地位得不到认可的情况下，这种地方立法对于度假区管委会有效授权显得极为重要。这也反映了地方行政首脑对于旅游度假区这种新生事物理解的深度。

旅游度假区管委会行政地位及实际受权的变化，是众多内外部因素作用的结果。传统体制的巨大张力固然是新体制遇挫的重要外因，旅游度假区自身发展缓慢，与人们过高期望之间的落差使得行政地位迟迟得不到心理认同，恐怕是最重要的内因。考察各旅游度假区管委会制度变迁的过程和动因可以发现，地方首脑是推动制度变迁的最重要力量，即初级行动集团。制度变迁过程更多地表现为强制性特征。换言之，如果地方首脑对旅游度假区这种新生事物的性质理解深刻，对度假区的长远发展抱有良好预期并给予足够重视的话，往往就会积极推动立法或通过非正式渠道，赋予度假区管委会相对独立且完整的管理权，促进旅游度假区快速发展。反之，度假区管委会就将在与传统体制的对抗中败下阵来，往往造成管理权虚置，行政地位边缘化的状况。

2. 创新的管委会模式向传统的行政区模式复归

旅游度假区能够实行创新的管理体制，需要以上级政府授权及封闭管理为前提条件，其实质是要屏蔽创新体制与传统体制的碰撞和摩擦。但是近年来，这种屏蔽在一点点失效，旅游度假区管理的制度环境出现向传统体制复归的趋势（表 8.2）。

表 8.2 旅游度假区管委会模式向行政区模式的复归

合并前	度假区规划面积/km²	度假区合并对象	管委会合并对象	合并后政区面积/km²	治理结构类型
青岛石老人度假区管委会	10.8	青岛市崂山区、青岛市高新技术产业开发区、青岛市高科园	青岛市崂山区旅游局	389	行政边缘化型
大连金石滩度假区管委会	13.6	大连经济技术开发区	大连经济技术开发区管委会	329	行政边缘化型
杭州之江度假区管委会	9.88	杭州市西湖区	杭州市西湖区政府	263	政区合一型

这种体制复归沿着两个纬度进行，一是"扩"，即旅游度假区管委会、工委分别与区政府、区委合并，实行两块牌子、一套人马，如杭州之江度假区与西湖区合二为一，成为政区合一型治理模式；二是"缩"，即旅游度假区管委会缩编成区政府的某个部门，通常是旅游局，度假区管委会与旅游局实行两块牌子、一套人马，如青岛石老人度假区与崂山区旅游局合署办公，管委会的管理效能大大降低，成为行政边缘化型治理。无论是"扩"还是"缩"，度假区管委会都是名存实亡，完全丧失了对旅游度假区的实际控制权，区别仅在于前者演变为区政府的附属，而后者则进一步退回到职能部门序列中。

旅游度假区管委会名存实亡可由两个指标看出。

一是旅游度假区的行政边界大大扩大。旅游度假区的规划面积一般不超过 20 km^2，而合并后的行政区面积往往数十倍于此。在如此大的范围内，度假区原有的旅游度假功能定位与整个政区的经济、社会等战略目标相比显得无足轻重。换言之，旅游度假区以旅游功能的一体化为导向，经济开发区以产业集聚和经济功能为导向，行政区则还要统筹考虑到经济、社会、居民、环境等一系列问题。三区的目标并不一致，实行三区合一的管理体制，虽然行政协调的成本降低，但不可避免地会使得各区原本目标的实现受到影响，而旅游度假区天生的弱势地位注定了被边缘化的命运。

二是旅游度假区管理部门和人员数量的变化。合并前的度假区管委会一般来说都有相对齐全的机构设置和人员配置。以北海银滩度假区为例，1993 年 2 月初管委会成立时，下设 1 室 6 处（办公室、规划处、招商处、建工处、综合处、人教处、财务处），共有职工 27 人。合并后的度假区管委会往往缩编成行政区的旅游局，人员编制降至不足 10 人。协调管理能力的大幅下降和人员方面的捉襟见肘，使得度假区的有效管理更是无从谈起。

8.3　度假区产权结构模型

8.3.1　所有权与产权

"产权"作为现代产权经济学的核心概念，是产权分析的起点，其内涵与传统法律意义上的财产所有权（简称"所有权"）既有联系，又有区别。两者的相同点在于都是对稀缺性资源的排他性权利。区别在于所有权是法律认可的，是财产占有的法律形式，可以在法律上证实。而产权既可能在法律上证实也可能法律无法证实。前者是"法律上的产权"，而后者是"经济上的产权"（巴泽尔·Y，1997）。

具体来说，当所有权在法律上界定以后，由于所有者行使所有权的能力有限，所有者并不能完全行使他的所有权，所有者能够真正行使的所有权才构成所有者对其资产的产权，这部分产权在法律上是可以证实的。然而，由于物品存在多种属性，要完全界定物品的所有属性，成本高昂，部分物品的属性由于交易费用或技术的限制而无法充分的界定，被留在了"公共领域"（巴泽尔·Y，1997）。其他所有者凭借竞争优势可以占有留在公共领域中的部分有价值的物品属性，从而拥有对这部分属性的产权。这部分产权是凭借竞争优势取得的，在法律上无法证实。

在哈特不完全契约理论的基础上，现代产权理论进一步揭示出产权的本质。认为，产权就是在合同对决策权没有规定的时间和地方，实施剩余控制的权利，即剩余控制权，和在合同履行之后取得剩余收益的权利，即剩余索取权。简言之，产权就是剩余控制权和剩余索取权的合称。这样定义的产权概念，更能够展示它的丰富内涵，更容易分析它的协调和激励作用（费方域，1998）。关于剩余控制权和剩余索取权的关系，西方学者强调的重点有所不同。以阿尔钦和德姆塞茨（Alchian and Demsetz，1972）为代表的代理理论学者将产权定义为剩余索取权，而以格鲁斯曼和哈特（Grossman and Hart，1986）等为代表的不完全契约理论学者则认为，剩余控制权则是产权的核心，把对企业资产的控制权视为企业的产权。我国学者曹正汉（1998）也认为，我国传统公有制经济的产权界定规则是控制权界定产权，拥有较大社会控制权的成员同时也拥有较大的对公有资产的使用权和收益权，由此形成等级产权制度。

8.3.2 产权经济学的分析范式

西方现代产权经济学的分析起点是产权及其结构，遵循产权结构—产权主体行为—行为绩效的分析路径。即在不同的产权安排制度下，产权主体的行为取向不同，最终导致行为的绩效不同。产权结构是行为及绩效的导向标，因此本研究提出旅游度假区的产权结构模型，将之作为分析度假区治理结构及其激励约束有效性的逻辑起点。

8.3.3 度假区产权及产权结构

从度假区开发层面上来看，度假区产权是度假区控制权和开发收益剩余索取权的统一（图8.1）。其中，度假区的控制权更为重要，即对度假区资产进行处置、转让、监督、管理等的权利。控制权是度假区一切权利的核心，谁拥有了度假区控制权就拥有了与之相关的所有权利束，特别是度假区开发收益的索取权。控制权包括三个权利束，分别是度假区开发建设权（Rd）、规划监督权（Rp）和协调管理权（Rm）。索取权也包括三个权利束，分别是度假区内土地即期收益剩余索取权（Rn）、度假区内土地开发收益剩余索取权（Rf）和税收征缴权（Rt）。

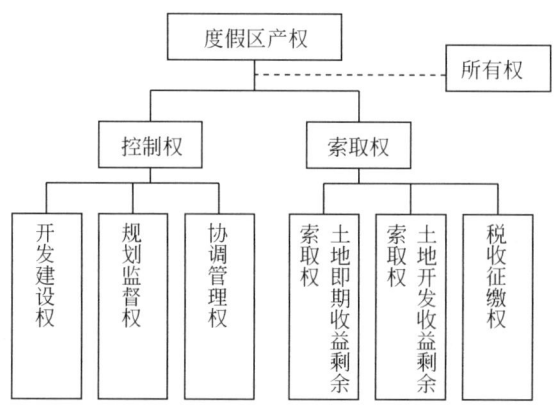

图 8.1 度假区产权结构模型

度假区开发建设权是控制权的核心,是指权利主体利用所控制的度假区土地资源,进行一级土地市场开发并转让,或进行项目投资的权利。开发建设权是权利主体从事度假区开发并获得收益最重要的权利载体。规划监督权是指权利主体组织制定度假区规划、环保等监督性控制文件,并依法督促开发主体遵照执行的权利。协调管理权是指权利主体对度假区范围内事务行使的行政管理权。

度假区土地即期收益剩余索取权是指权利主体利用所控制的度假区土地资源,即期转让后所享有的土地转让收益剩余索取权。土地开发收益剩余索取权是指权利主体保留所控制的度假区土地,并进行开发投入,待远期土地增值后转让,所享有的土地转让收益剩余索取权。税收征缴权是指权利主体按照有关规定对度假区内企业征缴税收的权利。

8.4 排他性授权

度假区要实现有效率的开发管理,必须使开发主体享有排他性的控制权,其中最重要的就是度假区开发建设权。排他性是产权的最基本属性,度假区含租产权必须由相应的权利主体排他性的占有,否则就会出现"公地悲剧"(tragedy of commons)(Hardin, 1968)。这是由度假区资产的稀缺性决定的。

8.4.1 政府治理结构下的排他性授权

在目前中央地方行政性分权和属地管理的制度框架下,度假区的实际控制权和收益索取权一般来说统一在地方政府,但这一产权界定天然的具有模糊性和非排他性。首先,度假区资产这种公有产权在地方政府治理模式中无法找到人格化的最终代理人。

其次，地方政府行政任期制使其所享有的度假区产权具有时效性和动态模糊性。再次，地方政府内部存在不同的利益集团，度假区控制权尤其是开发建设权往往难以实现排他性界定。

为避免度假区开发建设权由于多头分割而出现"公地悲剧"，地方政府一般通过设立度假区管委会，在传统体制框架外由地方政府授权实现对度假区排他性治理。应该说，这是适应旅游度假区发展的制度创新。但从现实来看，度假区管委会治理模式探索遇到了巨大挑战，创新的制度环境正在向传统体制复归。

第一，度假区管委会作为地方政府的派出机构，名义上应享有度假区范围内与度假区开发相关的一切行政权力，包括规划、项目立项审批、项目建设、用地审批、税收、设立一级财政等，但由于涉及与原有行政区管理体制的行政分权，体制摩擦不可避免。管委会的权利来源并不是法定的人民代表大会，而是完全来源于地方政府的行政授权，更进一步则来自于传统行政体制下事权、财权、人权的重新分割，度假区管委会最终的受权是各利益集团权利争夺和博弈的均衡结果。在强大的旧体制面前，度假区管委会实际得到的受权往往并不充分。

第二，即使能够获得地方政府的充分授权，管委会要获得度假区完全排他性的控制权也是非常理想化的情境。度假区管委会通常与其所在地政府（通常是区县）在行政级别上属同级，但在利益指向上却作为一块行政飞地直接指向市级政府。度假区管委会与当地区县政府在行政管理上没有直接联系，但在度假区土地开发、基础设施使用、人员流动等方面却无法避免与周边地区发生密切联系。因此，即使是在度假区封闭运行的情况下，度假区管委会与当地基层政府在管理协调上也会经常出现矛盾和摩擦。

第三，度假区内的原住民也是一个棘手的问题。区内的村镇有其既定的行政层级管理体制，度假区管委会与既有体制之间必然产生冲突。即使是在地方政府强力授权下将度假区内村镇划归管委会统一管理，度假区内村镇的自然扩张、难以规范的村民行为、脏乱差的村镇风貌等，都会给度假区开发管理造成极大的困难。度假区与当地社区由于空间混杂而产生的难以协调的矛盾冲突，成为长期以来困扰我国旅游度假区开发管理的重要因素。

可见，在地方政府治理模式下，度假区管委会要获得排他性的度假区产权是极其困难的。产权的非排他性决定了度假区地方政府治理时常会陷入"公地悲剧"，度假区发展的长远利益难以从制度上得到保证。

8.4.2 公司治理结构下的排他性授权

度假区管委会要实现封闭运行的诸多困难，在公司治理结构下相对容易得到解决。

地方政府通过市场契约的形式,将度假区特定期限内的一部分控制权(Rd)和一部分剩余索取权(Rn 和 Rf)排他性的授予某企业,由企业自筹资金进行度假区基础设施建设和招商引资,实施滚动式开发。政府和企业的权利和责任通过契约明确规定,企业是唯一合法的度假区开发主体。这种制度安排相对于政府派出机构的管委会模式,具有巨大的制度创新意义。通过交易双方建立的市场化契约,度假区控制权界定的行政交易成本大大降低,与度假区开发相关的经营性控制权都得到了最完好的保存。更重要的是,通过公司治理结构,度假区的控制权和剩余索取权能够较好的集中于度假区主开发商,避免出现政府手中的"廉价投票权"现象。

亚龙湾度假区在开发初期也遇到了省市两级政府对于度假区控制权的争夺问题。如果这个问题不能得到彻底解决,亚龙湾最终也难逃"公地悲剧"的命运。所幸的是,在三亚市政府的极力要求下,省市两级政府对于亚龙湾控制权的争夺最终以三亚市政府胜利而告终,这为日后亚龙湾走上一体化开发奠定了重要的产权基础。三亚市政府进一步提出引入股份制企业化开发模式,对亚龙湾度假区实行一体化市场化开发。在当时政府主导开发模式一统天下的情况下,三亚市政府的这种超前理念极具创新性。尽管股份公司的发起人全是国有企业,仍无法摆脱国有企业存在的种种弊端,但毕竟向市场化开发迈出了坚实的一步。

8.5 经营管理者的选择和退出

8.5.1 经营管理者的选择

度假区地方政府治理模式下,度假区管委会的核心管理层由地方政府行政任命产生。这种行政任命制与企业化公司治理模式下经营管理者的选择机制有很大不同。第一,地方政府通过科层组织任命政府官员,再由政府官员选择度假区开发管理者,委托代理链条长,监督成本高,代理人出现机会主义行为的可能性更大。第二,地方政府首脑没有充分的激励去发现并选拔有才能的度假区经营管理者,政府官员既不拥有公司股票,也没有合法的剩余索取权,他们有权选择经营管理者,却不承担选择失误的责任。即使他们知道哪些人有企业家能力,政府官员也没有足够的动力去任命他(李孔岳和罗必良,2004)。在自利倾向驱动下,政府首脑往往会依据自己的效用函数挑选最"利己"的度假区管理者,而不是以度假区的发展利益为导向。第三,地方政府首脑事先无法确知候选人从事度假区经营管理的实际才能,往往造成管理者选拔中的"逆向选择",即不具有度假区管理才能的候选者通过掩饰、标榜或其他手段争取到领导的信任,获得度假区管理者的职位。因此,度假区地方政府治理结构难以形成优秀管理者的选拔和任用机制。而在公司治理结构下，总经理在董事会领导下开展工作，董事会可代表全体股东对总经理进行监督，避免总经理产生背离股东利益的机会主义行为。

现代企业制度在选拔合适的经营管理者方面，无疑是一种更有效率的制度安排。亚龙湾公司优秀的管理团队，高层领导卓越的决策力和执行力，是亚龙湾度假区成功开发的重要因素。

"中粮集团入主后给亚龙湾公司聘请的几任总裁，都是在国际旅游酒店行业有着丰富的经验，在世界各地著名的度假区和酒店进行过充分的调研和考察才选定的，每个人都对亚龙湾的现状和未来发展有着非常清醒的认识，要把亚龙湾建成什么样是有一张蓝图的。任何不符合这张蓝图的项目绝对不会引入。公司的主要领导不管走到世界各地，只住五星级酒店，他们也盖不出三星级酒店，也不会允许在湾内盖茅草棚。领导层的眼光和丰富的经验能够保证亚龙湾的开发建设始终定位于高端路线。但如果将亚龙湾交给没有经验和能力的公司或政府，那结果肯定不同。"

——亚龙湾公司某资深人士

8.5.2 经营管理者的退出

建立"能者上，庸者下"的管理者退出机制对于度假区科学管理同样重要。管委会制度下管理者的任期与上级政府一致，而且度假区核心管理层的职位相对稳定，即任期内如果不出现重大决策性失误，一般来说职位只会升迁不会降低。换言之，管委会领导的任期取决于上级领导的信任和任期，而与度假区实际经营绩效并不显著相关。而在股份制开发公司制度框架下，股东大会掌握着总经理的"生杀大权"，一旦总经理的经营业绩无法令投资者满意，股东就会用脚投票，通过股东大会罢免总经理。

8.6 经营管理者的激励和约束

8.6.1 产权结构与经营管理者的激励和约束

现代企业产权理论将企业内部的产权安排，即控制权和索取权的合理配置，作为解决企业代理问题，激励和约束经营者行为的核心。产权学者普遍认为，无论是强调控制权还是强调索取权在企业产权结构中的重要性，控制权和剩余索取权一定要对应，即拥有剩余索取权和承担风险的人要有控制权,有控制权的人应该承担风险。如果拥有控制权的人没有剩余索取权,不是真正的风险承担者,则他们手中的控制权就成了"廉价投票权",即是指对投票的后果不承担责任的投票权(张维迎,1997)。在资产所有者既有剩余控制权又有剩余索取权的情况下,由于所有者既享受资产增加的价值,又承担资产增加的成本,所以会按使资产价值最大化的态度和方式来对待和利用资产(费方域,1998)。把剩余控制权和剩余索取权结合在一起,就可以让决策者承担决策的全部的财务后果,这样他的自利动机就会驱使他尽可能地做出好的决策并避免坏的决策。换言之,让最有动力做出好决策的人去做决策。

8.6.2 度假区地方政府治理的产权结构

在度假区政府治理模式下,地方政府拥有任期内度假区资产完备的控制权($Rd + Rp + Rm$),而索取权则不然。一方面,由于行政任期制的限制,地方政府往往只拥有一部分度假区开发收益的剩余索取权,即 Rn(表 8.3)。这是由于旅游度假区开发往往是一个较长期的过程,度假旅游项目的引入并产生税收及其他经济效益客观上需要相对较长的时间。国际上成功开发的综合型旅游度假区从前期开发投入、招商项目引入到产生社会经济效益少则十年,长则数十年。因而剩余索取权的其他部分,即 Rf 和 Rt,本届政府往往无法享有而不得不留给未来政府。另一方面,本届政府往往也不需要承担由于度假区开发决策失误所带来的社会经济生态成本。可见,在度假区政府治理模式下,行政任期制成为一个重要变量,它将度假区的控制权和索取权在时间上进行分割。地方政府享有任期内度假区资产的全部控制权,但却仅享有一部分剩余索取权,即将度假区土地资源即期转让所获得的收益。控制权和剩余收益权残缺不全或搭配不当,被称作"产权残缺"(肖耿,1997)。在这种残缺的产权结构下,度假区开发的长远利益好坏与本届政府无关。在缺少有效外部监督制约机制的情况下,理性的地方政府倾向于利用任期内控制权去追求任期内的短期收益,而度假区发展的长期利益则难以得到制度保障。

表 8.3 度假区地方政府治理与企业治理的产权结构比较

治理结构类型	产权主体	控制权	索取权
地方政府治理	本届任期政府	$Rd + Rp + Rm$	Rn
	未来任期政府		$Rf + Rt$
企业治理	度假区开发商	Rp	$Rn + Rf$
	地方政府	$Rd + Rm$	Rt

8.6.3　度假区企业治理的产权结构

度假区企业治理是指地方政府通过市场契约，将度假区范围内资产未来若干年的经营权整体排他性授予开发公司，由开发公司按照现代企业制度对度假区进行开发经营。在度假区产权结构中，开发公司拥有合同期限内的一部分度假区控制权（Rd）和大部分剩余索取权（Rn 和 Rf），地方政府保留一部分控制权（Rp + Rm）和度假区开发的特定索取权（即合同中约定的企业上交政府的土地转让收入）以及未来进区企业的税收收益权（表8.3）。

与地方政府治理相比，度假区企业治理下的产权结构更为优化，对开发主体的激励和约束功能更为有效。第一，产权主体的模糊性问题得到了彻底解决，为度假区经济意义上的产权找到了真正的利益代言人。第二，用市场契约取代行政契约，避免了地方政府利益集团内部各利益派别围绕着度假区利益的争夺，度假区开发权排他性界定的交易成本极大降低。第三，将交易的时间纬度延长到合理范围①，有助于超脱地方政府治理模式下行政任期制的短期约束，给度假区开发企业提供持续稳定的理性预期，从而在长期利益函数约束下做出科学决策，对开发企业产生持续有效的激励约束机制，同时也有利于度假区权力结构的稳定性。第四，控制权在政府和企业间的分离，有助于改变地方政府治理下权力过分集中的弊病，建立有效的制度性约束。

尽管度假区企业治理相比地方政府治理具有制度优势，并不能因此过分夸大市场机制在度假区治理中的角色，主张"政府无用论"。事实上，企业开发度假区同样也会出现短期行为倾向，这是由资本的逐利天性决定的。如果仅从投资收益角度考虑，将度假区内土地全部用于房地产开发，很可能是现阶段许多度假区实现经济效益最大化的首选。因此，地方政府在退出市场开发的同时，必须要牢牢抓住度假区规划、环保等控制性权力，强化对度假区市场化开发的行政监管。进一步来看，资金实力雄厚、专业管理素质较高的大型投资集团出现短期行为的可能性相对较小，因此挑选度假区的主开发商应尽量选择实力雄厚的大型企业和战略型投资者。

8.6.4　度假区政府治理的行为激励及开发绩效

旅游度假区地方政府治理模式背后隐含着非对称的度假区产权结构，在畸形激励

---

① 《城镇国有土地使用权出让和转让暂行条例》规定了各类用地的最高年限，具体为：居住用地70年；工业用地50年；教育、科技、文化、卫生、体育用地50年；商业、旅游、娱乐用地40年；综合或者其他用地40年。

机制的作用下，本届政府往往对度假区未来开发收益预期不足，而倾向于利用度假区稀缺的土地资源获取短期开发利益，从而出现各种形式的度假区开发行为失范，最终导致度假区开发绩效低下（图8.2）。换言之，非对称的度假区产权结构是地方政府主导度假区开发失败的产权动因。这里所谓的失范，是指非市场化的决策者行为与度假区开发管理规范之间的不一致，市场化的决策失误造成的度假区失败不在此列。这些失范行为主要有：在缺少规划的前提下盲目开发；或不依照规划的科学要求，规划让位于开发；不考虑环境、社会的承载能力，以牺牲度假区长远发展为代价换取短期经济效益；度假区旅游项目的引入脱离旅游度假的功能定位；无视度假区开发管理的综合性和长期性，一切以招商引资为中心，以完成年度招商任务为最高目标；度假区内土地掠夺性开发，再加上相关配套设施不完善，导致环境急剧衰退；度假区土地交易中的暗箱操作和违法犯罪行为，等等。

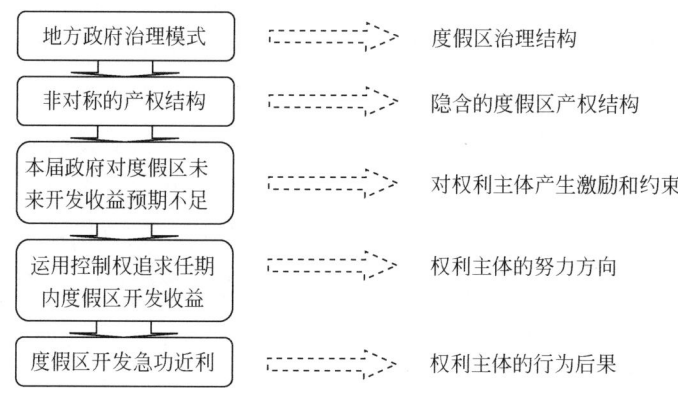

图 8.2　地方政府治理下度假区产权结构—行为—绩效分析路径

1. 短期行为

所谓地方政府短期行为，是指地方政府非战略性（空间上偏离全局、大局，时间上偏离长远目标，结构上偏执一地一隅）、非规范性（偏离地方政府整体职能，无视国家城乡建设和发展的规划法制）的短视、偏差性行政行为。其基本特征是以牺牲明天的利益来换取今天的利益，以损害社会的全面进步求得一时一地的单纯效益，以整体的破坏来换取局部的发展。

度假区产权结构的非对称性是度假区政府治理中短期行为出现的产权诱因。如上所述，地方政府拥有任期内完备的度假区控制权，可以经营稀缺的度假区资产并获得任期内的收益。然而度假区的成功开发是一个较长期的过程，绝大部分的收益索取权本届政府无法享受到。理性的地方政府出于自身利益的考虑，往往不会为后任政府"做嫁衣"，而追求在本届政府任期内获取度假区短期开发收益。因此，利用对于度假区的控制权,追求即期土地转让收益剩余索取权（Rn）的最大化,即放松对度假区开发的规划控制,降低招商引资门槛,掠夺性的大规模出让度假区土地以获得任期内土地开发收益,往往成为地方政府理性选择的结果。具体来看,地方政府在度假区开发管理中的短期行为主要表现在度假区土地开发、招商引资和度假区环境保护等方面。

1) 土地开发及招商引资

地方政府的短期行为表现在度假区土地开发方面,就是不顾市场条件和土地级差地租,对度假区内土地进行涸泽而渔式的掠夺性出让开发。在招商引资工作方面,将年度招商引资额纳入政府官员的行政绩效考核指标体系,并且与度假区管理者的职位升迁、经济收入直接挂钩,成为度假区管理者的图腾崇拜。在这根无形但威力巨大的指挥棒的作用下,度假区的开发管理者无不将招商引资作为头等大事,一把手亲自坐镇,招商任务层层分解,将招商作为一切工作的中心。这种以招商业绩为中心的行政绩效考评制度,很少能会带来度假区开发中的种种不良后果,如项目进入门槛降低、规划控制功能虚置、度假区功能定位模糊、优惠政策方面恶性竞争等。缺乏制度性约束的地方政府短期利益诉求,必然导致度假区长远发展效益得不到保证。

地方政府在度假区土地开发方面出现的短期行为,除了度假区控制权和索取权的非对称关系以外,现行土地转让和使用制度设计方面的缺陷也是重要诱因。我国目前实行的是"批租"土地使用制度,用地者根据用地性质向政府购买40~70年不等的土地使用权,用地者须一次性支付其中大部分税费。土地出让金的一次性收取,等于提前支取了未来40年或70年的土地租金。这种制度安排极大地刺激了地方政府在任期内的土地出让行为,形成投资扩张冲动—财政不足—土地出让增加收入—可用地减少—投资扩张冲动的恶性循环。地方政府在土地出让方面的短期行为已经造成了极为严重的社会经济恶果,土地超量批租、耕地数量急剧减少、国家粮食安全受到威胁、非法改变土地性质、暴力征地拆迁、侵害征地老百姓利益、加剧社会贫富分化等。有关部门已经认识到土地批租制度带来的种种恶果,并着手提出改革方案。改"批租制"为"年租制"就是理想的方案之一。但由于"年租制"的推行涉及许多相关制度安排的逐步完善,短期内在国内推行还有相当大的难度。

2) 环境保护

度假区的资源环境优势是度假区实现可持续发展的根本,是度假区长期效益的重要保证。但在政府治理结构下,度假区的环境资源成了一种公共的外部性资产,开发主体能够从良好的度假区环境中获得利益,却不需要付出成本。因为在任期内任何度假区环境方面的投入,都构成政府在任期内收益的漏出,并且很难在任期内得到回报。

因此，在地方政府的理性选择下，度假区环境产权出现"租值耗散"，度假区往往会由于政府环保投入不足而陷于环境衰退。

度假区企业治理模式则完全不同。开发商通过市场契约获得了度假区资产数十年的开发经营权，同时也拥有了资产增值收益的剩余索取权。度假区环境资源进入了开发商的长期利益函数，环境的正外部性由于产权的界定被内部化了，开发商因此有动力在环境方面投入，维护和提升度假区的环境价值。因为良好的环境能够带来度假区资产的增值，开发商能够获得长期利益。亚龙湾公司每年投入1000多万用于度假区内环卫、绿化等工作，并在环保方面持续大力度投入。亚龙湾度假区内宜人的度假环境和严格的生态保护措施，与银滩度假区环境破败景象形成了极为鲜明的对比。

2. 权利寻租

地方政府主导度假区开发管理意味着度假区规划控制权和开发经营权集于地方政府一身。在制度性监督缺位的情况下，地方政府的自利倾向往往会膨胀，导致规划、环保、土地等行政控制权让位于经营开发权。作者对于北海市规划局和环保局相关负责人的访谈证实了这一判断。

"（90年代初期北海大开发热潮中）银滩内土地出让都是由市领导说了算，只要领导签了字，规划局的审批只是走走过场，履行程序而已。

环保局对一些污染问题无能为力。明知一个项目对环境会产生重污染，但由于是税收大户，关系到市政府的饭碗，市领导点头，环保局也只能睁一只眼闭一只眼。"

——北海市环保局某资深人士

制度性监督缺位赋予了地方政府官员极大的权力空间和自由裁量权，这往往会导致度假区开发行为失控，助长度假区开发中的寻租腐败行为。1994年，中央联合调查组对北海市国有土地转让中存在的贪污腐败问题进行了立案调查。调查发现，本案涉及人员达123人，其中厅级干部5人，包括主管国有土地转让的常务副市长春、政法委书记、组织部长等，包括市规划局局长、银滩度假区工委副书记等在内的20名处级干部身陷囹圄，涉案金额高达1.1亿元人民币。这些数字为银滩度假区缺乏有效监督的违规开发提供了最好的注释。

将度假区交给企业开发有助于解决度假区管理监督缺位的问题。在公司治理的制度框架下，度假区的规划、环保等监督控制权与开发经营权分置，由政府相关部门负责监督控制。政府相关部门的有效监督能够使企业的市场化开发行为得到应有的规范。以亚龙湾度假区为例。三亚市政府虽是亚龙湾公司的股东之一，但亚龙湾公司与三亚市政府在亚龙湾开发管理权限划分方面十分明确。亚龙湾公司排他性的享有度假区范围内土地的开发经营权，可以自主地安排度假区基础设施投入、制定年度土地转让计划、选择投资商并与之签订土地转让合同、进行度假区内经营性项目投资等市场化开发行为。三亚市政府及各职能部门，如规划、土地、环保、税务、工商、公安等，则依照相关法律规定对亚龙湾公司的开发经营行为进行监督控制。

在规划控制方面。三亚市城市规划局负责亚龙湾开发的两级规划控制，一是度假区土地利用层面上，市城市对度假区内土地实行分区、分地块的用地指标和用地性质控制；二是具体的项目建设层面上，规划局负责召集拟建项目规划设计方案评审会，对拟建项目的设计方案进行评估。前一个层面实施控制的依据是度假区控制性详细规划，规划文本经地方人民代表大会通过，具有地方性法律文件性质。如无特殊情况需要变更，任何人无权更改地块既定的性质和用地指标数据，亚龙湾公司更无权参与控制。后一层面依据的则是以政府意志为主的专家意见，亚龙湾公司作为开发商常受邀参加评审会，但对评审结果施加影响的能力极为有限。总之，只有政府部门享有度假区规划控制权，作为开发商的企业无权介入。

"真正对一个旅游度假区规划建设起着决定性影响因素的是当地政府，政府能够通过规划左右度假区一切的开发建设行为。"

——亚龙湾公司某资深人士

度假区的开发经营权和规划监督权分置，一方面消除了政府主导开发下由于权力过分集中导致的规划控制权虚置的问题，另一方面也有利于规范和约束企业不合理的开发行为。还有一点不应忽视的是，政府在规划控制方面的强权也可能产生另一种潜在的危险，即由于政府官员在度假区规划方面专业素质的欠缺或其他原因，导致对度假区规划控制产生负面影响。亚龙湾内某酒店建筑设计风格与度假区整体环境的不一致就是一例。在这种情况下，度假区开发商与政府部门间的有效沟通协调就显得特别重要。

3. 上级政府介入

地方政府治理模式下的度假区开发管理往往会面临来自上级政府的正式或非正式介入。正式介入是指上级政府利用行政权威，通过行政命令方式直接对度假区管理者施加影响。非正式介入则是上级政府官员利用行政地位上的权力优势，采用行政命令以外的其他方式，间接地对度假区管理者施加影响。不管是正式还是非正式介入，这里均假设上级政府介入的目的是基于上级政府官员个人或利益集团的考量，对度假区既定的科学开发策略施加负面影响的过程。

官僚科层制的运行基础是上下级的从属关系和命令-服从的等级制权力矩阵关系，

压力型组织是官僚体制的核心特征。这种强制性科层制度安排使得上级政府的权力触角能够通过正式或非正式渠道延伸到行政权力所及的任何角落。对此,作为负责度假区开发管理的地方政府官员往往缺少必要的抵抗力和免疫力。

北海市前市长帅立国曾对别人感叹自己的苦衷:

"北海市的房地产虚热谁也不能否认,这种虚热的根由就是土地失控。但我有什么办法?上级批来的条子我能不签字吗?知道这种情况是错误的,但我也没有办法控制。这是中国特色,不是我这个市长能顶得住的。地就是这样几平方公里几平方公里的批出去了。"①

市长的这番无奈,虽不能作为银滩遭到各种各样上级部门蚕食的全部理由,确实揭示出地方政府主导下的度假区治理无法绕过的制度怪圈。

8.7 小　　结

旅游度假区作为一类特殊的公共资产,开发管理过程中涉及的代理问题和权利关系非常复杂。度假区产权的合理配置,治理结构的设计和安排,对于度假区合理开发和综合开发效益的实现至关重要。地方政府治理模式很难实现单一利益主体享有度假区的排他性控制权,度假区往往遭遇"公地悲剧"的命运;相比之下,度假区实行公司化治理模式较容易实现排他性授权。地方政府治理模式背后隐含着非对称的度假区产权结构。在畸形激励机制的作用下,本届政府对于度假区未来收益的预期不足,普遍出现追求短期开发利益的失范行为,往往导致度假区规划控制弱化,开发绩效低下。换言之,非对称的度假区产权结构是地方政府主导度假区开发失败的产权动因。度假区企业治理模式与地方政府治理模式相比,度假区产权结构更为优化,对开发主体的激励和约束功能更为科学有效。控制权在政府和企业间的分离,消除了地方政府治理下控制权过分集中的弊病,有助于建立有效的度假区规划管理的制度性约束。

---

① 张金顺. 2002. 北海市房地产业的发展及对策研究. 电子科技大学工商管理硕士学位论文.

第9章 结论和讨论

9.1 案例研究结论

三亚亚龙湾度假区是企业主导下市场化开发的结果,企业化主导开发的亚龙湾模式获得了巨大成功,尤其是在度假区管理体制方面的有益探索对于新时期中国滨海旅游度假区发展意义深远。亚龙湾模式的核心特征可概括为企业主导开发,政府有限介入,政企沟通合作。其成功之处在于构建了一种新的、更为科学有效的度假区治理结构,有助于实现各利益相关者之间权利义务关系的制度优化,从而为度假区长远战略目标和发展计划实施提供了必要的制度保证。

尽管亚龙湾模式具有地方政府主导开发模式无可比拟的制度优势,但不能过分夸大亚龙湾模式在亚龙湾度假区成功开发中的作用。事实上,亚龙湾度假区的成功开发还依赖于众多特殊因素的共同支撑(图9.1)。

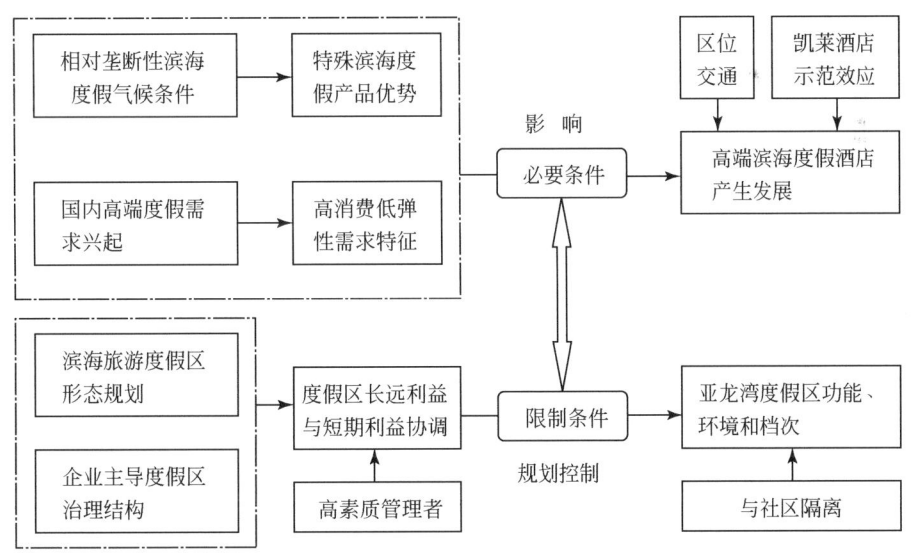

图 9.1 亚龙湾度假区开发的影响因素

(1)资源因素。三亚拥有国内独一无二的冬季避寒型滨海气候资源条件,形成了亚龙湾度假区在国内高端滨海度假旅游市场上的相对垄断地位。这是亚龙湾度假区开发获得成功的特殊资源基础。

（2）市场因素。国内高端度假旅游市场初步兴起，而豪华滨海度假旅游产品开发处于空白状态。亚龙湾度假区可以说是在国内高端滨海度假市场没有竞争对手的情况下一炮走红，而且高消费、强需求、弱弹性的国内高端滨海度假需求特征为亚龙湾度假区发展提供了强劲的需求动力。这是亚龙湾度假区成功开发的市场基础。

（3）制度因素。在三亚市政府的积极推动下亚龙湾度假区走上了市场化开发道路，并成功引入了资金和技术实力雄厚的战略型投资者。这不仅解决了大型度假区开发所需的巨额资金和技术问题，更重要的是，这为亚龙湾度假区成功开发提供了市场化的制度保证。

（4）管理因素。亚龙湾公司的管理层具有卓越的度假区管理才能和执行力，始终坚持高门槛策略，确保亚龙湾度假区的既有定位，不因短期利益而放弃度假区的长远利益。

（5）形态规划和有效监督。亚龙湾度假区制定了科学合理的度假区形态规划，三亚市政府及相关职能部门实施了有效的外部监督。亚龙湾公司和三亚市政府的良好沟通，也是度假区规划得到贯彻实施的重要保证。

（6）社区因素。亚龙湾度假区开发初期强有力的移民搬迁政策，使得亚龙湾度假区成为真正意义上的旅游经济开发区。这也是亚龙湾度假区成功开发不可忽视的重要因素。

因此，不能简单地将亚龙湾度假区的成功看成是企业化主导开发模式的必然结果，亚龙湾模式仅是从制度层面上构建了较为科学合理的度假区治理结构，是亚龙湾度假区成功开发的必要条件，并不充分。在国内其他滨海度假区中盲目复制移植亚龙湾模式，同样存在很大的风险。

北海银滩度假区是国内众多地方政府主导下滨海旅游度假区发展的典型案例，其兴衰巨变的特殊发展历程教训深刻，需要深刻检讨和反思。从滨海气候资源条件来看，北海仍属于夏季避暑型滨海气候条件，较强的季节性和潜在市场范围的区域性，使得北海能够吸引的有效度假需求很难满足豪华滨海旅游度假区运营所需的门槛游客量。滨海气候资源的先天优势不足进一步限制了银滩开发大型滨海旅游度假区成功的可能性。研究还发现，地方政府自始至终高强度介入银滩度假区开发管理，银滩度假区的兴衰与地方政府行为有着密切关系。抽象掉北海地产热潮等一些特殊因素，银滩就是在滨海度假市场需求和供给尚不足以支撑度假区快速发展的背景下，包括地方政府在内的各种行政力量过度介入，以非市场化手段推动银滩度假区在短期内过度超前发展，是非市场化的虚假繁荣。这种过度行政化发展模式无视旅游度假区发展规律，给度假区社会、经济、生态等方面造成巨大压力。因此，地方政府治理模式在保障度假区长远战略目标及实施的科学性和有效性方面值得怀疑。

银滩度假区的发展历程尽管极端,但并不是一个孤立的个案,其过度行政化发展模式在国内滨海旅游度假区中具有典型性和代表性。20世纪80年代末以来形成的我国滨海旅游度假区开发热潮,正是在中央政府超前发展的政策导向、传统经济体制仍占主导地位的制度环境,以及国内滨海旅游度假需求发育尚不成熟的背景下展开的。各地政府广泛动用各种行政资源,以应付市场化开发资金短缺和度假需求不足的窘境,并在一定程度上出现了不合理盲目开发或度假区城市化及景区化倾向。这不仅造成对滨海旅游资源不同程度的破坏和浪费,也使得一些滨海旅游区经过短暂高潮后进入了停滞发展甚至走向衰退。面临即将兴起的国内新一轮滨海旅游度假区发展热潮,国内学界及相关政府部门须对以往我国滨海旅游度假区发展的内外部环境和政策导向进行批判性反思,进而对新时期滨海旅游度假区发展提供更具科学性的政策导引和制度供给。银滩度假区案例研究所揭示的度假区地方政府治理模式的相关结论,对于优化和完善我国新时期旅游度假区治理结构有重要启示意义。

9.2 中国滨海旅游度假区发展影响因素

基于典型案例比较研究发现,中国滨海旅游度假区发展的影响因素包括一个必要条件和两个限制条件(图9.2)。必要条件是旅游目的地能够提供滨海旅游度假区运营所需要的门槛需求量,没有足够的滨海旅游需求支撑,任何滨海度假区都不可能在市场化环境中生存发展。目的地的滨海旅游需求规模和水平是目的地滨海旅游资源禀赋、

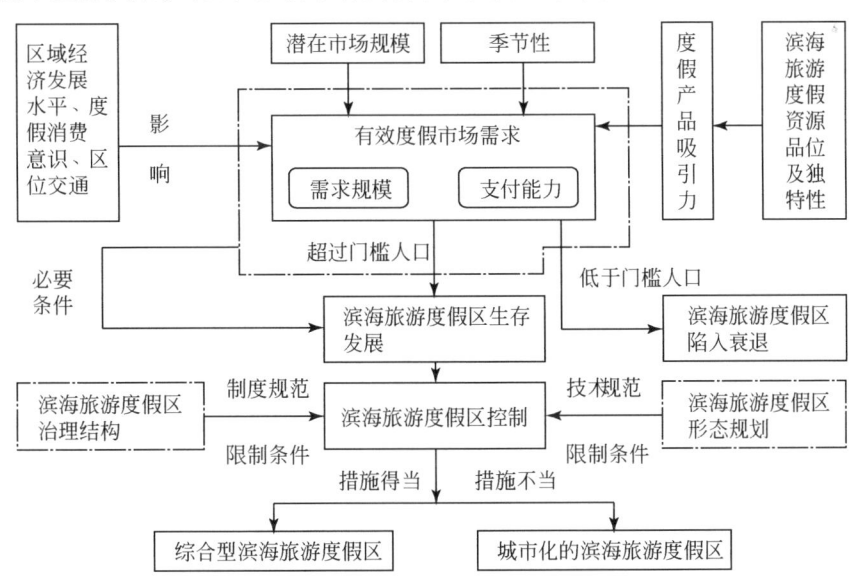

图9.2 中国滨海旅游度假区发展影响因素

区位交通条件、社会经济基础、滨海旅游市场发育程度、区域合作竞争等因素综合作用的结果。限制条件包括科学合理的滨海旅游度假区形态规划和度假区治理结构。前者从技术层面为滨海旅游度假区合理开发提供技术规范，影响滨海旅游度假区的环境和开发效益；后者从制度层面为滨海旅游度假区形态规划的贯彻实施提供制度保障，关系到滨海旅游度假区的规划控制和战略目标的实现。但规划控制功能弱化所导致的滨海旅游度假区过度或畸形开发，也会造成滨海旅游度假区陷入衰退。

9.3 中国旅游度假区发展反思

中国旅游度假区的产生及发展表现出两个显著特征：一是过度超前发展，二是地方政府主导。这也是国内旅游度假区发展普遍遭遇挫折的根本原因。

9.3.1 过度超前发展

适度超前是我国旅游业发展初期确立的主导战略，是在国民经济相对落后，且东道国拥有较强的旅游资源基础条件的情况下，集中力量重点发展旅游业，使得旅游业的增长速度总体上超过国民经济增长速度。相应的在客源市场开拓方面采取先国际后国内的跃迁式发展模式，优先发展创汇导向的国际旅游。

国家级旅游度假区的设立正是我国旅游业超前发展战略的具体体现，直接目的是优先开发面向国际市场的度假旅游产品，改善国内旅游产品结构，提高我国旅游业创汇能力。应该说，设立国家级旅游度假区的愿望是好的。但实践证明，在当时的条件下，我国旅游度假区发展缺少必要的国际国内度假旅游需求支撑，总体上有效度假需求不足。换言之，我国旅游度假区设立和开发不是适度超前，而是在条件不成熟的情况下过度超前发展。

首先，从世界范围内度假旅游目的地和客源市场的空间组合看，我国旅游度假区在国际度假旅游市场竞争中并不占有区位优势。美洲游客大多选择去加勒比、夏威夷度假，日本游客多选南太平洋、东南亚等滨海度假地，远程欧洲游客则主要选择地中海沿岸作为度假旅游目的地。在相对成熟的国际度假旅游市场竞争格局中，中国作为新兴的国际度假旅游目的地要想吸引国际度假游客非常困难，用度假旅游作为我国旅游产品"升级换代"突破点的时机尚未成熟（张凌云，1996）。

其次，尽管国内大众旅游需求蓬勃发展，但国内度假旅游需求整体上仍处于萌芽状态，国内度假旅游市场需求规模和水平尚不足以支撑大规模高档次度假旅游产品开发。许多旅游度假区转而开发观光娱乐型产品并受到追捧就是明证。

再次,体制内的福利性休疗养需求是我国早期各类度假区发展的重要推动力量,但随着市场化改革的逐步深入,这种福利性需求规模必然会受到抑制,国内许多传统旅游度假区必须面对结构转型的挑战。

9.3.2 地方政府主导

国外成功旅游度假区的经验表明,成立一个拥有足够权威的专门机构来开发管理度假区,是促进公有和私人部门之间进行高层次协调的保证(爱德华·因斯克普和马克·科伦伯格,1993)。大型旅游度假区的开发周期长,对基础设施的要求高,前期投入巨大。再加上市场需求环境的不明朗,投资开发的风险非常大,私营资本往往不愿意介入度假区的初期建设。因此,即使是在市场化发育程度较高的韩国、墨西哥等国,政府也必须在旅游度假区开发初期的基础设施建设方面担当起主导作用。尤其是在经济相对落后的发展中国家,中央政府的强力介入往往是大型旅游度假区成功开发的重要保障。

而在我国,中央政府对于国家级旅游度假区开发管理的实质性介入程度很低,广泛介入度假区开发管理的则是与中央政府行为模式不同的地方政府。中国旅游度假区发展是地方性行政经济的产物,中央政府支持缺位、地方政府过度介入度假区开发管理是国内旅游度假区遭遇挫折的制度原因。地方政府广泛介入度假区开发在一定程度上推动了国内旅游度假区发展,但不可避免地会带来以下问题。

首先,地方政府财力有限,普遍吃紧的财政状况很难满足巨大的旅游度假区基础设施投入需要。地方政府无力投资度假区基础设施,只能靠出让有限的土地资源,以土地换资金,以土地换项目,进行滚动发展。但国家级旅游度假区能够出让的土地有限,靠土地出让金开发建设缺口仍然很大(迟景才,1998)。度假区前期开发举步维艰,基础设施不完善,对后续引资工作造成很大影响。

其次,地方政府难以给旅游度假区发展提供必要的政策支持,度假区管理部门在地方行政框架内处处遭遇体制掣肘。综合旅游型度假区发展是一个复杂的系统工程,开发建设的难度相当大。除了对开发资金的巨大需求外,度假区管理部门还需要获得足够的政策和行政权力支持,来协调配置所需的相关资源。除非地方政府首脑对旅游度假区的发展规律认识深刻,高度重视并给予强力支持,度假区发展才能够得到相对较好的政策环境。但现实情况是,度假区管理部门在与其他行政权力主体博弈过程中往往处于弱势地位,给旅游度假区开发管理带来诸多不利影响。

再次,地方政府主导旅游度假区开发会遭遇制度困境。综合型旅游度假区开发建设是长期艰苦的过程,从前期投入到产生效益一般要经历数十年时间。且不说对于目的地旅游资源、区位、市场发育程度、开发商投资能力等客观条件要求甚高，单是与现阶段地方政府普遍追求任期内短期效益的行为导向就产生了根本矛盾。理性的地方政府会认识到旅游度假区最终开发效益的好坏与本届政府无关，因此在缺少有效外部监督的情况下，地方政府理性选择的结果很有可能是利用度假区现有资源追求短期开发效益，从而度假区发展的长期利益难以得到保障。

9.4 旅游度假区治理结构优化的路径选择

旅游度假区的资源、气候、区位等客观因素通常是外生给定的，具有一定的约束刚性，而与度假区治理相关的制度约束则是相对能动的。通过优化提升旅游度假区治理结构，有可能提高旅游度假区开发绩效。产权经济学视角下旅游度假区治理结构优化的出发点，就是寻求度假区代理成本最小化和产权结构均衡化，即实现度假区控制权和索取权的匹配和统一，优化调整地方政府治理结构下非对称的度假区产权结构。在这一总体思路下，参照国内外旅游度假区开发管理的成功经验，国内旅游度假区治理结构优化的可能模式有两种：一是中央政府主导治理模式；二是外部监督下企业一体化开发模式。

9.4.1 中央政府主导治理模式

旅游度假区地方政府治理结构的代理链条长，代理监督成本高，地方政府在与中央政府的利益博弈中，往往做出自利但损害度假区长远利益的机会主义行为。该模式将度假区设置成国家特区，在开发管理方面超脱地方政府，由中央政府直接委托代理人进行治理，减少代理层级，缩小代理监督成本，有助于降低代理人的机会主义行为倾向。世界著名的印尼努沙杜阿度假区和墨西哥坎昆度假区都是中央政府主导治理模式的成功典范。

1. 努沙杜阿模式[①]

努沙杜阿度假区是印尼政府和世界银行以及联合国开发计划署（UNDP）三方合作开发的项目。1970年，作为资金筹措机构的印尼中央政府与联合国开发计划署（UNDP），以及作为实施机构的世界银行［国际重建和发展银行（IBRD）和国际发展协会（IDA）］，就拟订巴厘岛地区旅游规划达成协议。按照合作协议，印尼政府于1973年

---

① 参见文献：爱德华·因斯克普和马克·科伦伯格，1993。

11月成立了国有的巴厘旅游开发公司（BTDC），负责努沙杜阿度假区的市场化开发，启动开发资金由世界银行提供（图9.3）。BTDC具体的开发工作包括：建立主要基础设施，包括区内公路、排水、供水和污物处理系统、公用地区自然美化和某些通用设施；招商引资，吸引外部投资者在区内投资度假设施或租赁度假区土地；市场宣传促销，树立企业形象，分发投资手册，等等。

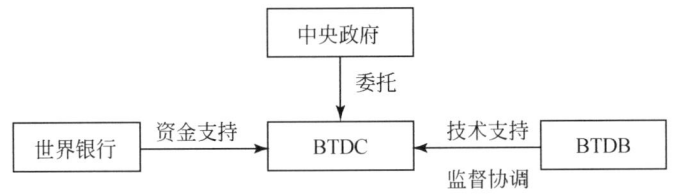

图9.3　努沙杜阿度假区治理结构示意图

巴厘旅游开发委员会（BTDB）具体负责巴厘地区旅游规划的实施和协调管理。BTDB由地方行政长官担任主席，拥有一支包括一些国际顾问的技术队伍。BTDB负责的具体工作包括：推进该地区旅游规划的实施和控制，制定分区规划，负责区内项目的规划设计审批；以顾问的形式为BTDC及投资商提供度假区开发的技术援助支持；监控度假区的社会文化影响，积极推进和教育附近原住民了解度假区项目，并培训引导他们如何从度假区开发中受益；指导公众宣传计划，组织对旅游者进行调查，以便更有效地进行度假区规划、开发和管理。

2. 坎昆模式[①]

20世纪60年代末，墨西哥中央政府制定了"全国旅游发展规划"，并设立了几个相关机构负责推进旅游业的发展。经过全国范围内的比较筛选，1969年墨西哥中央银行选定坎昆地区作为旅游优先发展区域。

墨西哥中央银行是旅游开发中担任领导职能的理想机构。它不但有相当的专业技术优势和国内外融资渠道，更为重要的是，它是一个技术实体而非政治实体。中央银行在坎昆度假区开发中所做的是针对开发进行一些初期启动和政策的研究，具体开发工作则是由半附属机构——全国旅游开发公司负责执行（图9.4）。

为了缓解前期开发资金短缺，全国旅游开发公司于1971年向美洲开发银行申请了一笔国际性贷款，用于度假区前期基础设施建设。资金到位后很快开始修建机场、供排水系统、排污系统、通讯系统等设施。全国旅游开发公司还通过发行债券募集建设资金，并在国际上进行了一系列宣传促销活动。

---

① 参见文献：爱德华·因斯克普和马克·科伦伯格，1993。

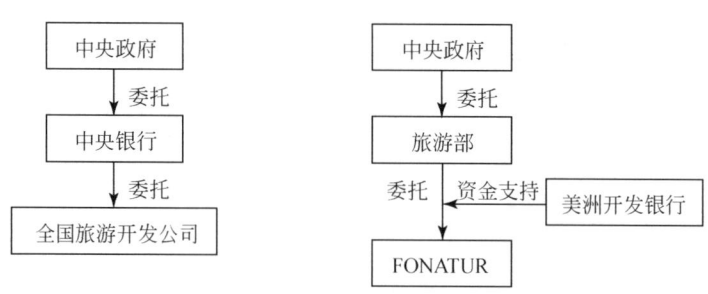

图 9.4 坎昆度假区治理结构示意图

1974 年，在坎昆和其他地区负责旅游业开发的几个机构，包括全国旅游开发公司，合并成了一个新的机构：全国旅游促进基金会（Fondo Nacional de Fomento al Turismo，FONATUR）。全国旅游促进基金会是旅游部下属的一个负责旅游业发展的部门，是坎昆旅游开发和管理的政府主管机构（图 9.4）。其职能除了全国旅游开发公司原有开发旅游项目之外，又扩大了贷款担保，短期证券投资，贸易贷款及信用证业务。

全国旅游促进基金会全面负责坎昆度假区基础设施和其他各项设施的设计和建设，负责坎昆度假区的对外宣传促销，也对开发建设初期的宾馆、饭店启动和经营给予了一定的资助和扶持。全国旅游促进基金会聘请一些国内咨询机构来做规划和工程方案，这弥补了它自身技术人员在设计和监督各项设施建设上的不足。坎昆度假区的大多数基础设施都是由全国旅游促进基金会投资建设的，但具体工程则由相关的政府机构如公共工程部、水利部去组织完成，全国旅游促进基金会的任务就是协调这些机构的工作。这些基础设施完工后，交由相关的单位和公共机构来经营和收费。

全国旅游促进基金会自有资金的一个重要来源，是向开发者转让建饭店用的土地和向新居民出售建房用地。全国旅游促进基金会以低价买进生地，经开发后将基础设施齐备的熟地以相应的价格出售，开发费用实际由买主承担。在度假区开发初期，转让土地的收入不足以弥补建设基础设施的开发成本。但随着坎昆度假区的发展，土地的转让越来越多；由此而来的收入也不断增加。例如，在使用第一笔美洲开发银行贷款建设坎昆度假区时，全国旅游促进基金会投入的资金中，来源于土地转让部分的比重很小；而在使用美洲开发银行第二笔贷款时，土地转让的收入超过 5500 万美元，远超过这一期 4950 万美元的总投资。坎昆度假区的全部基础设施投资基本上在度假区建成时就全部收回。

以上对于努沙杜阿和坎昆度假区治理结构的分析可看出，两处案例都是中央政府直接参与运作，其开发和管理具有浓厚的政府主导色彩。两者的不同之处在于，前者是中央政府授权下的国有企业开发模式，由巴厘旅游开发公司负责对努沙杜阿度假区进行市场化开发，巴厘旅游开发委员会负责度假区发展规划的实施和协调管理。而后者则是中央政府直接授权管理机构，由墨西哥旅游部下属的全国旅游促进基金会对坎昆度假区进行一体化开发管理。无论何种形式，中央政府直接介入都有助于充分发挥后发地区旅游发展中的政府主导作用，赋予度假区开发管理机构充分的协调管理能力，同时中央政府主导治理模式的委托代理链条较短，代理人不容易出现机会主义行为。此外，两处度假区都有一定的政府间国际合作背景，这种高层次的国际合作机制不仅在资金技术方面为度假区开发建设提供了巨大支持，国际组织的介入客观上也对度假区开发管理机构构成了一种有效的外部监督。

3. 中央政府主导治理模式的可能选择

中央政府主导治理模式适用于旅游资源、区位交通、客源市场等开发条件最为优越，度假旅游有巨大发展潜力，并有可能通过精心打造成为中国度假旅游产品符号的国家级旅游度假区。建议根据新的国家级旅游度假区评定标准，重新筛选设立新的国家级旅游度假区。由国家旅游局牵头设立国家旅游开发公司，全权负责国家级旅游度假区开发相关事宜，申请中央财政拨专款进行度假区移民搬迁和前期基础设施建设，并聘请专业机构研究编制度假区开发规划。度假区所在地各级地方政府可通过在国家旅游开发公司中占有相应股份以获得度假区开发收益，并协助处理度假区开发与地方各级政府和社区的关系。如有可能，争取国际性组织的资金或技术支持，并对度假区开发管理决策进行监督（图9.5）。

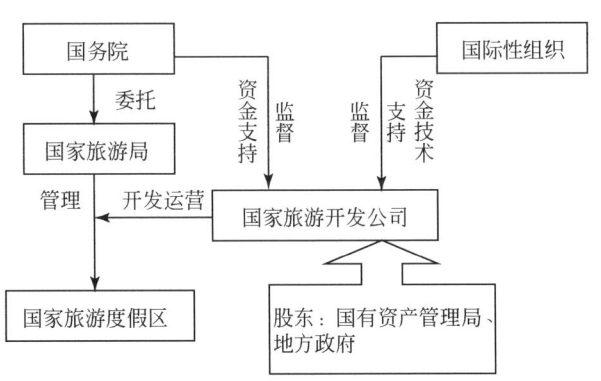

图 9.5　理想的度假区中央政府治理结构示意图

9.4.2　地方政府监督下企业开发模式

相对于中央政府主导开发模式，地方政府监督下企业化开发模式操作起来难度相对较小，更加适合中小型旅游度假区开发管理。该模式将市场机制引入旅游度假区开发，将度假区一定时限内的经营开发权通过市场契约排他性的授予私人资本，由真正的市场主体独立承担度假区开发风险和收益。同时地方政府保持一定的行政力量介入，对度假区开发实施有效的规划控制和日常行政性事务管理（图9.6）。

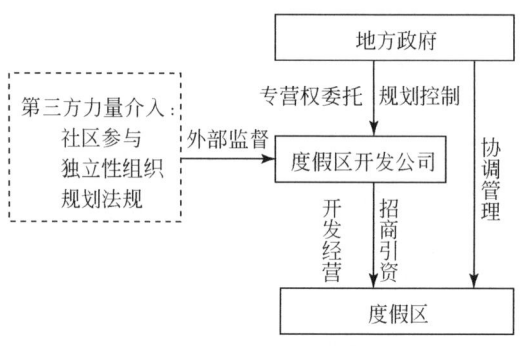

图9.6 理想的度假区企业开发治理结构示意图

旅游度假区实行企业一体化开发必须置于一定的外部监管下进行，除了地方政府的行政性监督控制措施外，包括公众参与、专家质询、独立性组织在内的第三方力量也应参与到旅游度假区外部监管制度中来。如监管缺位，私人资本的逐利行为也有可能追求短期开发效益而放弃旅游度假区开发长远利益。一般来说，战略型投资者不仅资金技术实力雄厚，公司治理结构也相对成熟稳定，出现短期行为的可能性相对较小。因此，在选择旅游度假区开发商时此类公司是首选，不仅要招商引资，更要招商引"治"。

然而，地方政府是否有足够的激励去监管开发商的开发行为，这是一个不确定的因素。进一步分析，开发商有可能和地方政府串谋，导致政府的外部监督作用弱化，双方共同摄取短期开发利益。这些问题涉及更为复杂的利益相关者之间的关系，通过建立激励相容（incentive adaptive）的契约关系和完善相关规划法规有可能更好的规范各方行为，同时引入第三方监督力量参与到旅游度假区开发中来，也是未来旅游度假区治理结构进一步优化的方向。

参 考 文 献

爱德华·因斯克普.2004.旅游规划:一种综合且可持续开发方法.北京:旅游教育出版社

爱德华·因斯克普,马克·科伦伯格.1993.旅游度假区的综合开发模式(中译本).北京:中国旅游出版社

巴泽尔·Y.1997.产权的经济分析(中译本).上海:三联书店

曹正汉.1998.传统公有制经济中的产权界定规则控制权界定产权.经济科学,(3):29~36

曹正汉.2005.观念如何塑造制度.上海:上海人民出版社

查尔斯·沃尔夫.1994.市场或政府——权衡两种不完善的选择/兰德公司的一项研究.北京:中国发展出版社

陈东田,吴人韦.2003.旅游度假地规划特点及现有规划设计规程的适用性研究.旅游学刊,5:59~62

陈烈,王华,丁焕峰,等.2004.滨海沙滩旅游地兴衰探源及其重构研究——以茂名水东湾旅游度假区为例.经济地理,24(5):696~699

池雄标.2004.滨海旅游理论与实践.广州:中山大学出版社

迟景才.1998.中国旅游经济探索.广州:广东旅游出版社

崔凤军,刘家明.1999.我国度假旅游客源市场开发与定位研究.泰安师专学报,21:58~63

丹尼斯·穆勒.1992.公共选择理论.北京:商务印书馆

董俊德,王汉奎,张偲,等.2002.三亚湾海水温度季节变化及溶解无机氮的垂直分布特征.热带海洋学报,1:40~47

范业正,郭来喜.1998.中国滨海旅游地气候适宜性评价.自然资源学报,4:304~311

方福前.2000.公共选择理论——政治的经济学.北京:中国人民大学出版社

费方域.1998.企业的产权分析.上海:上海人民出版社

风笑天.2001.社会学研究方法.北京:中国人民大学出版社

高虹.2005a.四海游客纷至沓来 三亚旅游劲吹俄罗斯风.http://sanya.hinews.cn/page.php?xuh=281

高虹.2005b.四大盲区导致"离题万里""涨风"毁了三亚华章.http://www.hi.chinanews.com.cn/hnnew/2005-02-23/20431.html

何川,刘子瑛,张汝愉,等.1994.三亚海坡度假村的环境设计与土地利用.建筑学报,(3):39~41

黄福祺.2002.北海市志.南宁:广西人民出版社

杰弗里·沃尔.2001.旅游地形态学:西方概念和在中国的运用.见:保继刚,潘兴连,杰弗里·沃尔.城市旅游的理论与实践.北京:科学出版社.205~211

李孔岳,罗必良.2002.公司治理结构的理论:一个综述.当代财经,8:62

李孔岳,罗必良.2004.政府控制国有企业的方式和效率分析.南方经济,2:40~43

李义平.2004.当前制度框架中地方政府的行为分析.当代经济科学,5:47~51

梁思奇.2005.王海王牌景点银滩宰客严重.http://gx.people.com.cn/GB/channel70/200509/05/301832.html

林纪,严奉,许顺才.1999.背景·主题·创意——上海佘山国家旅游度假区核心区规划.城市规划,(10):44~46

刘爱荣,帖英.1995.对国家旅游度假区开发建设的若干思考.地域研究与开发,14:75~78

刘家明.2000.旅游度假区土地利用规划.国外城市规划,3:13~16

刘家明.2003.旅游度假区发展演化规律的初步探讨.地理科学进展,2:212~218

刘家明.2004.旅游度假区的景观生态设计思路.人文地理,1:82~85

刘家明,季任钧.2001.旅游度假区开发的选址研究.人文地理,5:49~52

刘俊.2006.中国传统滨海度假地衰退研究——以烟台牟平养马岛为例.旅游科学,6:35~40

罗伯特·罗茨.2000.新的治理.见:俞可平主编.治理与善治.北京:社会科学文献出版社.86

皮黔生,王恺.2004.走出孤岛——中国经济技术开发区概论.上海:三联书店

祁黄雄,蔡运龙,徐勋.2002.度假区人居环境景观的可持续性规划——以浙江会稽山旅游度假区为例.城市规划,26(6):84~88

申晚香,王霞,霸石.1997.北海批租土地中的丑闻揭密.改革,2:122~126

谭克修.1997.热带滨海旅游区个性魅力的生成——石梅湾旅游度假起步区规划设计.建筑学报,4:33~39

田里.1998.旅游度假区的市场定位与开发方向.思想战线,6:28~32

童吉渝.2001.转型时期地方政府行政行为研究.昆明:云南教育出版社

王国新.1998.国内旅游度假区开发与管理分析.旅游学刊,4:38~40

王洪,甘萌雨.2002.北海银滩旅游区规划设计国际征集方案介绍.城市规划,26:89~91

王宁.2002.代表性还是典型性?——个案的属性与个案研究方法的逻辑基础.社会学研究,5:123~125

王莹,骆文斌.2002.对我国旅游度假区建设于发展的再思考.地域研究与开发,21:73~77

王宇智.2002.我国度假地发展的制约因素和对策.桂林旅游高等专科学校学报,13:35~38

吴宇华.1998.北海市银滩国家旅游度假区西区的环境问题.自然资源学报,3:256~260

肖耿.1997.产权与中国的经济改革.北京:中国社会科学出版社

徐海鹏,任明达,严润娥,等.1999.广西银滩地区土地退化与防治研究.水土保持研究,4:41~48

许海滨.2000.村民习惯"靠海吃海",银滩免费开放管理左右为难.http:www.gxta.gov.cn/Public/Arcticle/ShowArt.asp?Art_ID=1034

许海鸥.2005.6万游客挤"爆"银滩.http://www.gxta.gov.cn/GorPub/?Art_ID=7453

佚名.2004.三亚亚龙湾风景区一团乱糟,成了集贸市场.http://www.ct2t.com/hyzx/show.asp?id=12101

佚名.2006.三亚湾:美丽的风景线.http://www.lotour.com/snapshot/2006-04-18/snapshot_36295.shtml

俞可平.2000.治理与善治.北京:社会科学文献出版社

郁建兴,方立明,黄红华,等.2004.在政府与企业之间——以温州商会为研究对象.杭州:浙江人民出版社

张凌云. 1996. 试论我国度假区的市场定位和开发方向. 旅游学刊, 4: 5~9

张维迎. 1997. 从公司治理结构看中国国有企业改革的成效、问题与出路. 社会科学战线, 2: 42~51

赵宁曦, 杨达源. 1996. 滨海旅游度假区的生理环境评价. 海洋科学, 6: 66~68

智贤. 1995. GOVERNANCE——现代"治道新概念". 见: 刘军宁等. 市场逻辑与国家观念（公共论丛）. 上海: 三联书店. 55~56

周建明. 2003. 旅游度假区的发展趋势与规划特点. 国外城市规划, 18: 25~29

邹瑚莹. 1996. 可持续发展旅游地的经济与环境——山海关滨海旅游度假区规划设计思考. 建筑学报, 9: 26~32

Agarwal S. 1997. The public sector: planning for renewal. In: Shaw G, Williams A M (eds). The Rise and Fall of British Coastal Resorts. London: Printer. 137~158

Agarwal S. 1999. Restructuring and local economic development: implications for seaside resort regeneration in Southwest Britain. Tourism Management, 20: 511~522

Agarwal S. 2002. Restructuring seaside tourism: the resort life-cycle. Annals of Tourism Research, 29: 25~55

Akama J S. 1999. Marginalization of the Maasai in Kenya. Annals of Tourism Research, 26: 716~718

Alchian A, Demsetz H. 1972. Production, Information costs, and Economic Organization. American Economic Review, 62 (50): 777~795

Barrett J A. 1958. The seaside resort towns of England and Wales. http://qmro.qmul.ac.uk/xmlui/handle/123456789/1380

Berle A A, Means G C. 1932. The Modern Corporation And Private Property. New York: HARCOURT BRACE & WORLD

Bianchi R. 1994. Tourism development and resort dynamics: an alternative approach. Progress in Tourism, Recreation and Hospitality Management, 5: 181~193

Bramwell B. 1990. Local tourism initiatives. Tourism Management, 11: 176~177

Britton S G. 1982. The political economy of tourism in the third world. Annals of Tourism Research, 9: 331~358

Brohman J. 1996. New directions in tourism for Third World development. Annals of Tourism Research, 23: 48~70

Browett J G. 1982. Out of the dependency perspectives. Journal of Contemporary Asia, 12: 145~157

Butler R. 1980. The concept of a tourist area cycle of evolution: implications for management of resources. Canadian Geographer, 24: 5~12

Bélisle F J. 1983. Tourism and food production in the Caribbean. Annals of Tourism Research, 10 (4): 497~513

Clegg A, Essex S. 2000. Restructuring in tourism: the accommodation sector in a major British coastal resort. International Journal of Tourism Research, 2: 77~95

Collins C O. 1979. Site and situation strategy in tourism planning: a Mexican case study. Annals of Tourism Research, 3: 351~366

Cooper C. 1990. Resorts in decline: the management response. Tourism Management, 11: 63~67

Cooper C. 1997. Indicators of decline. In: Shaw G, Williams A M (eds). The Rise and Fall of British Coastal Resorts. London: Printer. 79~101

Cooper C, Jackson S. 1989. The destination area lifecycle: The Isle of Man case study. Annals of Tourism Research, 16: 377~398

Debbage K G. 1990. Oligopoly and the resort cycle in the Bahamas. Annals of Tourism Research, 17: 513~527

Demars S E. 1979. British contributions to American Seaside Resorts. Annals of Tourism Research, 3: 285~293

Demetriadi J. 1997. The golden years: English seaside resorts 1950~1974. In: Shaw G, Williams A M (eds). The Rise and Fall of British Coastal Resorts. London: Printer. 49~75

Dixon C, Heffernam M. 1991. Colonialism and Development in the Contemporary World. London: Mansell

Eastman C M. 1995. Tourism in Kenya and the marginalization of Swahili. Annals of Tourism Research, 22: 172~185

Freitag T G. 1994. Enclave tourism development: For whom the benefits roll? Annals of Tourism Research, 21: 538~554

Getz D. 1992. Tourism planning and destination life-cycle. Annals of Tourism Research, 19 (4): 752~770

Gilbert E W. 1949. The growth of Brighton. The Geographical Journal, 114 (1): 30~52

Gormen E. 1981. The spatio-temporal development of international tourism: attempt at a centre-periphery model. In: La Cousommation d'Espace par. le Tourisme et sa Pre'servation, CHET, Aix-en-Provence

Grey H P. 1970. International Travel-international Trade. Lexington: Health Lexington

Grossman S, Hart O. 1986. The costs and benefits of ownership: A theory of verticaland lateral integration. Journal of Political Economy, 94: 691~719

Gunn C A. 1988. Vacationscape: Design Tourist Regions. NewYork: VanNostrandReinhold

Hardin G. 1968. The tragedy of the commons. Science, 162: 1243~1248

Hart O. 1995. Corporate governance: Theory and implication. Economics of Journal, 105 (430): 678~689

Haywood KM. 1986. Can the tourist-area life cycle be made operational. Tourism Management, 7: 154~167

Helber L. 1995. Redeveloping mature resorts for new markets. In: Colin M V, Baum T (eds). Island Tourism: Management Principles and Practices. Chichester: Wiley. 105~113

Hills T L, Lundgren J. 1977. The impact of tourism in the Caribbean: A methodological study. Annals of Tourism Research, 4 (5): 249~267

Hovinen G A. 1981. Tourist cycle in Lancaster County, Pennsylvania. Canadian Geographer, 3: 283~286

Hughes H. 2000. Arts, Entertainment and Tourism. Oxford: Butterworth Heinemann

Inskeep E. 1991. Tourism Planning: An Integrated and Sustainable Development Approach. New York: Van Nostrand Reinhold

Ioannides D. 1992. Tourism development agents: The Cypriot resort cycle. Annals of Tourism Research, 19 (4): 711~731

Isaac S. 1996. International tourism in Kenya and the marginalization of the Waswahili. Tourism Management, 17 (6): 425~432

Jenkins C. 1982. The effects of scale in tourism projects in developing countries. Annals of Tourism Research, 9: 229~249

Kermath B M, Thomas R N. 1992. Spatial dynamics of resorts: Sosua, Dominican Republic. Annals of Tourism Research, 19: 173~190

Lewis R. 1980. Seaside holiday resorts in the United States and Britain. Urban History Yearbook, 44~52

Liu J, Wall G. 2009. Resort morphology research: history and future perspoctives. Asia Pacific Journal of Tourism Reseanch, 14 (4): 339~350

Matthews H G. 1977. Radicals and third world tourism: A Caribbean focus. Annals of Tourism Research, 5: 20~29

Mbaiwa J E. 2005. Enclave tourism and its socio-economic impacts in the Okavango Denta, Botswana. Tourism Management, 26: 157~172

Meyer-Ardent K J. 1985. The Grand Isle, Louisiana resort cycle. Annals of Tourism Research, 12: 449~465

Meyer-Ardent K J. 1990. Patterns and impacts of coastal recreation along the Gulf coast of Mecixo. In: Fabbri P (ed). Recreational Use of Coastal Areas. Dordrecht: Kluwer. 133~148

Morgan M. 1991. Dressing up to survive: Marketing Majorca anew. Tourism Management, 12: 15~20

Mullins P. 1991. Tourism urbanization. International Journal of Urban and Regional Research, 15 (3): 326~342

Oppermann M, Chon K S. 1997. Tourism in Developing Countries. London: International Thomson Business Press

Pavaskar M. 1982. Employment effects of tourism and the Indian experience. Journal of Tourism Research, 21 (2): 32~38

Pearce D G. 1978. Form and function in French resorts. Annals of Tourism Research, 5: 142~156

Pearce D G. 1995. Tourism Today: a Geographical Analysis. 2nd Ed. Singapore: Longman Group Limited

Pigram J J. 1977. Beach resort morphology. Habitat International, 2: 525~541

PoonA. 1994. The 'new tourism' revolution. Tourism Management, 2: 91~92

Shaw B J, Shaw G. 1999. "Sun, sand and sales": enclave tourism and local entrepreneurship in Indonesia. Current Issues in Tourism, 2 (1): 68~81

Shaw G, Willianms A M. 1997. The Rise and Fall of British Coastal Resorts. Landon: Printer

Sheldon P, Abenoja T. 2001. Resident attitudes in a mature destination: the case of Waikiki. Tourism Management, 22: 435~443

Smith M K. 2004. Seeing a new side to seaside: culturally regenerating the English seaside town. International Journal of Tourism Research, 6: 17~28

Smith R A. 1991. Beach resorts: A model of development evolution. Landscape and Urban Planning, 21: 189~210

Smith R A. 1992a. Beach resort evolution: Implications for planning. Annals of Tourism Research, 19: 304~322

Smith R A. 1992b. Coastal urbanization: Tourism development in the Asia Pacific. Built Environment, 18: 27~40

Smith R A. 1992c. Review of integrated beach resort development in Southeast Asia. Land Use Policy, 209~217

Stansfield C A. 1969. Recreational land use patterns within an American seaside resort. Tourist Review, 24: 128~136

Stansfield C A, Rickert J E. 1970. The recreational business district. Journal of Leisure Research, 213~225

Strapp J D. 1988. The resort cycle and second homes. Annals of Tourisem Research, 15 (4): 504~516

Telfer D J, Wall G. 1996. Linkages between tourism and food production. Annals of Tourism Research, 23: 635~653

Urry J. 1990. The Tourist Gaze- Leisure and Travel in Contemporary Society. London: Sage

Urry J. 2002. The Tourist Gaze. 2nd Ed. London: Sage

Wahnschaff R. 1982. Formal and informal tourism sectors: a case study in Pattaya, Thailand. Annals of Tourism Research, 9 (3): 429~451

Wall G. 1996. Integrating integrated resorts. Annals of Tourism Research, 23: 713~717

Wall G. 2001. Resort morphology: Western concept and Chinese application. In: Bao J G, Dan X L, Wall G (eds). Urban Tourism: Theory and Practice. Beijing: Science Press. 205~211

Walton J K. 1997a. The seaside resorts of western Europe. In: Fisher S (ed). Recreation and the Sea. Exeter: Exeter University Press. 1750~1939

Walton J K. 1997b. The seaside resorts of England and Wales, 1900~1950: growth, diffusion and the emergence of new forms of coastal tourism. In: Shaw G, Williams A M (eds). The Rise and Fall of British Coastal Resorts. London: Printer. 21~48

Walton J K. 2000. The British Seaside: Holidays and Resorts in the Twentieth Century. Manchester: Manchester University Press

Weaver D. 1991. Alternatives to mass tourism in Dominica. Annals of Tourism Research, 18: 414~432

William J T. 1999. Governance in context Boracay Island, Philippines. Annals of Tourism Research, 26 (4): 840~867

Wong P P. 1998. Coastal tourism development in Southeast Asia: relevance and lessons for coastal zone management. Ocean & Coastal Management, 38: 89~109

Young B. 1983. Touristization of traditional Maltese fishing-farming villages- A general model. Tourism Management, 35~41

附录Ⅰ 三亚亚龙湾国家旅游度假区重点人物访谈提纲

访谈对象：亚龙湾公司常务副总裁

（1）亚龙湾度假区的发展历程可以划分为哪几个阶段？

（2）中粮集团入主亚龙湾公司的背景是怎样的？接手后亚龙湾度假区的开发状况和市场环境是怎样的？面临的主要工作是什么？国有亚龙湾公司做了哪些方面的实质性开发工作？转让了多少土地？都分别转让给了哪些投资商？

（3）亚龙湾公司当初为什么决定投资开发凯莱度假酒店？现在看来凯莱度假酒店的建设对亚龙湾度假区开发起到了多大的作用？如何能够说明？

（4）中粮集团入主后亚龙湾度假区的发展历程可以划分为几个阶段？

（5）中粮集团入主亚龙湾度假区后最困难的时期是什么时候？遇到了什么困难？是什么原因造成的？公司采取了什么样的应对措施？为什么当时没有把一线滨海地段切小块转让出去？

（6）您认为前任亚龙湾公司经营失败的原因是什么？中粮集团入主前后最大的不同在哪里？政府对于亚龙湾度假区开发的影响主要体现在哪些方面？

（7）您认为经济开发区和旅游度假区在开发管理方面有何异同？

（8）您如何评价亚龙湾模式？它能够复制吗？是否有其他的前提条件？

（9）您认为在亚龙湾度假区十多年的发展历程中，最主要的成功因素或者说推动力是什么？最大的阻碍因素是什么？

（10）实行土地招牌挂制度对于亚龙湾度假区二期土地开发会产生很大影响，随着土地储备的日益减少，公司的土地开发收入将日益萎缩，为此公司有怎样的准备和打算？

（11）有人说，亚龙湾度假区开发是缺乏制度和法律保障的。您怎么认为？

（12）请对下列可能会影响亚龙湾度假区发展的各因素，按重要性进行排序：

A. 一流的滨海自然资源条件（海水、沙滩、阳光）。

B. 热带气候条件导致的国内独一无二的冬季滨海度假优势。

C. 中粮集团高水平开发管理。

D. 实力雄厚的大投资商成片市场化开发。

E. 国内高端度假需求的支撑作用。

F. 度假区内原住民整体搬迁。

G. 宏观经济环境。

H. 外部交通条件。

I. 微观区位（与主城区的距离）。

J. 度假区土地利用与形态规划。

访谈对象：亚龙湾公司土地部经理

（1）中粮集团入主前后，亚龙湾度假区的土地开发模式有无变化？土地转让合同的主要内容是什么？

（2）亚龙湾度假区首期开发的7100亩土地的范围是怎样的？请提供示意图。

（3）中粮集团入主时，亚龙湾度假区内的土地开发利用状况如何？进行了哪些基础设施投资？转让了哪些土地？引进了哪些发展商？这些发展商在自身实力、投资规模、投资目的、转让地价、转让地块等方面各有怎样的特点？

（4）中粮集团入主前后，三亚市政府及土地管理部门在亚龙湾度假区开发中的角色和作用发生了怎样的变化？

（5）亚龙湾度假区土地开发和出让年度计划制定的指导思想是怎样的？基本原则是什么？对滨海地块的开发采取怎样的措施？

（6）中粮集团入主后亚龙湾度假区土地开发经历了哪几个阶段？用什么指标能够表示？最困难的时期是什么时候？为什么没有和实力较弱的开发商妥协优先出让滨海地块？

（7）亚龙湾公司收入结构是怎样的？土地转让收入、自营景点和酒店收入、向开发商收取的管理费等各占有多大比例？

（8）为什么1997年以前亚龙湾环湖区的用地强度很大，而滨海区却很小？

（9）1997版亚龙湾度假区详细规划中有没有存在争议的地方？如滨海路的修建和滨海公园问题？

（10）亚龙湾度假区内长期未开发利用土地的处理政策是怎样的？多长时间未开发就要收回？如果招标拍卖，亚龙湾公司和政府如何分成？

访谈对象：三亚市旅游局副局长

（1）亚龙湾度假区发展历程可分为哪几个时期？

（2）1992年，国有亚龙湾公司成立的背景是什么？谁是积极的推动者？

（3）成立亚龙湾公司与申请设立国家级度假区有无关系？国家级度假区设立的背

景是什么？申报国家级度假区的动机是什么？谁是积极的推动者？

（4）当时为什么会采用三亚市政府领导下国有股份公司开发模式，而不是管委会开发管理模式？后来是否设立了类似的政府管理机构？成立和撤销时间？为什么？

（5）国有亚龙湾公司成立后对于亚龙湾度假区发展的战略思路和发展设想是什么？

（6）国有亚龙湾公司成立后在度假区外投资了哪些项目？投资收益如何？在度假区内进行了哪些投资？引进了哪些项目？

（7）引入中粮集团的背景是怎样的？谁是主要的推动者和决策者？

（8）中粮集团进入后对亚龙湾度假区发展的战略思路进行了怎样的调整？

（9）是否可以说，中粮集团入股亚龙湾公司标志着亚龙湾度假区真正进入开发建设时期？

（10）中粮集团进入后，三亚市政府的角色和作用发生了哪些方面的转变？

（11）近年来三亚市政府从亚龙湾度假区开发中获得的各种利益，包括土地转让收入、亚龙湾公司和其他开发商的税收贡献、亚龙湾公司的利润分成等。

访谈对象：三亚市土地管理局法规科科长

（1）亚龙湾度假区土地开发可分为哪几个阶段？1995年，中粮集团入主前后，亚龙湾度假区土地开发模式、政府管制及介入方式等是否存在不同？

（2）亚龙湾度假区首期转让的7100亩土地的四至范围？二期用地的面积和具体位置在哪里？目前开发情况如何？

（3）三亚市政府与亚龙湾公司关于土地转让的合同是如何规定的？初始地价如何确定？亚龙湾公司投入的基础设施成本如何核算？亚龙湾公司能否自主出让熟地？土地增值部分的分成比例是多少？

（4）亚龙湾度假区土地出让年度计划如何确定？

（5）为什么1997年以前环湖旅游区的土地利用强度最大，而滨海一线地块的开发强度较小？

（6）土地招牌挂政策实施后，亚龙湾公司的土地转让收益如何计算？

（7）到目前为止，三亚市国土局共向亚龙湾公司转让了多少土地？土地费收入是多少？

附录Ⅱ 北海银滩国家旅游度假区重点人物访谈提纲

访谈对象：银滩度假区管委会副主任

（1）银滩投资发展有限公司与景区公司之间是什么关系？

（2）海滩公园是北海市政府投资建设的吗？海滩公园和中房公司是什么关系？

（3）1992年银滩度假区管委会成立后，为什么不能实现对度假区的统一管理？当时真正的管理主体是谁？管委会尴尬的地位在1994年度假区管理条例出台后有没有得到改善？如果没有的话，为什么？

（4）银滩度假区开发初期有没有考虑将村民搬迁？为什么没有实现？

（5）银滩中区改造二期工程主要的内容和任务是什么？

（6）您认为近年来银滩度假区发展萧条，最根本的原因是什么？

（7）从行政级别来看，银滩度假区管委作为市政府的派出机构，是否能够对区内中央部委或自治区政府部门所投资的下属酒店进行有效管理？

（8）请提供银滩度假区内现有企业的资料，包括企业名称、开发商、项目审批时间和建成时间等。

访谈对象：北海市规划局规划科科长

（1）银滩中区的土地出让经历了哪几个发展阶段？

（2）各级政府部门大多以何种方式取得银滩度假区内土地？

（3）银滩中区除两公园外大规模土地出让从什么时候开始？哪个部门有权出让土地？

（4）20世纪90年代初期，在银滩公园内兴建招待所等接待设施需要办理什么手续？

（5）银滩管委会与北海市旅游局分分合合的原因是什么？

访谈对象：北海市香格里拉大饭店市场传媒部经理

（1）香格里拉集团什么时候进入北海投资？当初为什么选择进入北海？是看重北海的商业发展前景还是旅游业发展前景？

(2) 为什么不在银滩内购地而在此处投资建设香格里拉酒店？

(3) 香格里拉酒店的开房率季节性变化？

(4) 香格里拉酒店的客源来源地结构如何？旅游需求结构（度假、商务等）又是怎样的？

(5) 请谈谈对北海度假酒店业发展的看法。

附录Ⅲ 与案例相关的文件档案资料

序号	发文机关	发文对象	文号	文件名称	发文时间
1	三亚市人民政府			关于牙龙湾旅游开发区命名的请示	1986-03-13
2	广东省国土厅	海南自治州人民政府	粤地政〔1987〕081号	关于海南牙龙湾旅游区第一期工程征地的复函	1987-04-22
3	海南行政区计划委员会	海南行政区中国旅行社	琼计基〔1987〕148号	关于合资兴建"牙龙湾海坡度假村"项目的批复	1987-06-05
4	海南行政区计划委员会	海南旅游局	琼计基〔1988〕086号	关于下达牙龙湾民族村基建计划的通知	1988-02-21
5	三亚市人民政府	海南省人民政府	市府〔1988〕66号	关于要求解决三亚市财政困难问题的请示	1988-07-06
6	海南省人民政府办公厅	各有关单位	琼府办函〔1988〕288号	海南省人民政府办公厅关于召开牙龙湾旅游区总体规划论证会议的通知	1988-11-03
7	海南省人民政府		琼府〔1988〕92号	海南省人民政府关于建设牙龙湾旅游区有关问题的通知	1988-10-30
8	海军榆林基地	海南省政府	〔1989〕基函字第04号	关于牙龙湾港军事禁区划分问题（附图）	1989-10-08
9	三亚市人民政府		市府〔1989〕137号	三亚市人民政府关于土地征用出让审批问题的通知	1989-10-10
10	海南省旅游总公司牙龙湾开发公司	三亚市人民政府	琼旅总牙字〔1989〕022号	关于要求成立"海南牙龙湾民族度假村"的请示	1989-11-08
11	三亚市人民政府办公室		市府办〔1989〕94号	三亚市人民政府办公室关于土地使用费分配的通知	1989-11-18
12				关于成立"海南省牙龙湾旅游区开发建设指挥部"方案	1990-03-04
13	三亚市人民政府	牙龙湾开发公司并韩积光同志	市府办函〔1990〕53号	关于成立海南省牙龙湾旅游开发建设指挥部有关事宜的复函	1990-04-04

续表

序号	发文机关	发文对象	文号	文件名称	发文时间
14	海南省政府			关于省旅游总公司大东海用地问题会议纪要	1990-05-16
15	三亚市人民政府	海南省人民政府	市府〔1990〕116号	三亚市人民政府关于上报牙龙湾旅游区规划的请示	1990-07-31
16	三亚市人民政府	海南省人民政府	市府〔1990〕131号	三亚市人民政府关于海南省旅游总公司在大东海用地补办手续问题的请示	1990-09-05
17	海南省国土局	三亚市人民政府	琼国用〔1990〕135号	关于海南省旅游总公司在大东海用地补办手续问题的批复	1990-12-24
18	海南省旅游总公司牙龙湾开发公司	三亚市经济计划局		关于兴建牙龙湾开发公司职工宿舍基建项目计划申请的报告	1991-05-16
19	三亚市人民政府	三亚市国土局	市府函〔1991〕74号	关于同意出让牙龙湾小龙塘新公路北侧荒地给省旅游总公司牙龙湾开发公司使用的批复	1991-05-29
20	三亚市人民政府	海南省人民政府	市府〔1991〕115号	关于牙龙湾风景旅游区开发管理体制的请示	1991-07-16
21	三亚市人民政府办公室		市府办〔1991〕107号	三亚市人民政府办公室关于成立三亚市牙龙湾旅游开发区领导小组的通知	1991-10-24
22	海南省旅游局	海南省人民政府	琼旅发〔1992〕7号	海南省旅游局关于牙龙湾宾馆有限公司征地建高尔夫球场地价问题的请示	1992-01-09
23	三亚市人民政府	三亚市开发建设总公司	市府函〔1992〕27号	三亚市人民政府关于同意市开发建设总公司招股开发牙龙湾旅游区的批复	1992-02-25
24	三亚市开发建设总公司	三亚市人民政府	开字〔1992〕002号	关于申请招股开发牙龙湾旅游区的报告	1992-02-26
25	三亚市开发建设总公司			设立股份制企业申请表	1992-06
26	三亚牙龙湾开发股份有限公司	三亚市人民政府		三亚牙龙湾开发股份有限公司关于申请享有城市综合开发资质企业的报告	1992-05-07
27	三亚市开发建设总公司	三亚市城建局	开字〔1992〕030号	关于受让牙龙湾1000亩土地使用权选址意见书的申请报告	1992-05-21

续表

序号	发文机关	发文对象	文号	文件名称	发文时间
28	三亚市人民政府	海南省人民政府办公厅	市府函〔1992〕88号	三亚市人民政府关于牙龙湾宾馆有限公司征地建高尔夫球场地价问题的复函	1992-05-28
29	三亚市人民政府	三亚牙龙湾开发股份有限公司	市府函〔1992〕91号	三亚市人民政府关于三亚牙龙湾开发股份有限公司享有成片开发牙龙湾旅游区权的批复	1992-06-10
30	三亚市人民政府	海南省人民政府	市府〔1992〕103号	三亚市人民政府关于要求接受牙龙湾开发公司的请示	1992-06-11
31	三亚市人民政府	市开发建设总公司	市府函〔1992〕103号	关于同意市开发建设总公司受让牙龙湾一千亩土地使用权的批复	1992-06-17
32	三亚市人民政府	三亚市国土局	市府函〔1992〕253号	关于同意出让亚龙湾222.3亩国有土地给亚龙湾开发股份有限公司使用的批复	1992-09-12
33	三亚市人民政府	海南省人民政府	市府〔1992〕219号	三亚市人民政府关于在牙龙湾兴建南国寺的请示	1992-12-13
34	三亚市国土局	三亚市人民政府	市国土字〔1992〕308号	关于征用田独镇六盘管区位于亚龙湾200.14亩土地作为亚龙湾旅游区第一期综合开发使用的请示	1992-12-18
35	海南省人民政府秘书长办公会		会议纪要第46期	关于原牙龙湾开发公司交接问题	1992-12-24
36				海南省旅游总公司与三亚市人民政府就牙龙湾公司移交协议书	
37	三亚市人民政府	三亚市国土局	市府函〔1992〕255号	关于同意出让亚龙湾299.96亩国有土地给亚龙湾开发股份有限公司使用的批复	1992-12-26
38	三亚市人民政府	海南省股份制试点领导小组办公室	市府〔1992〕257号	关于要求批准设立亚龙湾开发股份有限公司的请示	1992-12-28
39	三亚市人民政府	海南省人民政府	市府(1993)13号	关于征用田独镇六盘管区位于亚龙湾200.14土地的报告	1993-01-06
40	三亚市财政局	亚龙湾开发股份有限公司		资产移交(附两份清单)	1993-01-12
41	海南省人民政府	三亚市人民政府	琼府函〔1993〕31号	海南省人民政府关于亚龙湾风景名胜区总体规划的批复	1993-02-26

续表

序号	发文机关	发文对象	文号	文件名称	发文时间
42	三亚市人民政府	海南省人民政府	市府〔1993〕44号	三亚市人民政府关于要求设置亚龙湾管理局的请示	1993-02-27
43	海南省人民政府	国家旅游局	琼府函〔1993〕33号	海南省人民政府关于请求批准亚龙湾国家旅游度假区总体规划的函	1993-04-02
44	三亚市人民政府	海南省人民政府	市府〔1993〕67号	三亚市人民政府关于王永春同志担任亚龙湾开发股份有限公司董事长的请示	1993-04-15
45	海南省人民政府	三亚市人民政府，省政府直属各单位	琼府〔1993〕26号	海南省人民政府关于加强亚龙湾风景名胜区及亚龙湾国家旅游度假区规划管理的通知	1993-04-19
46	国家旅游局	海南省人民政府	旅办发〔1993〕106号	关于对亚龙湾国家旅游度假区地域界限和规划的批复	1993-07-28
47	三亚市人民政府	三亚市田独镇人民政府	市府〔1993〕159号	三亚市人民政府关于亚龙湾国家级旅游度假区征地拆迁安置问题的补充通知	1993-09-16
48	三亚市城市规划局	三亚亚龙湾开发股份有限公司	市城规选字〔1993〕600号	关于亚龙湾国家旅游度假区首期用地的选址意见	1993-12-10
49	三亚市城市规划局	三亚亚龙湾开发股份有限公司	市城规选字〔1993〕266号	关于亚龙湾国家旅游度假区首期用地的审核意见	
50	三亚市经济计划局	三亚亚龙湾开发股份有限公司	市计计字〔1993〕492号	关于"亚龙湾国家旅游度假区首期用地"第二期开发工程的批复	1993-12-14
51	三亚市人民政府		市府〔1994〕48号	三亚市人民政府关于土地有偿使用出让金中地租分配问题的通知	1994-03-12
52	三亚亚龙湾开发股份有限公司	三亚市国土局	亚开字〔1994〕013号	关于市政府200.14亩入股土地出让给亚龙湾开发股份有限公司的请示报告	1994-03-12
53	三亚市人民政府	三亚市土地管理局	市府函〔1994〕30号	三亚市人民政府关于征用南新农场部分土地作为亚龙湾旅游度假区入口公园、入境道路的批复	1994-03-15

附录Ⅲ 与案例相关的文件档案资料

续表

序号	发文机关	发文对象	文号	文件名称	发文时间
54	三亚市土地管理局	三亚市人民政府	市土字〔1994〕39号	关于拟同意亚龙湾开发股份有限公司将"独立国用〔1994〕字第003号《国有土地使用证》"所使用的部分土地转让给三亚银泰城市开发有限公司使用的请示	1994-03-30
55	三亚市人民政府	三亚市土地管理局	市府函〔1994〕63号	三亚市人民政府关于同意亚龙湾开发股份有限公司将"独立国用〔1994〕字第003号《国有土地使用证》"所使用的部分土地转让给三亚银泰城市开发有限公司使用的批复	1994-05-03
56	三亚市人民政府	海南省人民政府	市府〔1994〕83号	三亚市人民政府关于征用田独镇六盘管区位于亚龙湾的部分土地给市政府参股亚龙湾开发有限公司并作为亚龙湾旅游区第一期综合开发用地的请示	1994-05-03
57				三亚市国土局和亚龙湾公司关于付款方式的说明	1994-05-16
58	三亚市人民政府	海南省人民政府	市府〔1994〕91号	三亚市人民政府关于出让田独镇博后管区部分土地作为亚龙湾旅游度假区入口公园、入境道路的请示	1994-05-17
59	三亚市人民政府	三亚市土地管理局	市府办〔1994〕81号	三亚市人民政府关于将亚龙湾入口处、九曲水库西侧地段部分土地出让给亚龙湾公司使用的批复	1994-06-13
60	三亚市人民政府	海南省人民政府	市府〔1994〕52号	三亚市人民政府关于征用田独镇六盘管区部分土地出让给亚龙湾开发股份有限公司作为环湖旅游区用地的请示	1994-06-15
61	海南省土地管理局	三亚市人民政府	琼土用〔1994〕154号	关于征用并出让土地给三亚亚龙湾开发股份有限公司的复函	1994-08-25
62	三亚亚龙湾开发股份有限公司	三亚市人民政府		关于批准亚龙湾海洋俱乐部对外销售亚龙湾土地的请示	1994-09-22

续表

序号	发文机关	发文对象	文号	文件名称	发文时间
63	三亚市人民政府办公室		市府办〔1994〕87号	三亚市人民政府办公室关于成立三亚市亚龙湾国家旅游度假区管理委员会的通知	1994-09-28
64				亚龙湾国家旅游度假区国有土地使用权转让合同书	
65	三亚市人民政府	三亚市土地管理局	市府函〔1994〕156号	三亚市人民政府关于同意出让亚龙湾湾艾村西侧部分土地给三亚市田独镇人民政府使用的批复	1994-11-20
66				亚龙湾旅游度假区燃气管理协议	1994-12-08
67				亚龙湾起步区燃气管网工程建设合同书	
68	三亚市第一律师事务所			关于原海南行政区旅游公司牙龙湾分公司600万中央级拨改贷债务，依法应由谁承担偿还责任的法律意见书	1995-07-05
69	三亚市人民政府	阮崇武省长（前海南省省长）		三亚市人民政府关于三亚亚龙湾高尔夫球场合作建设问题的意见	1995-09-01
70	三亚市人民政府			关于亚龙湾规划和建设问题会议纪要	1995-11-03
71	三亚市人民政府			关于亚龙湾海洋俱乐部建设协调会议纪要	1995-11-04
72	三亚市政府秘书长			关于亚龙湾旅游管理局筹备组人财物安排处理协调会议纪要	1995-11-16
73	三亚市人民政府		市府〔1995〕245号	三亚市人民政府关于亚龙湾国家旅游度假区燃气管网规划建设和管理的通知	1995-12-05
74	三亚亚龙湾开发股份有限公司	三亚市国土局	亚开字〔1995〕050号	关于亚龙湾濒海宾馆二区用地出让的申请报告	1995-12-20
75	三亚市人民政府	海南省人民政府	市府〔1995〕258号	三亚市人民政府关于征用我市田独镇六盘管区部分集体所有土地出让给亚龙湾公司兴建宾馆一区用地的请示	1995-12

续表

序号	发文机关	发文对象	文号	文件名称	发文时间
76	三亚市人民政府	海南省人民政府	市府〔1995〕259号	三亚市人民政府关于出让亚龙湾海边部分国有土地给亚龙湾公司兴建宾馆二区用地的请示	1995-12
77	三亚市人民政府	海南省人民政府	市府〔1995〕260号	三亚市人民政府关于征用田独镇六盘管理区部分集体所有土地出让给亚龙湾公司作为兴建红霞别墅区用地的请示	1995-12
78	海南省人民政府省长办公会		会议纪要第20期	研究亚龙湾国家旅游度假区开发建设问题	1996-05-13
79	海南省人民政府省长办公会		会议纪要第43期	研究亚龙湾国家旅游度假区开发建设的有关问题	1996-08-16
80	三亚市人民政府	香港霍英东发展有限公司	三府函〔1996〕83号	三亚市人民政府关于加快亚龙湾高尔夫球场项目建设的复函	1996-08-27
81	三亚市规划局	三亚市人民政府	市规字〔1996〕81号	关于亚龙湾国家旅游度假区公共综合旅游码头的规划意见	1996-10-09
82	三亚市人民政府	海南省人民政府	市府〔1996〕170号	三亚市人民政府关于亚龙湾国家旅游度假区公共综合旅游码头问题的请示	1996-10-14
83	三亚市人民政府	三亚亚龙湾开发股份有限公司	三府函〔1996〕202号	三亚市人民政府关于建设亚龙湾国家级旅游度假区公共综合旅游码头项目有关问题的决定	1996-11-26
84				亚龙湾海底世界试业问题现场协调会议纪要	1997-01-26
85	三亚市人民政府	三亚市各有关单位	三府〔1997〕23号	三亚市人民政府关于亚龙湾国家旅游度假区配套项目建设和管理有关问题的通知	1997-02-03
86	三亚市环境资源局	三亚市政府		关于亚龙湾海底世界旅游项目的环境保护情况汇报	1997-05-05
87	海南省环境资源厅	三亚市环境资源局	琼环资〔1997〕36号	海南省环境资源厅关于委托对海南亚龙湾海底世界旅游有限公司进行行政处罚的通知	1997-05-16

续表

序号	发文机关	发文对象	文号	文件名称	发文时间
88	海南省环境资源厅	海南省政府	琼环资〔1997〕37号	海南省环境资源厅关于对亚龙湾海域受固体废弃物污染进一步调查处理情况及建议的报告	1997-05-19
89				亚龙湾公司与中国光大证券公司关于高尔夫球场问题的谅解备忘录	1997-05-29
90	三亚市人民政府	海南省人民政府	三府〔1997〕98号	三亚市人民政府关于解决亚龙湾高尔夫球场问题的情况报告	1997-06-17
91	三亚市人民政府	海南省人民政府	三府〔1997〕103号	三亚市人民政府关于亚龙湾高尔夫球场续征420亩用地手续的请示	1997-06-28
92	三亚市人民政府	海南省人民政府	三府〔1997〕153号	三亚市人民政府关于要求批准续征田独镇六盘村委会部分集体土地并出让给亚龙湾开发股份有限公司作为兴建高尔夫球场用地的请示	1997
93				三亚市人民政府出让高尔夫球场用地给亚龙湾开发股份有限公司的国有土地使用权出让合同	1997
94				三亚市土地房产管理局向六盘村委会征地用于高尔夫球场开发的征用土地补偿协议书	1997-07-28
95	海南省人民政府办公厅	海南省旅游局	琼府办函〔1997〕49号	海南省人民政府办公厅关于亚龙湾建设项目中央级"拨改贷"资金转为国家资本金申报问题的复函	1997-07-07
96	三亚市人民政府	三亚市田独镇人民政府	三府〔1997〕118号	三亚市人民政府关于亚龙湾国家旅游度假区隔离管理问题的通知	1997-07-16
97	三亚市人民政府市长办公会		会议纪要第13期	研究亚龙湾建设项目中央级"拨改贷"资金转为国家资本金申报问题	1997-07-17
98				亚龙湾国家旅游度假区控制性详细规划专家评审意见	1997-11-26

续表

序号	发文机关	发文对象	文号	文件名称	发文时间
99	三亚市人民政府	三亚市规划局	三府函〔1998〕25号	三亚市人民政府关于亚龙湾国家旅游度假区控制性详细规划的批复	1998-03-18
100	三亚市人民政府办公室	天涯海角风景区管理处	三府办〔1998〕29号	三亚市人民政府办公室关于天涯海角风景区国有资产收益问题的通知	1998-04-21
101	三亚市人民政府		三府〔1998〕153号	三亚市人民政府关于三亚市旅游投资有限公司出资股东有关事项的通知	1998-08-20
102	三亚市人民政府	海南省人民政府	三府〔1998〕256号	三亚市人民政府关于征用六盘村委会部分集体土地出让给三亚亚龙湾开发股份有限公司作为海港城建设用地的请示	1998-11-26
103	三亚市人民政府	海南省人民政府	三府〔1998〕258号	三亚市人民政府关于收回海南省中国旅行社土地使用权的请示	1998-11-27
104				三亚市旅游定点酒店客房最低成本价标准	
105	三亚市人民政府	海南省中国旅行社	三府〔1999〕6号	三亚市人民政府关于收回海南省中国旅行社亚龙湾海坡度假村项目部分土地使用权的决定	1999-01-15
106	三亚广大置业有限公司	三亚市土地房产管理局		用地申请	1999-01-28
107	三亚市土地房产管理局	三亚市人民政府	三土房〔1999〕75号	关于拟同意出让亚龙湾H-03、H-04地块给三亚广大置业有限公司作为投资红沙污水处理厂补偿用地的请示	1999-02-08
108	三亚市人民政府		三府〔1999〕80号	三亚市人民政府关于依法收回闲置土地的决定	1999-04-06
109	三亚市人民政府		三府〔1999〕86号	三亚市人民政府关于印发三亚市国有资产收益收缴管理暂行办法的通知	1999-04-09
110	三亚市人民政府		三府〔1999〕74号	三亚市人民政府关于发布《三亚市行政事业性收费收支两条线管理暂行办法》的通知	1999-04-12

续表

序号	发文机关	发文对象	文号	文件名称	发文时间
111	三亚市人民政府	三亚市田独镇人民政府,博后村委会	三府〔1999〕171号	三亚市人民政府关于三亚亚龙湾风景高尔夫文化公园项目用地有关问题的通知	1999-06-15
112	三亚市人民政府	海南省人民政府	三府〔1999〕172号	三亚市人民政府关于我市田独镇博后村委会引进外资建设亚龙湾风景高尔夫文化公园项目的请示	1999-06-15
113	三亚市人民政府	海南星华实业投资有限公司	三府〔1999〕75号	三亚市人民政府关于亚龙湾名人俱乐部项目有关问题的批复	1999-07-02
114	三亚市人民政府		三府〔1999〕244号	三亚市人民政府关于亚龙湾生态民俗旅游酒店项目建设有关问题的通知	1999-09-09
115	三亚市人民政府秘书长办公会议		会议纪要第5期	关于协调解决亚龙湾海底世界下海通道的规划建设问题	2000-05-25
116	三亚市人民政府	海南省发展计划厅	三府函〔2000〕68号	三亚市人民政府关于恳请将亚龙湾环球文娱广场列为国家重大旅游度假项目和专项旅游项目的函	2000-06-20
117				三亚市1999年财政总决算说明(附表)	2000
118	三亚市人民政府	三亚市土地房产管理局	三府函〔2000〕126号	三亚市人民政府关于同意补办亚龙湾A-08地块的土地征用报批手续并划拨给三亚市公安消防局作为亚龙湾消防站建设用的批复	2000-10-13
119	三亚市审计局	三亚亚龙湾开发股份有限公司	三审决字〔2000〕23号	三亚市审计局关于三亚亚龙湾开发股份有限公司1999年财务收支审计的审计决定	2000-11-30
120	亚龙湾开发股份有限公司	三亚市人民政府	亚开字〔2000〕42号	关于对《审计意见书》和《审计决定书》的复议申请	2000-12-12
121	三亚市审计局	三亚市人民政府		关于亚龙湾开发股份有限公司对《审计决定》提出行政复议申请的答复	2001-01-12
122	三亚市地税局	三亚市人民政府		海南省三亚地方税务局关于亚龙湾开发股份有限公司少记收入计征营业税及附加的意见	2001-02-09

续表

序号	发文机关	发文对象	文号	文件名称	发文时间
123	三亚市土地房产管理局	三亚市人民政府		关于三亚亚龙湾开发股份有限公司《关于对〈审计意见书〉和〈审计决定书〉的复议申请》的意见	2001-02-12
124	亚龙湾开发股份有限公司	三亚市人民政府	亚开字〔2001〕008号	关于对《审计决定书》复议审议的补充意见	2001-03-02
125	海南联欧投资管理有限公司	三亚市土地房产管理局		关于无偿收回国有土地使用权的申辩意见	2001-04-18
126	亚龙湾开发股份有限公司	三亚市土地房产管理局	亚开函字〔2001〕014号	关于亚龙湾大使俱乐部地块（G-16）土地使用权事宜的复函	2001-04-28
127	三亚市土地房产管理局	三亚市人民政府	三土房〔2001〕47号	关于拟依法无偿收回三亚亚龙湾开发股份有限公司亚龙湾开发区G-16地块土地使用权的请示	2001-04-29
128	三亚市人民政府	三亚亚龙湾开发股份有限公司	三府〔2001〕81号	三亚市人民政府关于依法无偿收回三亚亚龙湾开发股份有限公司亚龙湾开发区G-16地块土地使用权的决定	2001-04-30
129	三亚市人民政府	海南联欧投资管理有限公司	三府〔2001〕82号	三亚市人民政府关于依法收回海南联欧投资管理有限公司亚龙湾开发区联欧海景俱乐部项目用地土地使用权的决定	2001-04-30
130	三亚市规划局	三亚市人民政府	市规字〔2001〕135号	关于亚龙湾国家旅游度假区G-15、G-16两地块的规划指标问题的请示	2001-05-11
131	三亚市人民政府	海南省人民政府	三府〔2001〕88号	三亚市人民政府关于亚龙湾两宗土地拍卖方案的请示	2001-05-14
132	三亚市人民政府	海南星华实业投资有限公司	三府函〔2001〕64号	三亚市人民政府关于三亚亚龙湾环球文娱广场项目业主名称变更的批复	2001-05-17
133	三亚市人民政府		三府〔2001〕94号	三亚市人民政府关于印发《三亚市国有土地使用权招标拍卖暂行办法》的通知	2001-05-23

续表

序号	发文机关	发文对象	文号	文件名称	发文时间
134	三亚市规划局	三亚市人民政府		关于对亚龙湾国家旅游度假区控制性详细规划进行局部调整的请示	2001-05-25
135				亚龙湾公司行政复议申请书	2001-05-31
136	三亚市人民政府	海南省法制办公室	三府函〔2001〕83号	三亚市人民政府关于公开拍卖亚龙湾两宗土地问题的函	2001-06-13
137	三亚市人民政府	三亚市规划局	三府函〔2001〕95号	三亚市人民政府关于同意对亚龙湾国家旅游度假区控制性详细规划进行局部调整的批复	2001-06-29
138	三亚市人民政府	海南省人民政府	三府〔2001〕120号	三亚市人民政府关于依法收回亚龙湾开发区亚龙河东侧部分土地使用权的请示	2001-07-24
139	三亚市国土资源局	三亚市人民政府	三土资〔2001〕130号	关于拟收回三亚亚龙湾开发股份有限公司亚龙湾开发区高尔夫球场区部分土地使用权的请示	2001-08-03
140	三亚亚龙湾开发股份有限公司	海南省人大法制委员会		关于对三亚市人民政府拒不执行省政府行政复议决定的违法行为进行执法监督的报告	2001-08-06
141	三亚市人民政府市长办公会议		会议纪要第36期	研究解决亚龙湾高尔夫文化公园项目建设有关问题	2001-08-14
142	三亚市人民政府	海南省人民政府	三府〔2001〕134号	三亚市人民政府关于依法收回三亚亚龙湾开发股份有限公司亚龙湾开发区红霞别墅区用地土地使用权的请示	2001-08-20
143	三亚市人民政府	海南省人民政府	三府〔2001〕135号	三亚市人民政府关于依法收回三亚亚龙湾开发股份有限公司亚龙湾开发区高尔夫球场部分土地使用权的请示	2001-08-20
144	国务院法制办公室	海南省法制办公室	国法秘函〔2001〕148号	对《关于处理无偿收回成片开发土地使用权行政复议案件适用法律问题的请示》的复函	2001-08-24
145	三亚市人民政府	三亚市国土资源局	三府函〔2001〕196号	三亚市人民政府关于同意变更亚龙湾G-15和G-16地块土地使用权人名称的批复	2001-11-27

续表

序号	发文机关	发文对象	文号	文件名称	发文时间
146	三亚市人民政府		三府〔2001〕190号	三亚市人民政府关于将市国有资产管理公司亚龙湾开发区G-24地块转让给三亚辉煌投资有限公司作为垫资补偿用地的通知	2001-11-28
147	海南省法制办公室	海南省人民政府	琼府法〔2001〕36号	海南省法制办公室关于三亚亚龙湾开发股份有限公司不服三亚市人民政府无偿收回亚龙湾开发区G-16地块使用权的行政复议案件情况的报告	2001-12-01
148	三亚市人民政府	海南省人民政府	三府〔2001〕8号	三亚市人民政府关于三亚亚龙湾开发股份有限公司不服三亚市政府决定申请行政复议一案情况的报告	2002-01-18
149	三亚亚龙湾开发股份有限公司	三亚市人民政府	亚开字〔2002〕003号	生态环境资源遭受严重破坏的报告	2002-01-23
150	三亚市人民政府市长办公会议		会议纪要第3期	研究亚龙湾旅游度假区环境政治等有关问题	2002-03-21
151	三亚市人民政府	三亚市海洋与渔业局	三府函〔2002〕53号	三亚市人民政府关于同意建设亚龙湾公共旅游码头使用海域的批复（附图）	2002-04-20
152	三亚市人民政府市长办公会议纪要		第24期	研究亚龙湾开发区G-24地块规划建设问题	2002-06-20
153	三亚市人民政府	国家工商局商标评审委员会	三府函〔2002〕	三亚市人民政府关于明确天涯海角风景区开发经营和管理权的函	2002-08-04
154	海南省人民政府		琼府〔2002〕50号	海南省人民政府关于重新确定分税制财政管理体制的通知	2002-08-05
155	三亚市财政局		三财〔2003〕403号	关于重新确定分税制财政管理体制后收入划解办法的通知	2003
156	三亚市人民政府		市府〔1988〕40号	三亚市人民政府颁发《关于土地地价的暂行规定》的通知	1988-06-07
157	三亚市人民政府		市府〔1989〕173号	三亚市人民政府关于发布《出让、转让土地使用费收取和优惠暂行办法》的通知	1989

续表

序号	发文机关	发文对象	文号	文件名称	发文时间
158	三亚市人民政府			三亚市土地使用权有偿出让转让优惠暂行办法	1990-09-07
159	三亚市人民政府			三亚市人民政府关于《三亚市有偿出让国有土地权地价收费标准及优惠政策暂行规定》	1992-03-21
160	三亚市人民政府		市府〔1993〕160号	三亚市人民政府关于公布三亚市基准地价（试行）的通知	1993-09-05
161	三亚市人民政府		三府〔1996〕225号	三亚市人民政府关于发布《1997年三亚市基准地价》的通知	1996-12-25
162	三亚市人民政府			2003年三亚市基准地价（试行）使用说明	2003

后 记

不记得从什么时候开始养成了这样的习惯,每次拿到一本新书,尤其是研究性的论著,总是先翻看后记。这里是学术研究以外的另一片心灵空间,是读者与作者交流的另一扇窗户。我享受这种交流方式,用心体悟这里的每一个字,感受作者学术研究背后真实的心路历程——笔耕的艰辛,付梓的喜悦,更有感恩的心境。今天,我很高兴经过漫长的蜕变,终于有机会在这片属于自己的心灵天地,播散出下面这些文字。

尽管博士毕业离开中大康乐园已整整六年,每次走进中大校门仍能够感受到当年初入康乐园时的兴奋和激动。在康乐园学习生活的三年,是我一生中迄今为止最值得回味、幸福、难忘的一段时光。心仪已久的名校、赫赫有名的导师、优秀奋进的集体、一流的科研学习条件,这样的求学经历足够在我的人生简历上写下精彩的一笔。

感谢导师保继刚教授!保老师严谨求实的治学态度,入木三分的学术洞见,勤勉不辍的工作风格,宽于待人的大家风范,一直深深地让学生折服。学生取得的每一点进步无不渗透着恩师的支持和关爱,内心深处对恩师的尊敬与感激,恐非一般文字所以言传。遇此良师,实乃人生之大幸!学生定当将此恩情谨记于心,没齿不忘!

感谢我的硕士导师马波教授!马老师有如严父,有似仁兄,亦为益友。三年的硕士教育为我日后的专业研究奠定了扎实的基础,更在治学为人方面给我树立了典范。当年硕士毕业之际力荐我南下广州投入保老师门下深造,回头来看这对我来说是多么重要的人生转折。马老师每每不忘叮嘱和鼓励,短暂的促膝深感意犹未尽。

感谢华南师范大学朱竑副校长于无数细微处对我的尽心指点和无私帮助。朱老师学识渊博,却总是处处不忘提携后辈,西北人的豪爽宽容和古道热肠在朱老师身上得到了淋漓尽致的体现。设身处地的善意提醒,雪中送炭式的倾力相助,一次又一次让我感动。

感谢华南师范大学陶伟教授多番深刻的启迪。陶老师才华横溢,思想深邃,娓娓道来,让我如沐春风。感谢中山大学徐红罡教授一直以来对我的谆谆教导和耐心提携。徐老师缜密的思维和独到的见解,常使我茅塞顿开。极富磁性的声音犹然于耳边。

感谢中山大学社会学系王宁教授。多次登门请教皆得到王老师的耐心指导。王老师高深的学术造诣和清新的为人风范,使我义无反顾地成为他的众多"粉丝"之一。感谢中山大学管理学院李孔岳教授。书中关于制度经济学基础理论部分基本上是在李老师的课上习得的。课下与李老师的两次讨论,为论文的顺利进展起到了关键作用。

感谢中山大学旅游发展与规划研究中心这个互促共进、充满凝聚力的大家庭，感谢孙九霞、张朝枝、戴光全、刘丹萍等师兄师姐为我树立的楷模和表率，感谢罗秋菊、张骁鸣、周玲、黄向、徐文雄同门挚友的互助情谊，感谢所有曾与我朝夕相处的同窗学友！中心浓厚的学术氛围和亲密无间的友情让我深感留恋。

尽管距离博士论文田野调查已近八年，每一位曾给我提供帮助的好心人的音容笑貌仍时常浮现在眼前。时任三亚市旅游局副局长李柏青先生和三亚亚龙湾公司副总裁俞峰先生不仅为我的调研工作提供诸多便利，还为文中许多观点做出重要贡献，特此表示诚挚谢意！还要感谢时任北海银滩度假区管委会副主任陈承雄先生，对我毫无保留的耐心解答使我的研究思路逐渐清晰。

感谢时任北海市规划局侯百钧主任和朱丹科长、时任北海市环保局李启月科长、时任北海香格里拉大饭店市场传媒部许妍樱经理、时任北海市旅游局林小玲科长。面对我的陌生拜访，他（她）们均伸出热情之手，使我在北海的调研工作得以顺利完成。调研工作还得到时任昆明滇池度假区管委会包亚平副主任、时任烟台市旅游局吕余宪副局长、时任烟台市旅游局李伟功科长的大力帮助，硕士生黄秀波和刘鸿运协助书中多处图表处理工作，一并表示感谢！

我的家人为了我的学业事业付出了太多太多！为和我们团聚，父母毅然抛弃所有社会关系举家南迁，其中的艰辛只有他们自己知道。弟弟刘庆承担起了本应由我担负的照顾大家庭的重任，为了整个家庭在广州立足发展付出了巨大努力。爱妻马凤华毅然放弃舒适宜人的生活环境，义无反顾的来到我身边，忍受着广州的嘈杂和喧嚣。活泼可爱的儿子是上天赐给我们最好的礼物，新西兰访学期间把他单独留在爷爷奶奶身边照顾，懂事的儿子从没有因为想念爸爸妈妈而哭闹，只是每晚要抱着爸爸妈妈的照片进入梦乡。岳父母为了儿女们的爱情和事业，不得不忍痛割爱，艰难的承受儿女不在身边的孤单和寂寞。似海亲情，无言以对，情到深处，潸然而泣。家人的幸福和安康永远是我奋斗的终极动力和唯一期盼！

感谢所有曾经关心和帮助过我的人！

刘　俊　谨识
2012 年 7 月